버리지 마라, 생명이다

다시, 김교신을 만나다

버리지마라 생명이다

백소영 지음

꽃자리

「성서조선」 창간 당시 동인들의 모습. 뒷줄 왼쪽부터 양인성, 함석헌
앞줄 왼쪽부터 류석동, 정상훈, 김교신, 송두용

차례

4장 스스로, 함께 사는 생명

다시, 김교신을 만나다

이 책은 김교신에 '관한' 책이 아닙니다. 그를 '만나는' 책입니다. 김교신이 누구냐고요? 책을 열고 '한 꼭지씩' 그를 만나보면 아시게 될 거예요. 하지만 너무 궁금해서 조금만이라도 그를 소개해 달라고 하신다면, 알려드릴게요. 아주 살짝만요. 김교신(1901-1945)은 일제강점기를 살아낸 우리나라의 기독 신앙인이에요. 나라는 주권을 잃고 백성은 생명의 위협을 당하던 그 절박했던 시절에, 기독교인들은 자신의 신앙을 지키기 위해 여러 모습을 띠게 됩니다. 오직 '영적'으로만 신앙을 지키고 정치적으로는 '친일'을 한 사람들, 신앙의 이름으로 민족운동과 독립투쟁을 전개했던 사람들, 사회계몽을 하며 '일단'은 삶의 질을 높이는 데 주력했던 사람들… 하지만 그 중에서도 김교신은 조금 '특별'했어요. 그는 소위 "조선산 기독교"를 주창했거든요.

그동안 '무無교회자'라고 소개된 까닭에 '교회를 없애자는 사람'인가 보다 싶어 많은 신앙인들이 그를 '만나기' 꺼려했어요. 또한 '무교회'라고 하면 일본의 우치무라 간조로부터 시작된 까닭에 반일감정이 앞서 더욱 김교신을 멀리했죠. 하지만 본문을 읽으시면 차차 아시게 되겠지만, 김교신의 무無교회는 '교회를 없애자'는 주장이 아니에요. 생명의 말씀인 기독교를 선물로 받은 것은 감격이요 은혜이나, 서양의 토양에서 자란 '제도교회의 패키지'를 포장지도 안 풀고 그 껍질과 폐해까지 '무조건' 받지는 말자는 주장이에요. 비본질적인 포장지는 풀고 복음의 알맹이를 소중하게 챙겨 이를 한국 땅에서 제대로 살려내자는 입장이라고 보시면 됩니다. 그래서 "조선산 기독교"라는 겁니다.

하여 '성서'를 너무 사랑하고 '조선'을 그만큼 사랑했던 김교신은 「성서조선」이라는 성서연구잡지를 1927년부터 1942년까지(모두 158호) 성실하게 출간했던 겁니다. 저의 이 글모음은, 김교신이 쓰고 엮은 「성서조선」과 그의 일기를 찬찬히 읽으며 '사람' 김교신을 만나고, 그의 신앙고백과 인생의 가치관, 하나님을 사랑하고 이웃을 사랑한 이야기를 담은 책입니다. 김교신을 '다시' 만나기 위해서지요.

우선은 저부터 그를 '다시' 만났습니다. 박사학위 논문을 쓰느라 「성서조선」 영인본을 뒤적였던 십수 년 전에, 저는 '사람' 김교신보다는 그의 '사상'을 먼저 만났습니다.(그 사상을 풀어낸 책이 2005년에 출간한 《우리의 사랑이 의롭기 위하여: 한국교회가 무교회로부터 배워야할 것들》입니다.) 논문이라는 것의 생리가 그렇잖아요. 논리적으로 말이 되는 주장을 하자니 '건질 만한' 사상을 찾아내고 '묶어 낼 수' 있는 내용을 걸러내야 했죠. 하지만 '누군가가 옆구리를 찔러'(꽃자리 출판사 대표 한종호 목사님입니다.) 《김교신 전집》을 다시 읽게 된 2014년 겨울부터 한 주에 조금씩 그의 글을 읽어 내려가며, 이번에는 사상 대신 '사람' 김교신을 만났습니다. 그의 글에서 드러나거나, 행간에 숨어 있는 그의 일상의 땀과 고통과 눈물을 만났고, 그럼에도 그치지 않았던 소망과 사랑을 만났습니다. 생명을 지켜내려고 반反생명적인 세상을 향해 대든 그의 고집스런 싸움도 대면했습니다. 무엇보다 지금 여기의 제 삶의 자리에서 제 삶의 숙제들과 씨름하며 그를 만났습니다. 저 역시 개인의 고민과 시대의 숙제와 세상의 악함과 약함으로 인해, 일상의 땀과 고통과 눈물을 경험하고 있는 중이니까요. 저 역시 소망과 사랑을 포기하지 않으려 사투에 가까운 하루하루를 버텨내는 한 중간이니까요. 하여, 이 책에는 저의 이야기, 그리고 우리 시절, 우리가 사는 세상의 이야기도 만날 수 있습니다. 김교신을 만난 제가 다시 용기를 얻고 소망을 품고 사랑으로 살아내고자 다짐했던 이야기들도 만나실 겁니다.

또한, 이 책은 여러분과 김교신을 '만나게' 인도하는 글이었으면 합니다. 유학자적 훈련을 받았던 김교신의 글들은 한문이 많이 섞여 있습니다. 21세기 청(소)년들의 눈에는 '외계어'처럼 보일 수도 있을 만큼요. 스마트폰을 비롯하여 빠르고 짧게, 그것도 강렬한 이미지로 메시지가 전달되는 시절이다 보니, '공자왈 맹자왈' 텍스트 읽기가 '취미'요 '오락거리'였던 시절의 잡지를 젊은이들이 가까이하기엔 어려움

버리지 마라, 생명이다

이 있겠다 싶었어요. 더구나 「성서조선」 영인본은 세로로 된 글씨거든요. 맞아요. 젊은이들의 표현대로라면 '완전 옛날스럽죠'. 하지만 그의 글은 겉모습이 '낡아 보인다'는 이유만으로 도서관의 고서 보관실에 묻히기에는 너무나 아까운, 아니 이 시대에 꼭 다시 읽혀야 할 보석 같은 글이랍니다.

사실 김교신의 문체 '맛'을 제대로 느끼려면 「성서조선」 영인본이 제격이요, 혹은 1980년대에 대구에서 출간된 일심사판《전집》이 좋아요. 하지만 그건 21세기를 사는 대부분의 독자들에게는 '고문'일(바로 그 세로로 된, 한자가 많은 버전이거든요) 거예요. 하여 2001년, 김교신이 태어난 해로부터 꼭 100년을 기념하기 위해 출간된 부키 출판사의《전집》을 텍스트로 정했어요. 그러니까 저의 책에서 직접 인용된 김교신의 글 말미에 괄호로 쳐진 숫자는 부키판《전집》의 권수와 페이지예요. 이《전집》은 총 일곱 권의 본권과 한 권의 별권으로 구성되어 있습니다. 부키판 자체가 가독성을 위해 한자어를 적게 사용하려 애썼지만, 그럼에도 직접 인용된 김교신의 글들은 다소 낯설게 읽힐지도 모르겠어요. 때문에 인용된 내용은 요즘 말로 제가 본문 안에서 다시 풀어내는 방식으로 이야기를 전개했습니다. 그러니 인용 부분이 막히거나 잘 읽히지 않으면 인용 바로 뒤의 제 글을 한 단락쯤 읽고서 다시 읽어보아도 좋을 것 같아요. 그렇게 점점 김교신의 글이 익숙해지다 보면 용기를 내는 분들이 생길 지도 모르죠. 무슨 용기냐구요? 하하, 전집 읽기에 도전해볼 용기 말입니다. 이 책이, 그렇게 여러분을《김교신 전집》으로 인도할 수 있으면 좋겠네요.

그런 욕심을 가지고 여러분이 김교신을 친숙하게 만나게 하고파서 제가 풀어낸 내용 안에서는 언어의 선택도 '과감'하게 사용해 보았습니다. '무려' 1901년생인 김교신을 오늘날 젊은 청(소)년들과 만나게 하려면 그 정도는 감수해야 할 것 같아서요. 하여 요즘 시절의 '핫'한 언어표현들이 자주 등장합니다. 절친, 돌직구, 웃프다, 깨알, 갑질, 금수저, 흙수저, 수퍼-울트라-파워, 헬조선, 탈조선, 의느님, 오징어··· 그러니 너무 겁먹지 말고 김교신을 만나러 오셔도 됩니다.

저는 개인적으로 큰따옴표 쓰기를 즐겨 해요. 글에 생동감이 느껴지거든요. 하지만 보통은 직접 인용 시에 사용하는 부호라 조심스럽기는 하죠. 하여 생생하게 구어체로 전하고 싶을 때 사용하되 본문에서 명백하게 직접 인용이 아님을 알 수 있도록 서술했으니 읽으실 때 구별은 쉬울 거예요. 물론 문단이 아닌 단어나 짧은 절의 직접 인용 시에도 큰따옴표를 사용했지요. 다만 본문 안에서 길게 인용한 김교신의 글과 같은 본문에서 가져온 직접 인용의 경우는 일일이 페이지수를 적지는 않았어요. 이미 밝힌 인용 출처만으로도 궁금하신 독자는 해당 본문을 《전집》에서 쉽게 찾을 수 있을 테니까요. 작은따옴표는 세 가지 경우에 사용했습니다. 속으로 하는 말, 강조하고 싶은 단어나 구절, 그리고 김교신이나 본문에 인용된 사람의 생각을 제가 임의로 요약해서 제 말로 표현한 경우.

버리지 마라, 생명이다

〈꽃자리〉웹진(fzari.com)을 통해 매주 소개되던 글모음이라 기승전결의 논리적 전개로 이어지는 꼭지들은 아니랍니다. 물론 제 나름대로는 주장이나 내용의 친화성에 따라 범주화하여 네 덩이로 나누어보았어요. 1장. 삶을 건네주고 건네받고, 2장. 거짓에 저항하는 삶, 3장. 산 신앙의 고백으로, 4장. 스스로, 함께 사는 생명. 하지만 반드시 장별로, 순서대로 읽으실 필요는 없어요. 김교신의 생애를 따라가며 연대기 순으로 전개된 글이 아니니 펼친 대로 순서 없이 읽으셔도 무방할 것 같아요. 다만 김교신에 대해 전혀 생소하시다면, 서문은 꼭 먼저 읽고 그를 만나시는 것이 좋겠다고 조언 드립니다.

　너무 서둘러 읽지 마세요. 차 한 잔의 여유가 생길 때, 문득 걸음을 멈추고 한적한 공원에서 십여 분 정도 따사로운 햇살을 받고 싶을 때, 혹은 반복되는 일상의 힘겨움에 울컥 눈물이 나고 속이 상할 때, 다 포기하고 싶어질 만큼 힘이 빠져 하루를 버텨내기가 힘들 때 … 그럴 때마다 한 꼭지씩 그렇게 천천히 읽어보세요. 마치 퍼즐조각의 한 조각 한 조각처럼, 그렇게 읽다보면 어느덧 그의 생애와 주요한 사건들, 그리고 핵심적인 신앙고백의 내용들이 어느 정도 큰 그림으로 맞춰질 수 있을 거예요. 그리고 바라기는 여러분의 생애와 사건들도 의미 있는 퍼즐 조각처럼 맞춰지기를 기도해요.

　그래서 책 제목을 《버리지 마라, 생명이다》라고 붙였어요. 제도권 밖, 주변으로 밀려난 사람들에 대한 관심, 작고 미약한 생명을 보듬으려는 김교신의 생애와 주장이 그러했고, 힘없는 어른이지만 누군가의 선생이고 엄마이고 어른인 저 역시 그런 마음으로 살고자 다짐하며 이 글을 썼기 때문이에요. 생명을 버리지 않는 세상, 벼랑 끝으로 내몰린 생명들을 찾아와 품고 챙기고 보살피는 삶, 스스로 피어나는 생명의 토양을 만들고 서로가 함께 아름다운 "하나님 나라"를 건설하는 공동체를 그리면서요. 그래서 이 책이 〈꽃자리〉에서 나오는 것이, 저는 참 감사합니다. 꽃이 피어나는 자리, 이 글이 그런 소망스런 자리의 한 귀퉁이라도 감당할 수 있었으면 합니다. 그 누구보다 어린 생명들에게 눈을 맞추고 살뜰하게 보살피시는 '할아버지' 임종수 목사님께도 특별히 감사드려요. 예쁜 표지와 내지를 그려주셨거든요. 김교신과 「성서조선」 동인들의 초상을 볼펜선으로 정성스럽고 세심하게 그려내주신 안상순 목사님께도 감사의 인사를 전합니다. 자, 그럼 나서볼까요? 거의 한 세기 전에, "한 세기 후의 동지"를 기다리며 그리워했던 사람, 김교신을 만나러.

2016년 4월에
백소영

버리지 마라, 생명이다

1927년으로부터 온 편지

여섯 명의 젊은이들이 「성서조선」이라는 동인지를 창간했다. 성서조
선? '헬조선'이나 '탈조선'이라는 말은 들어보았어도 '성서조선'이라
니, 처음 듣는 이름이라 생소하게 느끼는 젊은이들이 많을 줄 안다. 다
들 우리가 사는 요즘 이 시대, 이 나라를 심히 걱정한다. 하나의 상징
적 사건이 되어버린 2014년 4월 16일의 세월호 참사로도 아직 몸과
마음이 얼떨떨하고 혼미한데, 어린 생명들이 집에서 부모에게 맞아 죽
는 일이 매일 보도되고 있으니 참으로 암담하다.

　　그러나 우리의 패배감과 절망감이 크고 깊은들, 아무렴 일제치하만
할까? 여섯 명의 조선 젊은이들이 「성서조선」을 창간한 때는 1927년
7월, 바로 일제치하의 한 중간이었다. 동인 중 하나였던 함석헌의 표
현처럼 '끌려가듯' 일본 땅에서 낯선 타자로 살며 바다 건너 조국을 지

켜보자니, 젊은 지식인이요 신앙인인 이들의 참담한 마음이 더욱 깊었을 터이다.

> 그러므로 걱정을 같이 하고 소망을 일궤(一軌)에 붙이는 우자(愚者) 5-6 인이 동경 시의 스기나미촌에 처음으로 회합하여 '조선성서연구회'를 시작하고 매주 때를 기하여 조선을 생각하고 성서를 강해하면서 지내온 지 반년에 누가 동의하여 어간(於間)의 소원 연구의 일단을 세상에 공개하려 하니 그 이름을 「성서조선」이라 하게 되도다. 명명(命名)의 우열과 시기의 적부(適否)는 우리의 불문하는 바라. 다만 우리 염두의 전폭을 차지하는 것은 '조선' 두 자이고 애인에게 보낼 최진(最珍)의 선물은 성서 한 권뿐이니 둘 중 하나를 버리지 못하여 된 것이 그 이름이었다. 기원은 이를 통하여 열애의 순정을 전하려 하고 지성의 선물을 그녀에게 드려야 함이로다(1권 20-21쪽).

그랬다. 주저앉아 울 수도, 숨어 탄식만 할 수도 없었던 조선의 청춘 여섯(김교신, 함석헌, 송두용, 정상훈, 양인성, 유석동)은 자신들이 가장 사랑하는 두 존재를 삶의 기반으로 삼아 양 손에 꼭 쥔 채, 하루를 살아냈고, 그 치열함을 글로 담아 조국에 선물했다. 자기 실존 안에서 주체적으로 성서를 읽는다는 것이 무엇인지 가르쳐준 스승 우치무라 간조가 두 개의 'J'(저팬과 지저스)를 꼭 붙들었듯이, 조선의 젊은이들은 '성서'와 '조선' 사이의 그 어느 하나를 버리지 못하고, 실은 어느 하나를 더 사랑

버리지 마라, 생명이다

할 수 없어서 두 단어 사이에 '와'라는 접속사마저 허락지 않았던 절절한 사랑을 「성서조선」에 담았던 것이다.

그러나 그들의 사랑은 낭만적일 수 없었다. 때론 폭력으로 때론 회유로, 일제는 '사람이 자기 자신이 되는 것'을 철저히 막으며 '제국'이 만든 동질적 시스템에 굴복하기를 강요하고 있었으므로… 하여 「성서조선」 동인들은 자신들의 외침이 열매 맺기까지 얼마나 지난한 시간이 걸릴지를 이미 예감했었나 보다.

「성서조선」아, 네가 만일 그처럼 인내력을 가졌거든 너의 창간일자 이후에 출생하는 조선 사람을 기다려 면담하라, 상론(相論)하라. 동지를 한 세기 후에 기(基)한들 무엇을 탄할손가(1권 21쪽).

하루를 버텨내기 힘들었을 그 시절에 김교신과 「성서조선」 동인들은 "한 세기 후의 동지"를 기다리며 인내했다. 그리고 이제 2016년이다. 김교신이 기도하고 기대하며 기다렸던 '우리'가 있다. "한 세기 후의 동지들"이다. 지금 우리의 시절은 어떠한가? 일본 제국주의의 폭력적 지배로부터는 독립을 하였으되, 금융 자본주의적 질서를 앞세운 신자유주의 시스템이 새로운 제국으로 우리를 지배하고 있다. 노동 없는 부(富)와 정의 없는 권력이 득세하는 이 세상은 여전히 '사람이 자기 자신이 되는 것'을 허락지 않는다.

김교신의 시절에 일본인과 조선인이 있었다면, 우리 시절에는 갑과 을이 있다. 그 시절에 일본인이 판단하고 조선인이 따라야했다면, 이 시절에는 갑이 판단하고 을은 따라야 한다. 꿇지 마라! 자유혼으로 스스로 서라! 우리가 아는 성서의 핵심 메시지는 그것이다. 하나님의 형상으로 지음 받은 귀한 인간이 어찌 다른 인간들의 판단과 명령에 의해 자기 존엄성을 포기하겠느냐. 혁명은 자기 자신으로부터다. 자유를 빼앗기고 존엄성을 상실한 이 땅 '조선'에서, '성서'가 전하는 핵심 메시지를 새기고 또 새기며 자아自我의 혁명을 시작하자. 이것이 김교신과 동인들이 「성서조선」을 시작하며 동포에게, 이웃에게 선물하고 싶었던 메시지였다.

> 「성서조선」아, 너는 우선 이스라엘 집집으로 가라. 소위 기성 신자들의 손을 거치지 말라. 그리스도보다 외인을 예배하고 성서보다 회당을 중시하는 자의 집에는 그 발의 먼지를 털지어다(1권 21쪽).

뜨끔할 일이다. 이 어찌 한 세기 전 외침일까. 오늘날 한국교회를 돌아보아도 "성서보다 회당을 중시하는 자"가 넘쳐나질 않던가! 스스로 기도하고 생각하며 팔딱팔딱 오늘로 살아 우리에게 들어오는 말씀을 찾아내려는 주체적 신앙 없이, 그저 "목사님이 말씀하시길" "전통이 그렇게 가르치니까" 하며 앵무새처럼 남의 신앙만 반복하는 행태를 향한 안타까움이 묻어난다. 「성서조선」은 "발의 먼지를 털며" 그런 자들과는 관계없음을 선포한다.

　　　　　　　　　　　　버리지 마라, 생명이다

「성서조선」아, 너는 소위 기독신자보다도 조선혼을 소지(所持)한 조선 사람에게 가라, 시골로 가라, 산촌으로 가라, 거기에 나무꾼 한 사람을 위로함으로 너의 사명을 삼으라(1권 21쪽).

성서를 평신도에게 건네기 위해, 이를 금하던 교회 권력을 피해 다니며 죽을 힘을 다해 영어 성서를 번역했던 윌리엄 틴데일은 자신했다. '불가타(라틴어역 성서)'를 독점하고 평신도에게 성서 읽기의 권위를 허락지 않았던 교회를 향하여 당당하게 선포했다. 성서를 모국어로 번역하여 한 사람 한 사람에게 전달하겠노라고, 결국 시골의 소 모는 목동조차도 교황이나 주교보다 성서의 핵심 메시지를 더 잘 알게 만들 것이라고! 김교신의 소망도 다르지 않았다. 성서는 중심으로 위로 좁아드는 메시지가 아니다. 변방으로, 지평으로 퍼져나가는 자유의 소리다. 만물을 살려내는 생명의 소리다. 그걸 독점하려는 자들은 하나님에 반하는 자들이다. 그러니 건물에 갇힌 교회 교인들의 울타리를 넘어 훨훨 날아라. 하나님은 교회보다 크시다!

이 자유의 외침이 선포된 것이 1927년이다. 이 멋진 외침을 외친 산 신앙인들은 백 년 뒤의 동지를 기다렸다. 이들의 메시지가 제국의 기반을 흔든다고 직감하고 1942년 잡지를 강제로 폐간하고 이들을 투옥했던 일본 순사들이 오히려 우리보다 먼저 「성서조선」 젊은 신앙인들의 진가를 알아보았다. 산 신앙이, 민족혼이 백년 뒤, 아니 5백년 뒤에라도 싹틀 기반을 마련하는 "고약한 놈들"이라고 말이다. 그 터를 놓은 신앙의 선배 김교신이 우리를 부른다. 기다렸노라고, 얼굴을 마주하자고, 성서를 논하자고… 그의 부름은 낡지 않았다. 시대는 여전히 악하므로… 그러니 응답하라. 이 땅에서 오늘을 사는 신앙인들이여!

김교신, 인생길의 페이스메이커

박상익 | 우석대학교 교수

1928년부터 양정중학 교사로 근무한 김교신(1901~1945)은 1940년 3월 전도에 전념하기 위해 사임했다가 1940년 9월경 다시 교직에 복귀한다. 경제적 문제 때문이었던 것으로 보인다. 재취임한 학교는 서울의 제1고등보통학교(현 경기고등학교)였다. 이 학교 교장 이와무라 도시오岩村俊雄가 길을 열어주었다. 이와무라는 도쿄고등사범학교(한국으로 치면 서울대학교 사범대학에 해당) 지리박물과 출신이다. 김교신도 같은 학교 지리박물과를 졸업했다. 이와무라는 김교신의 대학 직계 선배다. 선배의 배려로 모처럼 교직에 복직했지만 김교신은 반년 만에 학교를 사임한다. 가장 큰 이유는 그가 일제의 동화정책을 완강하게 거부했기 때문이다. 일제하의 식민지 백성 처지였음에도 불구하고 그는 조선 민족의 자존심을 끝까지 지키려 했다. 이것이 얼마나 위험한 일이었는지는 본인도 잘 알고 있었다.

당시는 공식적인 장소에서 조선말을 사용하는 것이 엄격히 금지되었다. 당연히 수업도 일본말로 해야만 했다. 그러나 김교신은 끝끝내 조선말로 수업을 진행했다. 당연히 교내에서도 문제가 되었다. 김교신을 초빙한 이와무라 교장도 입장이 난처했을 것이다. 심지어 조선말 수업에 반발하는 조선인 학생들도 있었다. 누구보다도 조선인으로서의 긍지와 자존심이 강했던 김교신은 분명한 태도로 동화정책에 동조하는 학생과 대치했다. 결국 김교신은 조선 민족으로서 긍지를 지키기 위해서는 제1고보를 떠날 수밖에 없었다. 호의를 베푼 이와무라에게도 더 이상 누를 끼칠 수 없었다.

'성서조선 사건'으로 1년간 옥고를 치른 후, 1944년 7월부터 흥남 질소비료회사 근로계장으로서 조선인 근로자 3천여 명을 돌보던 때도 김교신은 일본어 상용常用 지침을 무시하고 조선말을 사용하곤 했다. 흥남 시절 김교신을 곁에서 돕다가 임종까지 병간호를 맡았던 의사 박춘서朴春緖는 1945년 3월 30일 일기에 "아침 정각 조회 시간에는 김 선생께서 우리말로 훈화를 하셔서 일어 상용인 이즈음에 다른 별천지를 느끼게 하였다"고 썼다. 별세하기 한 달 전까지도 그의 모국어 사랑은 여전했다. '죽으면 죽으리라'의 심정이 아니었을까.

제1고보 재직시 김교신에게 대들었던 조선인 학생들이 누구였을까 상상해본다. 조선 최고의 수재들이 입학하는 제1고보 출신이니 광복 후 이 나라의 정책을 좌지우지하는 엘리트로 성장했을 것이다. 아

버리지 마라, 생명이다

마 미국 유학을 다녀와서 영어도 곧잘 했을 것이다. '오렌지'가 아니라 '어린쥐'로 발음하는 게 정확한 영어 발음이라고 강조했을지도 모른다. 한국어의 열등함을 절감하면서 영어를 공용어로 삼아야 한다는 주장을 펼쳤을지도 모르겠다.

광복 70년을 돌이켜보면 우리나라는 그와 같은 '수재들'이 주도해 왔다. 지금도 그들이 이 나라의 상층부에서 기득권자로 행세하고 있다. 김교신이 그리던 조국의 모습은 아니다. 하지만 세상이 상식과 정도에서 멀리 벗어날수록 김교신의 삶은 더욱 빛을 발한다. 세상이 혼탁하고 염치없이 흘러갈수록 김교신이 실천으로써 보여준 올곧은 삶은 길이길이 후학들의 귀감이 되기 때문이다.

거인의 어깨

움베르토 에코의 장편소설 《장미의 이름》에는 이런 이야기가 나온다. 유리 세공 일을 하는 니콜라는 당시보다 2세기 전에 만들어진 것과 같은 유리창을 자신들은 만들 수 없다고 한탄한다.

> 겨우 고치는 정도인데도 굉장히 어렵습니다. 지금으로서는 옛날의 그 색깔을 낼 수 없거든요. 맥이 빠집니다. 우리에게는 이제 옛날 사람들 같은 재주가 없는 모양입니다. 거인의 시대는 가 버린 것이지요.

그러자 윌리엄 수사修士가 이렇게 응수한다.

그래요, 우리는 난쟁이들입니다. 그러나 실망하지 마세요. 우리는 난쟁이는 난쟁이이되, 거인의 무등을 탄 난쟁이랍니다. 우리는 작지만, 그래도 때로는 거인들보다 더 먼 곳을 내다보기도 한답니다.

'거인의 어깨 위에 올라탄 난쟁이'라는 표현은 움베르토 에코가 처음 쓴 것이 아니다. 흔히 잘못 알고 있듯이 만유인력의 법칙을 설파한 17세기 영국의 과학자 아이작 뉴턴이 처음 한 말도 아니다. 이 말은 12세기 프랑스의 수도사 베르나르 드 사르트르가 처음 사용했다. 앞서 간 선배의 업적을 바탕으로 삼을 때에만 후학들이 새로운 성취에 이를 수 있다는 뜻이다.

이런 의미에서 김교신은 한국 현대사가 배출한 정신적 '거인'이다. 김교신은 21세기를 살아가는 우리에게 의지할만한 어깨를 내주는 존재다. 아마 김교신은 '거인'이란 우리의 평가에 펄쩍 뛸지도 모르겠다. 스스로 그리스도 구속의 은혜가 아니었더라면 살 가치도 없는 죄인의 괴수로 생각한 김교신이었기 때문이다. 하지만 평범한 인간의 눈높이에서 바라볼 때 김교신에게서 거인의 풍모가 느껴지는 것은 어쩔 수 없다. 피를 찍어내듯이 「성서조선」에 한 자 한 자 써내려갔던 그의 글은 암흑시대에 우리 민족의 부활을 예고하는 긍정과 희망의 메시지였다. 그리하여 잡지에 실었던 글을 한데 모아 수록한 《김교신 전집》은 한국 기독교의 확고부동한 고전 텍스트로 자리 잡았다.

버리지 마라, 생명이다

김교신으로 세상 읽기

백소영 교수가 '꽃자리' 웹진에 연재했던 글들이 마침내 한 권의 책으로 묶였다. 이 책은 김교신이라는 거인의 어깨에 올라 바라본 21세기 한국 사회의 모습이다. 《김교신 전집》에 기대어 한국 사회와 우리 주변을 살펴보려는 시도다. 정치, 사회 문제는 물론 우리 일상의 자잘한 국면들을 김교신의 눈으로 짚어보자는 것이다. 현직 대통령에 대한 비판도 서슴지 않는다.

우리의 핵심 목표는, 올해 달성해야 될 것은 이것이다 하고 정신을 차리고 나아가면 우리의 에너지를 분산시키는 걸 해낼 수 있다는 그런 마음을 가지셔야 합니다.

2015년 5월 12일 국무회의에서 했다는 박근혜 대통령의 말이다. 이에 대해 백 교수는 "마치 주관식 문제를 받고 답안은 써야겠는데 아는 건 별로 없고 문제가 이해조차 안 되어 급한 마음에 수업 시간에 들은 단어들을 의미 없이 쭉 나열한 학생의 중간고사 답안지를 읽고 있는 느낌"이라고 촌평한다. 그러나 이것이 대통령의 의도된 화법일지도 모른다고 걱정한다.

국민들이 무슨 말인지 진지하게 생각하고 열심히 분석도 하며 이해해보려고 애쓰다가 결국은 '공황'상태에 이르게 만드는 '의도된' 화법이라는 거다. 요즘 아이들 말로 '웃프'다. 어이없어서 웃기는 하는데, 재미있고 신나서가 아니라 서글퍼서 나오는 웃음이다. 이것이 의도된 화법이라면 그야말로 주도면밀하고 치밀한 정치다. 도대체 누굴 상대로, 무엇을 두고 반대하거나 싸워야 할지를 알 수 없으니 말이다('선한 싸움').

이 글에서 두 가지를 주목한다. 먼저, 백 교수는 젊은 세대의 감각에 맞춰 '웃프다' 등의 유행어, 신조어도 거침없이 사용하고 있다. 김교신이 지금 여기 살고 있어도 그렇게 했을 것 같다. 독자와의 교감을 위해 적절한 한글 표현을 찾는 데 많은 노력을 기울였던 김교신이다. 그는 "우리말로 번역된 성서 구절들이 원문의 깊이와 절절함을 정확하면서도 전달력 있는 한국어로 표현하고 있지 못함을 한탄"하지 않았던가 (「'푸러리'와 성서 번역」).

다음으로, 김교신과 '무교회 논쟁'을 벌였던 최태용 목사를 언급하면서, 백 교수는 "적어도 최 목사가 싸울 대상을 분명히 하고 무엇이 문제라고 명백히 지적했다는 점에서는, 전 국민을 '공황상태'에 빠뜨린 오늘날의 위정자들보다는 낫지 싶다"고 지적한다. 김교신을 빗대 우리 정치 현실의 암담함을 드러내려는 그의 시도에 공감하지 않을 독자는 별로 없을 것이다.

백 교수는, 김교신이 양정을 그만두고 아직 제1고보에 부임하기 전인 1940년 8월, YMCA에 성서강연 장소 대여를 신청했다가 거부당한 사건을 언급하면서, '비非진리가 진리를 대하는 태도'가 그때나 지금이

버리지 마라, 생명이다

나 다름없음을 지적한다. 우리 모두는 다수의 한국교회가 '진리'를 불편해 하고 있는 현실을 잘 알고 있지 않은가.

세상에서 살아남기 위해 진리 아닌 것을 선택한 사람들에게, 세상에서 죽더라도 진리를 말하겠다는 사람만큼 공포스런 대상이 어디 또 있겠는가? 그러니 피할 밖에, 같이 하지 않을 밖에, 거절할 밖에… 서글픈 것은, 지금도 다수의 한국교회가 '영원한 진리인 말씀'인 성서에 쓰인 대로 선포하겠다는 사람들을 불편해하고 있다는 사실이다… 지금도 여전히 그때처럼 '진리'의 편에 서서 목소리를 내겠다는 소수의 사람들에게 힘이 되어주기는커녕 따돌리고 배제하고 비난하고 있다('비진리가 진리를 대하는 태도').

김교신과 야나이하라

무교회주의가 김교신의 신앙 인격에 지대한 영향을 미친 것은 사실이지만, 그렇다고 무교회 그 자체가 완전무결한 것은 아니다. 무교회를 표방한 사람들도 본령에서 멀어질 가능성이 얼마든지 있다.

김교신은 일제가 무력통치를 본격화하던 1930년대 말, 그의 무교회 신앙동지이던 일본의 친구들이 매우 '애매'하거나 '영적인 복음' 운운하며 자신들의 조국이 행하는 제국주의적 행보에 침묵하는 것을 보고 분노했다. 특히나 우치무라 간조 사후 그의 수제자요 일본 무교회의 대표 격으로 여겨지던 츠카모토 토라지(塚本虎二)의 '영적 노선'에 매우 격노한 바 있다('무교회도 늙으면').

그러므로 김교신이 우치무라의 수제자로서 도쿄대 경제학부 조교수로 재임 중 1937년 제국주의적 전쟁에 반대하는 내용을 담은 논문을 썼다는 이유로 대학에서 퇴출당한 야나이하라 다다오(矢內原忠雄)에게서 참다운 무교회 정신을 발견한 것은 당연한 일이다. 김교신은 1940년 야나이하라를 초청해 서울에서 성서강연회를 개최한다. 야나이하라는 그 해 9월 7일 서울에 도착했다. 김교신은 이날 오후 서울역에서 야나이하라를 맞이했다. 저녁때는 야나이하라 일행을 위한 만찬에 참석했다. 9월 8일은 일요일이어서 야나이하라는 김교신이 주관하는 주일 성서집회에 참석했다. 김교신이 먼저 누가복음 8장 19-21절로 말씀을 한 후, 야나이하라는 시편 84절을 강해했다. 야나이하라는 그날 저녁 서울의 한 조합교회에서 '기독교의 논리와 윤리'라는 제목으로 강연을 했다. 김교신도 이 자리에 참석해 청강했다.

9일 저녁 7시 YMCA에서 드디어 야나이하라의 '로마서 강의'가 시작되었다. 당초 정원은 70명 예정이었으나 신청이 쇄도해 8월 말에 일찌감치 정원이 차버렸다. 결국 정원을 늘려 150명까지 받았다. 수강 희망자는 조선 사람이 3분의 2, 일본 사람이 3분의 1이었다. 서울 시내 거주자가 많았지만, 북쪽으로는 압록강, 남쪽으로는 부산에 이르기까지 조선 전역에서 수강자가 모여들었다. 만주의 지린吉林, 다롄大連에

버리지 마라, 생명이다

서 온 사람도 있었고, 야나이하라를 따라 도쿄에서 온 사람도 있었다. 야나이하라의 서울 강연은 역사책 어디에도 기록되지 않고 있다. 하지만 그것은 일본과 조선의 신앙 동지들 사이에 있었던 그리스도 안에서의 일치를 드러낸 놀라운 '사건'이었다.

김교신이 지금 살아난다면

백 교수는 김교신의 성서연구와 신앙생활을 통해 주변을 비추어 보는 노력을 게을리하지 않는다. "빈자의 고통은 빈자라야 안다"는 김교신의 글을 2014년 개봉된 부지영 감독의 영화 〈카트〉로 되새김하려는 시도가 바로 그것이다.

그러나 영화 〈카트〉에서도 보지 않았나? 내 아이 수학여행 갈 돈을 마련하느라 악착같이 일을 한 '가난한' 엄마는, 아이가 급작스레 아파서 병원 응급실에 가 동동거리는 동료 앞에서 몇 번을 망설이다 결국 그 '피 같은 돈'을 쥐어주고 돌아온다. 아니까. 아픈 아이를 둔 '가난한 엄마'의 심정을 아는데 어찌 내 소유를 나누지 않을 수 있겠나! 현실에서도 그렇다. 평생 모은 돈을 가난한 학생들의 장학금으로 선뜻 내어놓는 이들은 대개 가난한 이들이다. 이웃의 어려움에 작은 힘을 보태고, 그러고도 내가 했다 우쭐거리며 스스로 높이지 않는 이들은 '대개' 가난한 이들이다('권위 나눔, 소유 나눔').

일자리를 얻지 못한 'N포 세대'의 수많은 젊은이들을 김교신이 지금 살아난다면 어떻게 바라볼까.

어린 생명들을 양육하는 일을 천직으로 삼았던 김교신이 오늘의 21세기 '고용유연성'의 신자유주의적 문명사회를 보았다면 필시 굵은 눈물을 뚝뚝 흘렸을 일이다. … 마치 일회용 종이컵이나 플라스틱 병처럼 한 번 쓰고 버려지는 삶, 아니 아예 쓰일 기회조차 없이 '잉여'로 남아 있다가 영영 외면당하는 일이 오늘날 이 땅을 살아가는 다수의 젊은 생명들에게는 일상이다. … 고작 3개월 '쓰이고 버려질' 인턴사원이 되기 위해 제출해야 하는 서류가 어마어마하고 거쳐야 하는 인터뷰와 여타 관문들이 줄을 잇는다. 그러나 정작 들어가서 하는 일은 자신이 배우고 싶은 전문 분야에 대한 경험 많은 선배들의 노하우가 아니란다. 복사하고 서류준비하고 뒷정리하고, 전문분야의 스펙을 입증한 뒤 엄청난 경쟁을 뚫고 들어와 아무나 해도 될 일을 쉼 없이 반복하다가 3개월 만에 떠나야 한단다('생명의 법칙').

페이스메이커로서의 김교신

백 교수는 김교신을 어떻게 만났을까. 그는 "1996년 어느 늦가을, 낯선 미국 땅 하버드 옌칭 도서관 한국관 지하의 어둡고 축축한 한 구석에 뭉텅이로 쌓여있던 먼지 가득한 모습으로 「성서조선」을 만나 '벗'이 되었다"('바톤터치, 그리고 하루씩'). 백 교수에게 김교신은 어떤 의미

버리지 마라, 생명이다

로 다가왔을까.

드디어 내게도 '페이스메이커'가 생겼다. 김교신의 일상이 결코 '슬금슬금'으로 표현될 만한 '페이스'는 아니었으나, 소명으로 여기며 삶의 우선순위를 매길 일들이 있었고, 촌각을 아끼며 그 일에 매진하되, 몸져누워 쉬게 되면 그 역시 행복하고 감사하다 여기다가, 회복하면 다시 쉬지 않고 걷는 그이의 발걸음이 내게는 내 인생의 걸음을 함께 해주는 '페이스메이커'의 달리기와도 같이 느껴졌다('페이스메이커').

페이스메이커란 장거리 달리기 경주나 자전거 경기 따위에서, 기준이 되는 속도를 만드는 선수를 말한다. 그는 다른 선수의 목표가 될 만한 스피드로 다른 선수를 유도하거나 앞질러 간다. 백 교수에게 김교신은 페이스메이커, 즉 인생길에 목표를 제시해주는 동반자다.

김교신의 글을 읽은 사람들은 "그의 글을 읽다보면 양심이 찔린다"는 말을 한다. 특히 김교신의 삶의 구체적인 궤적이 드러난 「일기」를 읽다보면 그런 느낌을 더욱 강하게 받는다고 한다. 사실 김교신의 다음 기도를 읽으면서 옷깃을 여미지 않을 독자가 과연 몇이나 되겠는가?

주 예수여, 당신을 사랑하기보다 더 사랑하는 것이 있을진대 내 입에서 설교를 끊으시옵소서. 그 나라보다 더 연모하는 생활이 땅위에 있을진대한 줄 원고도 이루지 못하게 하옵소서. 땅의 것을 생각지 말고 위의 것을 생각함이 절실하옵거든, 주여, 그때에 다음 호의 원고를 쓰게 허락하여 주옵소서(1939. 3. 14).

우리에게 곁을 주지 않을 것만 같은, 범접하기 어려운 '거인'의 풍모다. 그러나 백 교수의 글에서 우리는 김교신이 우리에게 저 멀리 히말라야의 거봉 같은 높고도 동떨어진 존재가 아니라, 우리 곁에 다가와 다정하게 말을 건네는 길동무(페이스메이커)이기도 하다는 사실을 깨닫게 된다.

엄혹한 일제강점기에 김교신 같은 이가 없었다면 우리 현대사는 얼마나 빈약해졌을까? 하나님 사랑과 이웃사랑을 올곧게 실천했던 김교신이 없었다면 한국 기독교는 얼마나 초라해졌을까. 그 시절에 김교신 같은 반듯한 거인이, 아니 페이스메이커가 존재했다는 사실이 감사할 따름이다. 우리는 그저 어린이처럼 김교신이 내주는 어깨에 기대어 그가 들려주는 이야기에 귀를 기울이면 된다. 독자들도 백 교수와 함께 김교신을 페이스메이커 삼아 인생길을 달려보는 건 어떨까.

박상익 | 우석대학교 역사교육과에서 서양사를 강의하고 있으며, 인문사회과학대학 학장을 지냈다. 역사·문학·종교의 학제적 연구에 관심을 가지고, 17세기 영국의 청교도 시인이자 혁명가인 존 밀턴의 대표 산문 《아레오파기티카》 연구로 문학박사 학위를 받았다. 그 후 박사논문에 《아레오파기티카》 완역과 주석을 덧붙여 《언론자유의 경전 아레오파기티카》를 출간했고, 밀턴 탄생 400주년을 맞아 《밀턴 평전: 불굴의 이상주의자》를 펴냈다. 서양사학자의 시각에서 구약성서를 바라본 《어느 무교회주의자의 구약성서 읽기》를 출간했다.

버리지 마라, 생명이다

1장

삶을 건네주고 건네받고

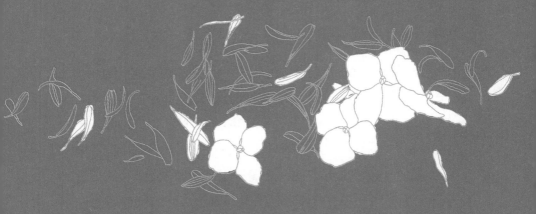

'위대한' 인간의 품성에 대하여

어려서부터 고난주간에는 꼭 독한 감기를 앓곤 했다. 환절기에 치르는 몸살일 터인데, 올해도 거르지 않았다. 끙끙 괴롭게 누워 '머리'는 차질을 빚은 글쓰기와 밀린 연구를 걱정하고 있었는데, 누워 있는 상황이 비슷하다보니 마치 데자뷔처럼 '몸'은 2014년 이맘때 고난주간의 괴로움이 떠올랐다. 그해는 부활 주일이 꽤 늦은 편이어서 4월 중순도 훨씬 지나 고난주간을 맞았었다. 4월 16일, 세월호가 소중한 생명들을 304명이나 품고서 검은 바다 속으로 사라져버리고 난 그 끔찍한 날 이후에, 우리는 고난주간을 맞았다. 이미 생존가능 시간을 넘기고 있는 시점이었지만, 제발 한 생명이라도 더 살아라, 살아서 구조되라, 모두가 마음을 모으고 기도하며 보냈던 시간이었다. 기적을, 기적을 보여 달라고, 단 한 사람이라도 좋으니 무덤 같은 저 검은 바다 밑

버리지 마라, 생명이다

에서 살아 구출되는 생명의 소식을 듣게 해 달라고….

그러나 모두의 애타는 바람이 속절없이 무너지고 이후 진행되는 상황의 '어이없음'이 계속되자, 우리는 이 어려운 시절에 공동체의 어려움을 이겨내도록 이끄는 '위인' 하나 없는 현실을 한탄했었다. 우리나라에 책임감과 실무능력을 가진 사람이 저리도 없나? 배 열두 척으로 조선을 지킨 이순신 장군만큼은 아니어도, '지키는 것'이 직업인 사람들이 저렇게나 많이 모여 있는데 어찌 '인물'이 없느냐 말이다. 다들 안타까운 마음에 "우리 시대엔 왜 그런 위인이 나타나지 않는 거냐"고 애꿎은 시대 탓도 해보았다.

김교신의 시절은 더 가혹했었다. '위인의 요소'라는 글을 쓴 것이 1940년임을 떠올린다면, 그의 심정이 어떠했을지 짐작이 가고도 남는 일이다. 식민 말기에 그 폭력성이 하늘 꼭대기에 닿은 일본 제국주의로 인해 어리고 여리고 순한 생명들을 얼마나 많이 잃었던가? 이 '반反'생명의 상황을 그칠 수 있는 '위인'들이 절실히 필요한데, 참으로 시급한데, 그의 초조함이 얼마나 컸을까! 무장독립투쟁을 하던 투사들도, 물질적 힘을 기르려 애썼던 애국자들도, 의도야 십분 이해했지만 그들과는 다른 비전을 가졌던 김교신이었다. 보다 근본적인 '인간성'의 개조를 위해 성실히 출간해왔던 『성서조선』이 아니었던가. 그랬던 그가 '성서'와 '조선의 문명적 전통'에서 함께 발견한 '위인'의 요소라며 이런 글을 썼다.

사도 바울은 신자 즉 천적(天的) 새 생활인의 표준으로서 1. 자비 2. 인자 3. 겸손 4. 온유 5. 관용의 다섯 덕성을 옷처럼 입고 그 위에 사랑으로 띠처럼 매라는 것을 골로새 교회 사람들에게 권하고 있다(골로새 3:12-14). 현대의 우리가 이것을 읽고 매우 이상한 느낌을 금할 수 없는 것은 이들 다섯 덕행이라는 것이 하나의 예외도 없이 모두 소위 여성적이라는 것이다. 인간은 과연 이런 덕행을 수득(修得)하여서 생존에 견딜 수 있겠는가 하는 의심이 없지 않다. 그리고 이상한 또 하나의 사실은 우리 조선 사람의 수덕(修德)의 이상이 바울이 제시한 덕성에 심히 근사(近似)하고 있다는 점이다. 그것은 우리의 이름이 그것을 잘 증명하고 있다. 조선 사람의 이름에 가장 잘 쓰이는 자는 – 인(仁), 의(義), 예(禮), 신(信), 순(順), 순(淳), 화(和), 덕(德), 명(明) 등의 자이다(2권 139쪽).

동과 서, 지리적인 차이나 시대적 간극에도 불구하고 하나님과 가까이하며 살아간 사람들이 닮으려 추구한 인간성의 특성이 같았다는 것을 발견한 기쁨이 컸었나 보다. 무엇보다 칼과 총을 앞세운 민족주의나 제국주의가 세력을 떨치던 상황이고 보니, 그런 시절에는 경쟁력이 없는 이런 '여성적' 성품들을 길러 생존이 어찌 가능하겠느냐 질문도 던진다. 그러나 김교신이 '여성적' 품성이냐 '남성적' 품성이냐의 양자택일을 놓고 갈등을 하며 이 글을 쓴 것 같지는 않다. 그는 이 세상이 소위 '경쟁력 있는 성품'이라고 가르치는 것들은 전혀 '하나님-닮은-성품'(나는 이를 '영성'이라 부른다.)이 아님을 이미 깨달았던 사람이다. 그러니 정복하고 억누르고 죽이고, '내' 것을 확장시키기 위해 '너'에게 폭력을 가하는 "투견투계"의 세상 한복판에서, 김교신은 전혀 다른 인간성을 '거듭난 위인의 성품'으로 주장했던 것이 아니겠나.

> 위인은 어떤 사람이냐. 나폴레옹이나 알렉산더나 성길사한(칭기즈 칸) 등을 위인이라고 생각하는 것은 전(前) 세기의 사람들이라면 몰라도 현대에 있어서는 아마 소년잡지의 독자 정도일 것이다. 바울은 새 사람의 덕성으로서 다섯 요소를 들었지만 이것이 곧 위인의 요소이다. 위인이란 … 그 가슴에 자비의 마음 즉 용광로 같은 연민 동정의 심정을 소유한 인간이야말로 참다운 [인간다운 인간이었다.] 모세가 그런 사람이었다. 석가가 그런 사람이었다. 이사야, 예레미야 등이 그런 사람이었다. 장차 올 사회에 있어서는 자비의 마음, 인자, 겸손, 온유, 관용의 덕을 갖춘 사람만이 참 인간이고 따라서 참 위인이 될 것이라는 것이다(2권 139-140쪽).

사실 김교신은 이 글에서 '인간다움'과 '남자다움' 사이의 큰 정의적 구별을 두지 않았는데, 그거야 사람을 'man'이라 하고, 역사를 'history'라고 하고, 심지어 성별을 초월하신 하나님조차 'He'라고 적어놓고도 무심한 가부장제 문화권의 공통적 한계이기는 하다. 예를 들어 김교신은 "위인이란 인간다운 인간, 남자다운 남자를 말한다"라는 표현을 큰 문제의식 없이 썼는데, 그럼 여자로 태어난 사람은 위인이 될 가능성이 없다는 말이냐고 따질 수도 있는 것이 아닌가! 그러나 김교신의 이 글이, 여자는 조신하게 집 안에서 내훈이나 읽고, 남자들은 호전적 전투력으로 공적 세계를 장악하라는 요지가 아닐진대, 지엽적인 문제로 주장의 본질을 흐릴 필요는 없다고 본다.(이를 '페미니스트적' 시각에서 굳이 죽자고 덤빌 일은 아니지 싶다. 하여, [ ] 안의 내 임의로 수정한 양성평등적 표현은, 김교신이 이 글에서 강조하고 싶었던 핵심적 의미를 제대로 전달할 수 있도록 하기 위함이다.)

'거듭난 성품'으로서의 위대한 인간성을 살아낸 사람들을 제시하며 예수를 적지 않은 아쉬움은 크다. 정통신앙인 김교신에게 예수는 곧 그리스도라 그 긴밀한 신앙고백적 언어에서 '인간 예수'만을 따로 떼어 모세나 이사야, 예레미야와 함께 나열할 수 없었기 때문일 것이다. 그러나 "남을 죽여야 내가 산다"고 가르치는 이 경쟁 사회에서 보다 근원적인 하나님의 법을 따라 사는 삶이 무엇인지 몸소 보여주신 예수는 단연코 '참 사람'이요 '위인 중의 위인'이었다.

김교신과 같은 해 같은 달에 히틀러의 광기어린 폭력에 희생된 신학자 디트리히 본회퍼 역시 예수 그리스도께서 보여주신 '위인'의 삶을 살다 교수형으로 생을 마감했었다. 그러고 보니 4월은 어느 시인의 말마따나 잔인한 달이다. 우리는 김교신을(4월 25일), 본회퍼를(4월 9일), 그리고 304명의 그 팔딱이는 생명을(4월 16일), 이 봄의 문턱에서 잃었다. 그래서인가? 동과 서, 비록 거리의 간극이 컸으나, 예수께서 보여주신 '위인'의 삶을 그 어느 누구보다도 진지하고 치열하게 따라 살다 간 김교신과 본회퍼라서, 이 봄에 그들이 더욱 보고픈 지도 모르겠다.

그들의, 잔잔했으나 결코 평범하지 않았던 생애를 통해 보여 주었

버리지 마라, 생명이다

던 '위대한 인간성'을 그리워하다가 문득 깨달은 것이 있다. 세월호 유가족들과 함께 곁을 지키며 울고, 시간과 물질과 사랑을 기꺼이 나누고, 진상규명을 촉구하는 움직임에 몸을 사리지 않는, 수많은 '위인들'이 이미 존재한다는 것을…. 지금만이 아니고, 아주 오래 전부터, 더 무시무시했던 반反생명의 시절에도, 고통 받는 이들과 함께 울고 가진 것을 기꺼이 나누고 부정의한 현실에 의분을 일으킨 '우리 곁의' 위인들은 '늘' 그리 존재했었다는 것을 …. 이 4월에 예수께서 본을 보이시고 수많은 신앙의 선배들이 그 길을 따라간 '인간다운' 삶을 묵상하고 또 묵상하기를, 자기 삶의 한 가운데서 실천하고 또 실천하기를 소망하며 본회퍼의《옥중서간》한 구절로 글을 맺는다. 위인이란 다름 아닌, 시절이 아무리 비인간적이어도, 포기하지 않고 타협하지 않고, "용광로 같은 연민의 심정"을 품고, 우리의 일상을 성실하고 꿋꿋하게 살아내는 사람이지 싶어서이다.

그래도 우리는 아직 쓸모가 있을까? 장래에는 천재도 아니고 냉소가도 아니고 인간 경멸가도 아니고 교활한 책사도 아닌, 소박하고 단순하고 정직한 인간이 필요할 것이다. 소박과 정직에의 길을 재발견하기에 충분할 정도로 우리에게 다가오고 있는 것에 대해 우리의 내적 저항력이 강해지고 자기 자신에 대한 성실이 가차 없이 엄하게 지속될 수 있을까?(디트리히 본회퍼/에버하르트 베트게 엮음/고범서 옮김,《옥중서간》, 대한기독교서회, 1995, 30쪽)

🖼 김교신의 교육정신

양정학교 재임시절 학생들 사이에서 불리던 김교신의 별명은 "양∦칼"
이었다고 한다. 워낙 엄하고 분명한 성격에 날카롭고 소신 있는 행동
거지로 인하여 붙은 별명일 것이다. 일본어로 가르쳐야 했던 시절, 순
사 앞에서도 굳건히 우리말로 출석을 부르는 김교신의 모습에 어린 학
생들도 엉겁결에 '하이' 대신에 '예'라고 대답했다고 하니, 그의 칼날
처럼 단단하고 확고한 성격을 알만하다. 약이 오른 순사가 '예'라고 우
리말로 대답하는 학생들의 배를 칼집으로 때렸지만 눈 하나 깜짝하지
않고 마지막까지 우리말로 출석을 부른 뒤에 김교신은 순사에게 이렇
게 말했다고 한다. "이름은 고유명사니 관계치 말라"(별권 164쪽). (김교신
의 또 다른 별명은 "빤빼니"였다. 3일에 한 번씩 깎는 삭발 머리에 이마와 얼굴까지 광채가 나
서 붙은 이름이라는데, 스타킹이라고 불리는 긴 양말, 거기에 자전거 출퇴근을 위해 신축성 있

버리지 마라, 생명이다

는 골프바지, 운동화 차림을 한 김교신의 외모를 학생들은 모두 '인상적'이었다고 기억한다.)

황국신민화 정책이 한창이던 당시다. 다 자란 어른들조차 칼과 총을 앞세우고 몰아붙이는 무장 폭력 앞에 어안이 벙벙하여, 무엇이 옳은지 그른지 판단할 새도 없이 머리를 조아리던 시절이다. 그러니 어린 학생들이야 오죽했을까. 비록 조선인으로 태어나 자랐지만 내내 일제 치하였고 '일본어'를 '국어'라고 가르치는 제도 교육을 쭉 받아왔는데. 그것도 양정, 경기면 성실하게 어른들의 세계를 학습하고 내면화해온 수재들이 있는 교육 공간! 거기에서는 '당연'했을 일본말 수업과 여러 규칙들을 민족적, 신앙적 소신으로 거절하고 꿋꿋하게 우리말 수업을 하고 민족혼을 불어넣는 단 하나의 선생님을 대면했을 때, 어린 학생들의 심정은 어떠했을까?

류달영은 김교신이 양정에 부임하던 해에 양정고등보통학교에 막 입학하여 이후 5년간을 줄곧 담임 선생님인 김교신 문하에서 수학했던 애제자였다. 김교신을 어찌나 따랐던지 그 학업 열정이 남달라서 박물학 점수가 100점 만점에 120점이었다 한다. 모르면서 어물쩍 틀린 답을 쓰면 차라리 백지를 낸 것만도 못한 점수를 주던 "양칼" 같은 김교신이, 정확하고 꼼꼼한 답안에 감복하여 무려 만점 플러스 20점을 부여한 '전설'같은 학생이 류달영이었다. 김교신의 제안으로 최용신 전기도 집필했고 후에는 결국 〈성서조선 사건〉으로 고초도 같이 겪었던, 매우 인연이 깊은 사제지간이었다. 그 류달영은 28세 '새내기 교사' 김교신의 첫 말씀을 이렇게 기억한다.

여러분은 이 나라의 희망입니다. 참되이 배워갑시다. 그리하여 이 나라의 앞날을 위해 꾸준히 준비합시다. 나도 여러분들과 똑같이 한 학도로서 함께 배우며 걸어가고자 합니다(별권 130쪽).

무장독립항쟁이 무의미한 일이 아니었고, 사회계몽사상에 입각하여 농촌을 일구고 산업을 중흥시키는 일 또한 불필요한 일이 아니었으나, 김교신은 '교사'로서 그의 소명을 '정신을 심어주는 일'에 두었다. 민족정신, 신앙정신, 주체적 정신… 훗날을 기약하며, 미래에 소망을 두고, 그래서 비록 당장은 그 결과가 눈에 보이지 않더라도 만나는 학생들에게 하나씩 하나씩 '민족혼'과 '신앙혼'을 불어넣어 주려고 혼신의 힘을 다했다. 그랬으니 그 혹독하게 추운 겨울 같은 시절을 칼날처럼 단단하고 날카롭게 홀로 버틸 수 있었겠지.

김교신의 지리학 수업은 결코 정보만을 전달하는 주입식 암기 과목이 아니었다. 1939년 그의 일기에는 평소 그가 진행하던 지리학 수업을 엿볼 수 있는 구절이 담겨 있다.

제2학년 지리 시간에 아주(阿洲)의 강의가 완결되는 고로 "아프리카 주에 관계된 위인 10명 이상을 열거하고 간단한 설명을 붙이라"는 과제를 제출하여 보았다. 어떤 인물을 기록하는가가 매우 흥미 있는 문제다. 이 대륙은 이용후생의 견지로 보아서는 가치가 매우 박약하지마는 위대한 인물이 족적을 남긴 점으로 보아서는 다른 아무 대륙에도 못하지 않을 것

　　　　　　　　　　　　　　　　　　　버리지 마라, 생명이다

이다. 단 이것도 정통 지리학이 아닌 것은 물론이니 상급학교 수험과 취직 전선만을 염두에 두는 인간에게는 하등 유익이 없을 것이다(7권 33쪽).

실제로 그랬다. 다수의 학생들이 "대학교 입시 준비에 실질적인 도움이 되지 않는다"고 김교신의 지리학 수업을 못마땅해 했다고 한다. 그러나 한편으로 적지 않은 수의 학생들이 그의 지리학 수업을 매우 특별하게 아꼈다. 늘 배우는 지역과 관계된 인물들을 대면하게 했던 김교신의 지리학 수업은 '인생철학을 배우고 사람의 정신을 배우는 귀한 시간'이었다고 말이다. 한 학생의 회고다.

선생은 언제고 자기를 분명히 알아가는 것이 인생의 근본이라고 하셨다. 따라서 이야기의 실마리만 풀리고 보면 지리 공부 시간이건 박물 공부 시간이건 대고구려를, 세종대왕을, 이순신을 가르쳤다(별권 177쪽).

학생들이 존경하는 인물로 조사해온 사람들을 무조건 다 인정해주지도 않았다. 한창 제국주의적 전쟁이 진행되던 터라 영웅심에 사로잡힌 학생들이 가끔 히틀러나 무솔리니를 존경하는 인물로 제시하면 김교신은 크게 노했다고 한다. "이들은 늑대와 같은 야수적이고 비인도적인 파괴분자"이니 "만약 학생들 중에 이런 인물의 액자가 벽에 걸려 있다면, 당장에 부숴버리라고 호통"을 치셨다는 거다.

필시 '교사'로서의 김교신에 대한 가장 '객관적'인 평가는 김교신을 따라 박물학을 전공하고 대학에 재임했던 구건 교수의 회고일 것이다. 그는 함경도 사투리로 전하는 김교신의 지리박물 시간은 수업 자체만으로는 훌륭한 박물수업이라고 평가하기 어렵다고 하면서, 그 까닭이 반드시 개인 김교신의 역량 부족이라기보다는 당시 학교의 여건이 그러했다는 해명을 덧붙였다. 다만 중점적인 개요만을 설명하고 쉬운 부분들은 학생들이 스스로 공부하도록 여지를 주고, 나머지 시간들을 활용하여 "사람 자체를 만들려고 노력하신 것"은 교사로서의 김교신이 훌륭했던 점이라고 평가한다. 인간 김교신의 매력에 푹 빠진 것은 아니지만, 교사로서 김교신이 전하고자 했던 것을 성실하게 배운 제자였던 그는 가장 마음속 깊이 남은 내용으로 다음의 구절을 전한다.

> 오늘의 하루는 제군들의 생애의 하루이다. 영원에 이어지는 하루이다. 하루의 반성은 생애의 반성이다. 하루의 경각은 영원에의 경각이다(별권 180쪽).

어찌 학생들 뿐이랴. 스스로도 교사라기보다는 먼저 살아가고 먼저 배우는 '학생'일 뿐이라는 김교신에게 있어 하루는 영원에 이어지는 소중한 경각이었다. 하여 「성서조선」 출간이 본업이요 교사로서의 수업은 2차적 임무라고 늘 말했던 그였음에도, 김교신은 단 하루도 수업을 소홀히 여긴 적이 없었다. 그래서이지 싶다. 김교신을 추억하는 책자마다 등장하는 그의 학생들은 모두가 자기 자리에서 '스스로' 빛을

버리지 마라, 생명이다

내고 있었고 '자기만의' 목소리를 내고 있었다. 각자가 자기 분야에서 멋지고 당당한 전문가가 되어 있었고, 세상이 굽어도 자신만은 올곧은 정신을 소유한 행동하는 지성인으로 자라 있었다.

　욕심일까? 나도, 그러고 싶다. 세상이 알아주지 못해도 좋고, 업적평가에 크게 들어가지 않는 일이어도 상관없다. 교수의 이름은 그야말로 '프로페서professor' 즉, '프로페스'하는 사람이 아니겠는가. 온 몸과 맘과 혼으로, 내가 쌓은 전문 지식, 내가 옳다고 믿는 가치를 나의 학생들에게 '프로페스', 주장하는 사람이다. 그러니 누가 뭐래도 강단이 일순위다. 가끔 '높으신 분들'이 직접 대면했을 때나 전화로 강연을 부탁하실 때가 있는데, 공교롭게도 수업시간과 겹칠 경우가 있다. 하여 "그 시간은 수업시간이라 어렵다"는 말씀을 드리면 여지없이 1분여의 정적이 흐른다. 그러다가 근엄한 목소리로 "수업 한 번 빠지시죠." 이렇게 '돌직구'를 건네시는 분들도 가끔 있다. 참으로 난감하다. 필시 그분들이 참은 1분은 별 것 아닌 여교수로부터 받은 '모욕'을 자신의 지성과 영성으로 견뎌내시는데 필요한 시간이었을지도 모른다. 그러나 나 역시 이 점에 있어서만큼은 "양칼"이다. 내 원칙이기 때문이다. 비록 겉모습은 둥글둥글 한없이 만만해 보이지만, '강단에서 프로페스하는 자'로서의 나의 내면은 김교신을 닮아 "양칼"이고 싶다. 하여 외로울지라도, 하여 주류 집단에서 배제될지라도, 단호하게 칼날처럼 그렇게 원칙을 지키며 살고 싶다. 버텨내고 싶다.

줄탁동시 啐啄同時

첫째로 손 군은 우리 학교의 생도요, 우리도 일찍이 동경-하코네 간 역전경주의 선수여서 마라톤 경주의 고(苦)와 쾌(快)를 체득한 자요, 손 군이 작년 11월 3일 동경 메이지 신궁 코스에서 2시간 26분 41초로써 세계 최고 기록을 작성할 때는 '선생님 얼굴이 보이도록 자동차를 일정한 거리로 앞서 모시오' 하는 요구에 '설마 선생 얼굴 보는 일이 뛰는 다리에 힘이 될까' 하면서도 이때에 생도는 교사의 심장 속에 녹아 합일되어 버렸다. 육향교 절반 지점부터 종점까지 차창에 얼굴을 제시하고 응원하는 교사의 양 뺨에는 제지할 줄 모르는 열루(熱淚)가 시야를 흐리게 하니 이는 사제 합일의 화학적 변화에서 발생하는 눈물이었다(1권 36-37쪽).

김교신이 손기정 선수의 베를린 마라톤 우승을 기뻐하며 쓴 글의 일

버리지 마라, 생명이다

부이다. 1936년이니 일제치하의 한 중간, 나라 잃은 백성이라 일장기를 달고 뛰었지만 그 가슴에 품은 마음이야 어찌 자유 잃은 종의 마음이었을까! 올림픽 우승 후 손기정 선수가 우승의 비법이 "작전에 있지 않고 정신에 있더라"고 말했다는 기사를 접하고 김교신은 한 해 전에 있었던 제자와의 추억을 떠올렸다.

동경고등사범학교에서 지리박물을 전공한 그가 양정고등학교에서 교편을 잡고 있던 시절의 제자가 손기정이다. 체격이 좋고 만능운동가였던 김교신은 스스로도 마라톤 선수로 뛴 경험이 있었다. 비록 체육교사는 아니었지만 본인의 경험과 사제 간의 신의로 김교신은 손기정 선수의 훈련을 도왔다. 스승과 사제 간의 간절함과 서로의 믿음이 얼마나 두터웠으면, 늘 함께 해주신 선생님에게 "한 발 앞서 얼굴을 보여 달라" 그리 청했을까. 김교신도 자문하듯이, "설마 선생 얼굴 보는 일이 뛰는 다리에 힘이 될까" 싶을 일이다. 선생은 자동차로 앞서 갈 뿐인데 상식적으로 그것이 제자의 뜀박질에 물리적 힘을 줄 리는 만무하다.

그러나 그날 스승과 제자는 "사제 합일의 화학적 변화"를 느꼈다 한다. 스승의 얼굴을 보며 뛰는 제자의 다리만 힘을 얻은 것이 아니었다. 필사의 힘으로 뛰고 있는 제자를 보며 자동차 안에 있는 스승 역시 함께 뛰는 양, 뺨이 상기되고 뜨거운 눈물과 함께 제자의 가쁜 숨을 함께 느꼈다. 그 감격과 기쁨을 담아낸 글이 '손기정 군의 세계 마라톤 제패'(1936년 9월)이다.

줄탁동시啐啄同時! 이 글을 읽으며 문득 이 사자성어가 생각났다. 병아리가 알에서 깨어 나올 때쯤 되면 안에서 밖을 향하여 껍질을 쪼면서 "어디가 얇나, 어디로 뚫고 나가나" 부리질을 한다고 한다. 그게 '줄'이다. 한편 이제나 저제나 아기병아리를 기다리면서 달걀을 살피는 어미닭이 '아하, 요 녀석이 여기를 쪼고 있구나!' 발견하고 바깥에서 함께 같은 곳을 쪼아주는 것이 '탁'이다. '줄'과 '탁'이 동시에 일어날 때 생명은 탄생하는 것이고, 기적이 일어나는 것이다.

넉넉한 살림도 아니요 떳떳한 참가도 아닌, 남의 나라 국기를 달고 발달이 남다른 서양인들 사이에 끼어서 극한의 한계를 경험하며 그 길고 먼 거리를 뛴다는 것. 선생도 제자도 그 물리적 고통을 알고, 이 소망 없는 상황을 아는데, 그래도 기어이 뛰겠다는 제자의 간절한 '줄'에 '탁'으로 응답하는 스승은 어느덧 서로의 심장 속에 녹아 합일되는 체험을 하기에 이른다. 그리고 그날, 손기정 선수는 2시간 26분 41초의 세계 최고 기록을 달성했다.

같이 뛰어 가능했을 일이다. 두 사람의 진심이 "화학적 변화"를 일으켰으니 가능했을 일이다. 그리고 그 힘으로, 그 기억으로 손기정 선수는 다음 해 베를린에서도 자신의 스승과 함께 뛰었을 것이다. 비록 몸은 함께이지 못했으나 고국에서 스승 김교신도 마음을 모아 제자와 함께 뛰고 있었을 것이다. 그리고 그 기특한 제자가 "승패는 작전과 체력에 있는 것이 아니요, 정신의 겸허함에 있더라." 고백하는 것을 접하며 감사하고 감격했을 일이다.

버리지 마라, 생명이다

알고 보니 우리나라 운동선수들의 경쟁력이 국제적이라는 소리를 하고자 함이 아니다. 손기정 선수 때부터 알아보았을 일이고 김연아, 박태환, 손연재는 장한 배달의 자손이라는 이야기를 하고자 함도 아니다. '줄탁동시'의 사제 관계가 상실된 오늘의 교육 현장 한복판을 지내면서 이 글을 읽자니 내 심장에도 무언가 뜨거운 것이 올라오고 아련한 슬픔마저 휘감는 체험을 했기 때문이다. 어려운 시절 소신을 가지고 교단에 섰던 김교신이 일제의 탄압으로 이리 치이고 저리 치이다 결국은 15년 만에 교사 생활을 접고 말았지만, 그 짧은 기간 동안 그가 산 신앙과 민족혼을 오롯이 담아 교단에서 전했던 지식은 또렷또렷한 정신과 몸을 가진 젊은 생명들을 탄생시킬 수 있었다. 훗날 그의 제자들이 스승 김교신을 회고하며 쓴 책을 읽으며 얼마나 놀랐는지 모른다. 한국 근대사의 모든 자리에서 올곧고 바른 정신으로 살아낸 사람들이 거기 다 모여 있었다. 아, 한 사람의 힘, 아니 '줄탁동시'를 끌어내는 한 스승의 힘이 이렇게나 컸던가!

비교할 수 없이 모자란 선생이지만, 어느덧 강단에 선지 12년. '탁' '탁' 몸짓을 해도 '줄' '줄' 마음과 행동을 맞춰주는 학생들이 점점 줄어간다고 한탄을 하다가, 문득 내 자신을 돌아본다. 비인격적 개별경쟁으로 아이들을 내몬 이 시스템 때문이야, 사제 관계가 사라지고 '지식서비스제공자 – 학습소비자' 관계를 조장하는 자본주의적 기업이 되어버린 대학 구조가 문제야, 그렇게 속상해하다가, 다시 내 자신을 돌아보았다. 김교신의 시절에 비할 바인가, 모국어로 학생들을 가르치는 것조차 허용되지 않았던 그 험한 시절에도 '줄탁동시'로 젊은 생명들을 알에서 깨우고 팔팔하게 세상에 내어놓은 참 스승이 있었는데…
부끄러움과 함께 또한 힘을 얻는다.

> 마라톤에도 무엇보다 인내력이 제일이다. … 때에 공중의 소리가 있어
> 가로되 "그의 팔로 힘을 보이사 저의 심사(心思)에 교만한 자를 흩으시
> 고 … 높은 것을 낮추시고 낮은 것을 높이시며, 강한 자를 꺾으시고 약한
> 자를 세우시느니라"(누가복음 1:51-53)고, 이것이 하나님의 속성이다(1권
> 37-38쪽).

하나님의 속성! 태초 이래로 계속 '탁' '탁' 하시면서 피조물 간의 화해와 평등의 공동체를 만들 제자들을 살피시는 하나님의 인내하심이 답이로구나. 그 인내를 기억하며, 그 얼굴을 바라보며, 숨이 깔딱거리지만, 지금이라도 멈추고 그냥 주저앉고 싶지만, 그래도 결국은 우리와 함께 하시는 영원한 스승과 임마누엘하면서 화학적 변화로 살아내야 하는 거구나! 하나님께는 '줄', 내게 온 예쁜 아이들에게는 '탁'하면서 그리 하루씩 살아내야 하겠구나!

온유한 자가 차지하는 땅

결국엔 웃었다. 하지만 순간적이나마 '괘씸하다'는 생각이 든 걸 보니 마음 한 구석에 '교만함'이 자리 잡고 있었나 보다. 그래도 감정을 추스른 건 잘한 일이었다. 지난 학기말의 일이다. 처음 가본 작은 사학 공간은 그야말로 '어이없는 갑질'의 향연이었다. 대학 강사료가 워낙 낮게 책정되어 있다는 것은 알 만한 사람은 다 아는 일이었지만, 그 중에서도 '갑'인 학교였다. 그래도 아이들만 예쁘다면 나는 상관없었다. 어차피 '교수'의 역할이란 자신이 옳다고 믿는 바를, 자신의 전공 안에서 얻은 깨달음을, '프로페스profess'하는 직업이니까. 어느 강단이든, 어떤 대우를 받든, 나는 내 소리를 하면 되는 것 아니겠나?

  그런데 초등학생도 아니고, 여러 가지 말도 안 되는 행정적인 '의무사항'들을 빌미로 교무처로 시도 때도 없이 불러대더니 급기야 학기말

성적처리를 두고 팽팽한 신경전이 벌어진 거다. 도대체 출석점수를 후하게 주겠다는 교수에게, 학교가 정한 방식으로 일괄적으로 점수를 깎아서 다시 평가해오라고 언성을 높였다. 미리 공지라도 하지, 이게 원칙이라는 데 미칠 노릇이었다. 이미 상대평가로 그레이딩까지 다 마친 작업인데… 융통성 제로에 소통은 불가했다. 무엇보다 태도가 아주 불쾌했다. 내가 합리적 질문을 하면 말끝마다 "자꾸 이러시면 다음 학기 강의 못 받으세요"가 답으로 돌아왔다. 이쯤 되자 한 학기 내내 참았던 나의 인내심이 위험수위에 다다르고 말았다. 내가 그 학교에 고용된 '가신家臣'도 아니고 수시로 전화를 해서 어디냐고 묻는 무례함과, 그 어디든 한 시간 안에 당장 달려오라는 어이없음을, 다 참아 넘겼는데 결국은 이렇게 터지는구나! 화내기 직전 스스로에게 정당함을 부여했다. 그런데 순간, 한 학기 내내 참은 게 아까웠다. 아니, 무엇보다 주변을 둘러보니 같은 처지를 '당하면서도' 절절매시는, 소위 '강사' 선생님들의 모습이 너무나 가슴 아팠다. 하여 요구 사항대로 고치느라 나의 '피 같은' 하루를 온통 다 써버렸다. 한심하다는 표정을 얼굴 한가득 하고서 그제야 허락도장을 찍으며 선심을 쓰듯 "앞으로는 시키는 대로 하세요"라고 말하는 담당자에게 나는 될 수 있는 한 가장 온화하게 웃으며, 그러나 또박또박 큰 소리로 말했다. "어머, 제가 다시 온다고 언제 그랬나요? 이제 다 된 거죠? 앞으로 다시는 저에게 전화하지 마세요~." 규모가 작은 행정실이었기에 밝은 톤으로 던진 내 말은 그 공간을 가득 채웠다. 모두가 하던 일을 멈추고 나를 보았다. 시선들이

버리지 마라, 생명이다

주는 따가움이 불편하지 않은 것은 아니었으나, 아주 예의 바르게 인사를 하고 우아하게 걸어 나왔다. 그렇게 '사람을 사람대접 아니해주는' 낯선 공간에서의 '임시고용' 관계를 끝냈다.

내공이 깊은 탓은 아니었다. 그 일 아니어도 먹고 살 거리가 많아서 배부른 객기를 부린 것도 아니었다. 다만, 예수께서 가르쳐주신 거다. 인간을 비인간적으로 대하는 시스템에는 굴복하지 말아라. 그러니 할 말은 해라. 그럼에도 온유해라. 온유란 비굴함이나 유약함이 아니다. 산상수훈에서 예수께서는 온유한 자가 결국 "땅을 차지하게 될 것"이라고 말씀하셨다. 김교신도 이 부분에 대해 깊은 묵상을 남겼다.

> 예수는 선언하신다. 강포한 자가 아니요, 온유한 자가 복스럽다고. 이에 '온유'라 함은 praus, 즉 온화, 유순, 겸손, 온량, 원만 등을 의미함이다. 성질이 관대하여 훼손, 경멸을 당할지라도 용이히 격노하지 않고, 초급(峭急)함이나 역기(逆氣)함이 없고 오히려 악을 행하는 자에 대하여 … 눈으로 눈을 갚고 이로써 이를 갚는다기보다 차라리 피해 수욕(受辱)한 대로 인내하기에 능한 자 특히 하늘에 불역(不逆)하는 것, 하나님이 내리신 모든 곤고, 환난을 달게 받는 성질을 칭함이다. 이런 성질을 가진 자가 복스럽고 장차 땅을 자치할 것이라 한다(4권 36-37쪽).

하지만 김교신도 글에서 인정하듯이 현실은 그 반대다. 하나님의 뜻을 거스르는 세상의 구조가 견고하면 할수록, 온유한 자는 가지고 있던 땅도 빼앗기는 것이 현실이다. 다른 사람은 말할 것도 없이 예수 자신이 그랬다. 하나님 나라, 그 넓고 광활한 '땅'을 선포했던 예수는, 그 땅이 지정학적 경계선을 가지는 영역인줄 알고 '제 땅 지키기'에 연연했던 유대의 성전 엘리트들, 로마의 정치 엘리트들에 의해 죽임을 당했다. "법정에서 군중에게 침 뱉음을 당했고" "그 얼굴을 가리고 주먹으로 치며, 선지자 노릇을 하라 하며, 관속들은 손바닥으로 때리는"(마가복음 14:65) 지경을 당하여서도, "군사들의 온갖 희롱을 당한 후에 십자가에 못 박힌 때에도 지나가는 자들이 기롱戱弄하여 마지않았던" 그 순간에도 예수는 어린 양처럼 온유했다. 그러나 할 말은 하셨다. "그것은 너의 말이다." "내 나라는 너희가 생각하는 그런 나라가 아니다." 그 예수는 자신을 따라 하나님 나라의 통치 질서를 믿는 자들 모두가 온유하기를 권했고 온유한 이들을 축복했다. "복되어라, 너 온유한 자여. 타협하지 않고 굴복하지 않으며 부끄러워하지 않고 당당히, 그러나 가장 부드럽고 온화하게 평안한 얼굴로 하나님 나라의 통치 질서를 꿋꿋하게 살아내는 너, 온유한 자여! 너는 땅을 차지할 것이다!" 이게 어찌 가능한가? 김교신은 온유한 자가 하나님을 향해 가진 '신뢰'에서 그 답을 찾았다.

오히려 저에게 영웅적 기개가 있었으므로 그처럼 온유한 것이었다. … 사람과 사회를 대하여 온유한 자의 그 온유의 깊은 곳에는 '공의로 심판하는 자에게 부탁하는' 신뢰가 있다. 예수의 경우가 그것이었고 욥의 순종이 또한 거기서 발원한 것이었다. … 그리스도는 옛날이나 지금이나 변함없이 주장하신다. 악자의 난폭에 대항하지 말고 그리스도와 그의 아버지를 호위로 하라. 이랑이 포악하다고 양조차 포악할 것이 아니라 양은 양대로 온유하여 '그 생명의 안전은 다만 목자에게 대망(待望)하라.' 우리에게 남은 유일한 방도는 "나를 주의 날개 아래 덮이게"(시편 17:8) 하는 것 뿐이다. 그리할 때에 우리들은 소원의 십배, 백배하여 설치(雪恥)도 하고 "권위 있는 자를 그 지위에서 내리치시고 온유한 자를 올리시는 자"(시편 113:6-9, 욥기 5:11, 누가복음 1:52)에 의하여 "장인들이 버린 돌인데 집 모퉁이의 머릿돌이 되는 것"(마태복음 21:42, 시편 118:22, 사도행전 4:11)을 보고 그 기이함에 놀라기도 하는 것이다. … 전도(顚倒)가 생기고야 만다. 사상의 혁명으로써 이에 지날 것은 없었다(4권 38-40쪽).

물론 동의하는 바다. 예수도 그 날을 믿고 그 믿음을 '현재' 소유한 채 자신의 몫을 살아낸 온유한 자였다. 그러나 여전히 마음 한 구석엔 의문이 남는다. 결국은 미래에 도래할 그 '땅'을 오늘 믿고 사는 것일 뿐 온유한 자가 현재 '땅'을 소유하는 것은 아니지 않나? 예수가 선포한 이 축복이란 '나중에 죽어서 저 천국이 네 것'이라는 미래적 소망만이 아니었지 않나? 여기, 현재의 세계 안에서도, 관계 안에서도 '땅의 소유자'가 될 것이라는 선포였지 않나? 나의 이 질문에, 그리고 어느 정도 내 안에 가지고 있던 답을 다시 확인시켜주며, 김교신은 이렇게 묵상했다.

현실에 있어서도 강포한 자는 안정을 얻지 못한다. … 저들은 수백 배의 토지를 소유하였다 할지라도 실상은 아무 것도 소유치 못한 것이다. 마는 이에 반하여 온유한 자, 하나님의 자녀들은 입추(立錐)의 땅을 소유함이 없다 할지라도 지상에서 안강(安康)한 주거를 향락할 수 있고, 아무 가진 것이 없을지라도 모든 것이 유족하여 많은 사람을 부하게 한다(고린도 후서 6:10), (4권 40쪽).

'아멘'이다. 맞다. 이제야 속이 뚫린다. 최근 2-3년 사이에 내가 경험한 바이기도 하다. '입추의 땅'이라… 송곳 설만한 자리가 없더라도 '권위를 나누고' '소유를 나누며' 하나님의 통치 질서를 온유함으로 살아내는 이는 이 땅에서 평안한 삶을 누릴 수 있다. 그래서 이 땅이 온통 다 그의 것일 수 있다.

현대 관료제bureaucracy만큼이나 '자리'가 중요한 세상이 또 있을까? '자리'가 통치하는 세상에서 자리를 잃은 사람들은 통치권마저 빼앗기는 법이다. 하여 둘이 쓰던 작은 연구실 책상마저 '빼앗긴' 뒤에 한동안은 나도 '데스크bureau'가 없는 관료의 설움을 느꼈었다. "교수님, 연구실로 찾아 갈게요~." 내 책상이 여전히 거기 있는 줄 알고 찾아오겠다는 학생들의 문자와 이메일에 얼굴이 달아오르고 내 존재가 한참 작아지던 때도 잠시 있었다. 그 시절 계시처럼 꿈을 꾸었다. 길었던 스토리의 앞뒤 다 자르고, 깨고 나니 '르호봇'라는 단어만 생생했다. 아, 이삭의 세 번째 우물 이름이었지. 수고로이 파 놓으면 빼앗기고, 수고로

버리지 마라, 생명이다

이 파 놓으면 또 분쟁이 나서 포기해야 하고, 그러면서도 이삭은 분내지 않고 또 다시 묵묵히 우물을 팠지. 그 세 번째 우물의 이름이 '르호봇'이다. '장소가 넓어 더 이상 다툼이 없다'는 의미이다. 내가 차지하겠다고 분쟁하지 마라, 그러나 좌절하거나 포기하지도 마라. 묵묵히, 담대하게, 온유하게 너의 할 일을 계속 행하라. 하여 방학을 맞아 이런저런 상담요청을 하는 제자들에게 나는 말한다. "종로 2가 ***카페로 올래요?" "선릉역 1번 출구 앞에서 만나요~." 내 일상을 살아내는 한가운데서 시간을 내고 마음을 뚝 떼어 내어 제자들에게 줄 수 있는데, 전해줄 지식이 있고 함께 울고 웃을 사랑이 있는데, 장소가 뭐 그리 중요하겠나? 비록 제도가 부여한 행정적 힘은 없어 밥 한 끼 사 먹이고 등 한 번 토닥이는 것밖에 해줄 것 없는 선생임에도, 발걸음을 재촉하여 달려오는 아이들이 있는데… 맞다. 내가 선 곳이 하나님 나라다. 나도 예수께서 약속하신 그 넓고 광활한 땅을 소유했다. 하여 스스로에게 다시 다짐하는 하루다. 묵묵히, 온유하게 "하나님 나라"를 살아내자. 그러니 성질 내지 말자! 하하.

부모-되기

누가 나면서부터 부모일까. 살면서 필요한 여러 가지 기초 지식들은 대략 학교에서 다 가르쳐주건만, 정작 중요한 '부모-되기'는 아무리 돌이켜 생각해도 배워본 바가 없다. 그래서 늘 부모들은 후회하기 마련이다. 처음이니까. 아니, 배운다고 나아지는 것도, 두 번째 세 번째라고 더 능수능란해지는 것도 아닌 일이 '부모-되기'이다. 가정적인 아버지요 '교사'이기까지 한 김교신도, 딸 여섯 아들 둘 무려 여덟 아이의 아버지였던 김교신도 언제나 늘 후회하던 아버지였다. 하긴 12살에 네 살 연상의 아내를 얻고 16살에 첫 딸을 보았던 김교신이다. 요즘 시절이라면 '애가 애를 낳은 꼴'이다. 도대체 뭘 제대로 알았겠나!

하지만 막 유교적 조선 사회를 빠져나오던 시절인 것을 생각하고, 또 김교신의 집안이 엄격한 유학자 집안이었던 것을 고려하면, 그는

버리지 마라, 생명이다

당시로서는 예외적인 '살가운' 가장이었다. 집안일은 모두 아내에게 맡기고 오로지 책만 읽고 '바깥일'만 몰두하는 그런 전형적인 가장이 아니었다. 정작 자신은 세 살에 아버지를 여의고 홀어머니 슬하에서 자란지라, 김교신은 자애로운 아버지의 모습을 보고 배울 기회는 없었다. 그러나 뭐든 꼼꼼하게 기록하는 그의 일기장에는 김장 담그기, 감자 구덩이에 묻기, 낙엽 쓸어 모으기, 메주 천장에 달기 등 소소한 집안일들을 나서서 했던 그의 부지런하고 정겨운 모습이 담겨 있다. 차남 '정민'의 출산 시에는 동대문 부인병원을 드나들며 우유 배달까지 마다하지 않았다. 돕는 일손이 부족할 때에는 새벽 4시에 기상해서 아내를 도와 조반 준비도 하고, 아이들도 각자 담당구역을 맡겨서 청소를 시켰다. 어디 그뿐이랴. 큰 딸이 산통으로 위급해지자 '서른여덟 살' 된 할아버지는 지나는 차도 몸으로 막아 병원에 보내고, 산모 퇴원 수속까지도 일일이 챙겼다.

물론 학교에서 별명이 "양칼"인 김교신인데, 집안에서라고 그 성정이 유순하지는 않았을 일이다. 그의 일기에는 군데군데 성질을 못 참고 아이들을 한참 때려주고는 후회하는 아버지의 통한어린 후회가 곧잘 발견된다.

아침 후에 아이들이 떠들어 몹시 때려 주고 생각하니 오늘이 주일이요 또 정도를 지났었다. 회한 또 통회(7권 280쪽).

베를린올림픽의 영웅이며 김교신의 제자였던 손기정의 회고에 따르면, 이화여전에 재학 중인 큰 딸이 화장을 하다 들키자 화장용 크림통을 집 뒤 바위에다 냅다 던져 깨뜨렸다고 한다. 그러고는 그 무서운 얼굴로 크게 소리쳤단다.

저거 봐라. 바위 위에다 크림을 발라 놓으니 어디 바위가 제 모습이 나느냐? 마찬가지야, 네 얼굴 그대로가 좋지. 왜 그걸 발라서 좋은 얼굴을 오히려 나쁘게 하느냐 말이다(별권 155쪽).

자녀들에게 그렇게 호되게 야단을 쳐놓고 다른 집과 비교하며 스스로 자기 위안의 글을 남기는 '인간적'인 모습을 보이기도 했다.

아이들의 분쟁이 심하여서 어젯밤에도 심히 책벌하고 오히려 내 마음이 상하여 괴롭던 중인데, 오늘 오사카 마이니치 지상에 기쿠치 히로시 씨의 「우리 집의 강아지들」이라는 일문[글]을 읽고 매우 안심하다. 아이들의 잘못은 모두 나의 악성의 유전인 줄로만 생각하고 괴롭기만 했는데, 현대 일본의 일류 문호의 자녀들도 형제 싸움이 상당하다 하니 하필 내 죄만은 아닌 듯하며, 3인의 자제 간에도 그렇다 할진대 우리 집은 그 배수의 분쟁이 있어도 무방할 것. 「성서조선」지 주필의 자녀라고 아이 때부터 별다르리라는 법은 없다. 그저 보통 아이요, 보통 인간이면 족하다. 이렇게 생각을 늦추고 마음의 안정을 얻었다(6권 175쪽).

부모도 사람이다. 어찌 실수가 없겠나. 어찌 늘 감정 조절을 우아하게 할 수 있겠나. 어찌 늘 하늘과 같은 넉넉한 사랑으로 품기만 하겠나. 김교신은 자연스레 흘러나오는 넘치는 부성으로써가 아니라, '애써서' 아버지의 역할을 감당했던 것 같다. 때로 아버지의 사랑을 받는 자기 자녀들을 향해 '질투 아닌 질투'도 보여 가면서 말이다.

지각 안 하고 등교하기 위하여서는 오전 6시인 캄캄한 때에 출발하여야 하는데 그 조반을 짓기 위하여서는 집안 식구 중에서 제일 먼저 기상하는 이가 솥에 불을 일으켜야 한다. 오늘도 이 역할을 당하면서 세 살에 아버지를 잃은 나 자신과 아버지가 불 땐 밥의 조반을 먹고 등교하는 딸의 팔자를 비교하니 자못 부러운 마음도 안 나지 않았다(7권 287쪽).

가끔은 작은아버지의 무덤을 찾아 어린애처럼 엉엉 울기도 했다. '아버지'도 버겁기는 마찬가지니까. '아버지'도 외롭고 힘겹고 지치기는 마찬가지니까.

돌아가신지 1주년 되는 작은아버지 산소에 이르러 통곡이 폭발하여 제지하려고도 안 하고 힘껏 소리 질러 실컷 울다. 고아처럼 울다. 어제 일 같건마는 떠나신 지 벌써 1주년. 이제 슬픔과 아픔은 본격적으로 내 가슴에 사무쳤고, 지붕도 없고 하늘도 없이 의지할 데도 없고 가리워 줄 곳도 없는 고적감은 나날이 쌓여지고, … 반은 돌아가신 이를 생각하며 반은 나 자신을 위하여 통곡 또 통곡. 하나는 사무쳤던 비통의 울음, 둘은 폭발구를 찾던 참회의 통곡. 산신당에 내려와 서서야 쌍안에 특이한 충혈을 발견하였으니 '피눈물'이란 이것인갑다고 납득하다. 일찍이 듣기도 하고 말하기도 했으나 실물의 '피눈물'은 이번 처음이니 이 일 지난 후 3일 뒤에 인생의 제 14,000일을 맞으려 한다(7권 119쪽).

하지만 김교신은 성실하고 살뜰한 아버지였다. 어찌 가능했을까? 둘째 딸을 다른 고등학교로 전학시키는 그의 모습에서, 장녀의 생일을 맞아 감사기도 드리는 그의 모습에서, 나는 김교신의 '부모-되기'가 성실하고 살뜰했던 근원을 발견할 수 있었다.

오전 중에 시내 진명고등여학교에 나가 차녀의 전학 수속을 완료하다. 큰일로부터 시간표 베끼는 것, 전차 회수권 사는 일 등 작은 일까지 해주면서 여러 번 눈급이 뜨거워짐을 깨닫다. 하나는 조실부친하여 박복한 내 신세와 따라서 내 아버지 생각이요, 또 하나는 내가 나의 자녀에게다 하는 일보다 몇 갑절 온유하게 주도하게 손잡아 이끌며 붙잡아 주시는 하늘에 계신 영원한 아버지 생각이다. 주 예수 안에 있는 한 내가 결코 박복하지 않은 것이 생각나서 주님 앞에 회개의 눈물 또 감격의 눈물(7권 279쪽).

오늘은 장녀의 생일인 고로 특히 어버이로서의 참회와 기원을 아뢰다.

버리지 마라, 생명이다

하나님을 알수록 어버이 노릇 하기의 곤란을 깨닫고, 어버이 노릇 해 볼 수록 하나님의 지성지애(至誠至愛)하시며 완결무결하심에 절대 자복하지 않을 수 없고, 예수를 교육자로 쳐다볼 때에 우리는 가정에서나 학교에서나 하루도 그 지위에 설 수 없는 자임을 통한(痛恨) 또 통한(6권 189쪽).

결국은 '내리사랑'인 거였다. '하늘 아버지'께 받은 사랑이 많아, 그 사랑이 차고 넘쳤기에 가능했던 '아버지-되기'가 아니었을까. 물론 육신의 아버지가 오래토록 곁을 지켜 울타리가 되어주시고 자애롭고 강건한 모습으로 '부모-되기'의 구체적인 모범 사례를 몸으로 보여주셨다면야 더할 나위 없었을 일이다. 그러나 비록 그럴 기회가 없었다 하더라도, 이 땅의 모든 생명은 '아버지'를 가진다.(물론 '어머니'로 상징될 수도 있다. 하나님은 성별을 초월하시니까.) 새벽을 깨우며 기도하기를 그치지 않았던 김교신, '기도'란 "성誠의 유전"이라 하여 하나님의 품성을 내 안에 받고 그에 이르려 노력하는 것이라 고백했던 그였으니, 타고난 개인의 호랑이 같은 기질이 아이들에게 상처를 입힐 때마다 반성하고 후회하며 하나님의 품성을 닮으려 노력했을 모습이 눈에 선하다. 1940년 8월의 일기에는 아이들을 깨우는 '부드럽고도 은혜로운 방법'을 터득하고 이후 이를 실천하게 된 감격이 적혀 있다.

아침에 아이들 잠 깨우는 대신에 찬송가를 불러보니 일종 묘안인 듯하다. 제4, 41, 350장 등을 힘껏 부르다. 아이들도 하나씩 둘씩 깨어나는 대로 합창에 참가하다(7권 275쪽).

하나 둘 자리에서 일어나 참새처럼 합창을 하는 모습이 눈에 선하게 그려진다. 절로 미소가 나오는 풍경이다. 이 글을 읽고 나도 적용해 보고자 늦잠꾸러기 아들 발치에서 매일아침 성경구절을 읽어보았다. 아들의 성격상 아침에 엄마가 노래를 부르면 매우 괴로워할 것이므로 상황에 맞게 변칙 적용을 했다. 발을 주물러주며 읽으니 아침마다 하던 '전쟁'이 그친다. 아하, 이것 참 묘안이다. 〈성조사건〉 이후 「성서조선」지 간행이나 무교회 모임을 그치고 고향 근처의 일본질소비료공장에서 한국인 노동자들을 돌보며 살던 시절에도 정릉 본가에 두고 온 아이들을 챙기는 김교신의 따스한 모습이 군데군데서 읽힌다. 1944년 돌아가시기 얼마 전, 장남 정손에게 보낸 편지의 한 대목이다.

네 편지 매우 반가웠다. 할머님께서 흥남 떠나실 때의 광경을 보는 듯이 적어 보냈구나. 그래. 이번에는 편지 잘 쓴 상금을 5원 줄 터인데 서울로 부쳐 보내려느냐, 여기 있는 네 통장에 저금하려느냐? 네 마음대로 통지하여라. 정복이는 가정예배 볼 때에 성경 읽느냐? 잘 읽는다면 상금 줄 터이니 알려라. … 뚱뚱이[둘째 아들 정민]도 매우 좋아서 장난 잘하고 집안이 매우 흥성흥성하여 사는 것 같다(7권 357-358쪽).

결국 '부모-되기'란 하늘 아버지(그리고 어머니)의 성실하심과 완벽하

버리지 마라, 생명이다

심에 잇대어 매일 매일 새롭게 배우는 길이다. 요 몇 해 사이 각박하고 살기 어려워진 세상을 탓하며 자신을 방어할 수도 주장할 수도 없는 어린 생명들을 향해 언어로, 물리적 폭력으로, 방임으로, 부모됨의 그 큰 힘을 남용하는 사건·사고들을 접하다 보니, 김교신이 보여준 부모사랑의 근원을 더욱 깊게 묵상하게 된다. 완벽한 부모가 어디 있으랴. 그러나 '만나'처럼 주시는 하루치의 사랑으로라도, 매일 매일 새롭게 받으며 하늘 아버지(그리고 어머니)를 닮자. 세상의 모든 부모된 이들이여.

'닮지 못한' 세대를 탄식하다

그러고 보면 유교적 가치와 문화적 관성이 꽤나 오랫동안 남아 있는 것 같다. 명백한 현대인이라고 생각하며 살았던 나조차, 어린 시절 학교에서 부모님께 편지를 쓰는 숙제를 할 때면 뜻도 모르고 "불초여식" 운운했었던 기억이 난다. 불초不肖, 닮지 못함! '자식이 자신을 낮추어 표현하는 말'이라고만 알고 썼던 이 단어의 본 뜻은 '닮지 못했다'는 말이다. 아니, 부모보다 더 나은 자식이 있을 수도 있는 일이고, 부모의 어떤 부분은 닮으면 안 될 부분도 있을 텐데, 유교 사회의 어른들은 그렇게나 자기들의 모습에 자신이 있었나? 물론 부모가 자녀를 향해 강요한 바는 아닐 지라도, 자녀들 입에서 '닮지 못한 것'을 송구스럽게 여기게 된 이면에는 '부모의 유업이나 모습을 자식이 이어야 한다'는 사회적 가치가 강했기에 가능했을 일이다.

버리지 마라, 생명이다

하긴, 지식이나 사회적 관습이 급변하지 않고 성공의 노하우가 '과거'에 있던 전통사회에서는 당연한 일이었을 지도 모른다. 부모의 삶, 스승의 지식은 사회 안에서 살아가는 어린 세대들이 성공적인 사회화를 위해 모방하고 본받아야 하는 것이었다. 그러나 소위 '현대modern' 사회는 그렇지 못하다. 지식도, 삶의 방식도 빠르게 '업데이트' 되고 새로운 것들로 대체되기에 '과거'에 속하는 부모나 스승의 지식과 방식을 그대로 모방하면 '시대에 뒤진' 사람이 되기 쉽다. 전통 사회의 끝자락과 현대 사회의 앞자락이 중첩되는 시점에서 살았던 김교신에게는 이 변화가 비통하게 여겨졌던 듯하다. 「초불초」(1936년 12월)라는 제목의 글 한 자락이 이러하다.

옛날 사람들은 그 스승을 사숙(私淑)하되 자주 꿈에 보기까지 하였고 … 학문과 덕행으로써 그 스승과 같이 되기를, 그 스승을 닮기를 원하기는 물론이거니와 … 그 스승만큼 크게 되면 족할 줄을 알았다. 이제 현대인들을 살피건대 '초(肖)'자는 저들의 자전(字典)에서 도무지 삭제하여 버린 것 같다. 꿈에 그 스승을 사모하기는 고사하고 의식세계에서도 그 스승을 본받으려는 생각이 추호도 없을 뿐인가. … 기어코 [스승의 것]을 말소 세탁하여 버리지 않고는 안심치 못하는 듯하다. 그러므로 그릇되어서 남의 자녀를 가르치는 일을 담당하여 본 자는 오리알 깐 암탉의 비애를 느끼지 아니치 못한다(2권 19쪽).

"오리알 깐 암탉의 비애"라 … '닮은 생명'을 낳아보려고 가슴에 품고 정열로 가르친 제자들이 스승과는 다른 가치를 추구하고 스승의 삶과는 다른 삶을 동경하는 모습을 보며, 김교신은 비애를 느꼈나 보다. 유한한 인간으로서 어찌 '내 지식과 내 가치와 내 삶의 지향점이 반드시 옳고 본받을 만하다'고 자랑할 수 있을까? 그러나 본디 선생된 자의 생리는 그렇다. 본인이 옳다고 믿고, 가치 있다고 여기고, 바른 방향이라고 생각하는 것을 진심을 다해 후학들에게 가르치고자 하는 것! 그리고 졸업 무렵이나 혹은 먼 훗날이라도 '닮은' 모습으로 살아가는 후학들을 보며, 혹은 그리 '닮으려 애쓴다'는 후학들의 편지를 받으며 뿌듯하고 감격하고 삶의 보람을 느끼는 법이다.

물론 훗날에 자신의 삶과 지식에 고무되어 스승의 삶을 이어간 후학들이 얼마나 많았는지, 김교신은 미처 몰랐기에 이런 비통함을 글로 남겼으리라. 그러나 그가 교단에 선지 거의 10년쯤 되는 시점에서 쓰인 이 글로 미루어보면, 온 힘으로 애써 외쳤던 가르침이 학생들의 마음 밭에서 결실을 맺지 못하고, 오히려 그가 염려하고 경계하는 삶의 방향을 선택하는 제자들의 모습을 직면한 그의 애통함이 전해진다. 그의 시절은 비단 '현대성modernity'의 문제만이 아니었을 것이다. 권력자가 되고 사회적 성공을 얻으려면 '일본제국주의'적 시스템과 이를 정당화하는 지식으로 무장해야 했던 시대였다. 김교신이 그런 시스템을 동조했을 리 없고 이를 정당화하는 식민사관을 가르쳤을 리 없으니, 그의 가르침에도 불구하고 현실적인 선택을 하는 많은 학생들을 보았

버리지 마라, 생명이다

을 김교신은 '오리알을 품고 병아리가 되기를 꿈꾼' 슬픈 암탉이 맞다.

제자가 스승을 닮고자 안 하는 일은 오히려 용납할 수도 있는 일이다. 본래 오리알이었으니 오리가 제 물로 갈 것은 차라리 당연한 일이다. 달걀이 오리알로 변화하는 일은 더욱 비참한 광경이니 그것은 근래의 자녀들이 그 부모에 대한 일이다. … 이전 사람 아들들은 그 눈썹이 관우의 눈썹 같기를 요구하지 않았다. 오직 자기 아버지의 눈썹 같았으면 만족이요 자랑이었다. 옛날 딸들은 그 입술이 양귀비의 입술 같기를 기필(期必)하지 않았다. 다만 자기 어머니의 입술 같으면 만족이요 자랑이었다. 하물며 그 심정과 재조(才操)에 있어서야 더 말해 무엇하랴. 저들이 편지마다 '불초자식'이라고 써온 것은 닮지 못한 부분에 대한 심통(心通)의 탄식이요 닮고자 하는 용약(勇躍)의 몸부림이 글자 안에 들어차 있었다. 그런데 이 시대의 자녀들은 어떠한가. 자기 아버지 얼굴보다도 러시아의 이마 벗어진 인물이 아니면 이탈리아의 맹견 같이 생긴 자의 초상을 좌우에 걸고 닮기를 노력하는 아들들이 어찌 그리 많으며, 자기 어머니가 황인종인데 불만하여 얼굴에 회칠하지 않고는 불안하며, 여배우의 초상에 따라 유선형의 눈썹을 그림으로써 그 어머니의 눈썹과는 판이하게 만들지 않고는 수치를 느끼는 딸들이 어찌 그리 많은가!(2권 20쪽)

김교신이 21세기 대한민국의 사회 상황을 못 본 것이 차라리 다행이다. 어디 눈썹만 판이하게 다른가? 다르게 그리기만 한 것으로도 이렇게 애통하는 그가 '성형공화국'라 불리는 오늘의 세대를 본다면 그 성정에 화병을 얻었을 지도 모를 일이다. 놀라운 의료기술과 HD 고화질로 안방까지 찾아오는 영상매체의 발달 덕분에, 요즘 딸들은 아예 얼굴 자체를 '여배우의 초상에 따라' '갈아엎는다.(요즘 아이들의 표현이다.)' "김태희처럼 해 주세요." "저는 송혜교요." "한예슬이랑 똑같이요." 오늘날 대한민국에서 '닮지 못해' 송구해야 할 얼굴들의 이름이다. '불초소생'이란 표현은 이제 낳아주신 부모님이 아니라, 곁에 서면 순식간에 우리를 '오징어'로 만드는, 피 한 방울 섞이지 않은 배우와 모델들에게 쓰게 생겼다. 배우를 닮기 위해 '뼈를 깎는 고통(문자 그대로 얼굴뼈를 돌려 깎는 고통)'을 마다치 않는다.

물론 스승으로서, 부모로서, 김교신이 자신만만하여 이렇게 통탄한 것은 아니었다. 「초불초」라는 제목으로 쓴 이 글의 말미에서 김교신은 육신의 부모나 지식의 스승을 '넘어'(초월하여) 정말 '닮지 못하여' 송구해야 할 존재로 도약해간다.

세상의 제자들은 스승을 본받지 말고, 자녀들은 부모를 닮지 말라. 우리는 옛 사람의 일원으로 사도 요한과 함께 원하노니, "사랑하는 자들아, 우리가 지금은 하나님의 자녀라. 장래에 어떻게 될 것은 아직 나타나지 아니하였으나 오직 그가 나타나시면 우리가 그와 같을 줄을 아는 것은 그 참 모양을 볼 것을 인함이니라"(요한1서 3:2). 부모를 닮으려고 특히 영의 아버지를 닮고자 하는 것이 우리의 평생 사업일진저(2권 20쪽).

버리지 마라, 생명이다

낳아진 이는 낳은 이를 닮는 법인데, 결국 인간이 궁극적으로 닮고자 애써야 하는 존재는 하나님이시라는 그의 신앙고백이다. '불초'를 논하는 옛 사람 취급을 하려면 그리 하라. 여전히 나는 생명을 낳아준 이, 지식을 전해준 이를 닮으려 노력하며 살 거다. 허나 궁극적으로는 이 땅에 우리를 생명으로 낳으신 하나님, 그 분을 닮아야 할 과제가 있을진대, 지금 '영의 아버지'를 닮지 못한(불초) 것을 송구히 여기노라. 이것이 김교신의 주장이었다.

옛 사람도 아니요, '나를 닮아라.' 그리 자신 있게 말할 수 있는 부모나 선생된 이도 아니지만, 김교신의 이 마지막 주장만큼은 나도 마음을 같이 한다. 하나님이 우리 아버지 되시고 어머니 되신다는 고백은, 우리가 하나님을 '닮으려' 사모하고 본받으려 노력하며 살아야 할 근거이지, 세상을 쉽게 살고 높이 살게 해달라고 졸라도 된다는 말이 아니다. 불초, 하나님 앞에 우리는 항상 '불초소생'이다. 오늘 하루도 생명을 낳으시고 기르시고 보전하시며 구원하시는 하나님의 성품과 능력을 닮아, 작게나마 구체적으로 실천하는 삶을 '과제'로 삼을 일이다.

김교신이 우치무라에게서 배운 것

흔히들 김교신의 스승이 '우치무라'(일본 무교회의 창시자)라고 한다. 그 호
명에 김교신 자신도 깜짝 놀랐다. 물론 그가 우치무라의 성서연구 모
임에 참석한 사실을 숨기거나 부끄러워한다는 말은 아니다. 하지만 평
양신학교 기관지인 『신학지남』에 실린 우치무라 간조에 대한 글에서
'조선인 제자'로서 자신의 이름을 발견한 김교신은 기회를 빌어('우치무
라 간조론에 답하여' 1930년 8-9월호) 자신이 우치무라를 어찌 생각하는지, 그
로부터는 무엇을 배웠는지를 밝혔다.

김교신이 처음 기독교 복음을 접한 것은 1920년 4월 16일 동경 시
거리를 지나던 저녁 무렵이었다. 당시 동양선교회 성서학원에 재학 중
이던 한 청년의 설교에 깊은 울림을 느끼고 난 뒤였다. 하여 이틀 뒤
주일에 스스로 근처 교회를 찾아갔고 홀로 신약성서를 읽으며 예수의

버리지 마라, 생명이다

가르침에 매료되어 갔다. 그가 세례를 받기로 결정한 것은 6월 27일, 불과 두 달 만에 '유교적 성실성으로 도道에 이르려했던' 젊은 지식인이 스스로 '예수 그리스도의 제자'가 되기로 결심했다 하니, 말씀의 힘도 놀랍거니와 김교신의 집중력과 열정이 남달랐음은 틀림없다. 이후 복음을 더 깊이 있게 깨닫기 위해 이런 저런 책과 저널을 찾아 읽고 구독하는 가운데 우치무라의 저서와 강연을 접하게 되었다. 같은 해 11월에는 우치무라를 직접 만나보기도 하였으나 그 무렵에는 오히려 '실망과 불만을 가져다준 대면'이었다고 회고한다.

김교신은 성실한 성결교회 회원이었다. 주일 오전 오후 예배는 물론 목요일 기도회에 열심히 출석했고, 그때마다 깨닫게 되던 "약진하는 신앙의 기쁨"을 일지형식으로 기록하였다. 그러던 그가 소위 '무교회' 혹은 제도교회 바깥에서 '스스로'의 신앙을 추구하게 된 계기는 교회 내의 권력싸움을 보고난 뒤였다. 분쟁의 결과 온유하고 곧은 학자였던 목회자가 면직을 당하고 오히려 권모술책에 능한 이가 그 자리를 차지하는 사건을 보면서 소위 '제도'라는 교회에 회의를 느꼈다. 하여 한동안 교회에 출석하지 않고 하숙방에 홀로 앉아 성경을 읽고 예배를 드리고 그 과정에서 얻는 신앙의 감동을 기록하며 보냈다. 그러다가 1921년 우치무라의 〈로마서 강의〉를 듣게 되었던 거다. 강의 듣기에 있어서도 김교신은 성실했다. 우치무라의 열성팬이어서가 아니라 그의 성정이 그러했기 때문이지 싶다. 오히려 김교신은 '성서의 열성팬'이었다. 더 똑똑히 듣기 위해 반시간 전부터 강연장을 찾아 목소리가 가장 잘 들리는 위치에서 우치무라의 강의를 들었다. 단 하루의 결석도 없었던 김교신의 성실함은 17세기 영국의 청교도들조차 "형님~" 할 일이었다.

매 강연이 진행될 때마다 김교신은 "자신의 마음속에 남은 것은 예수의 말씀이지 우치무라의 말씀이 아니었다"고 회고한다. 그럼에도 '우치무라 간조론에 답하여'라는 글의 한 중간에 김교신은 "우치무라 간조 선생은 나에게 유일의 선생"이라고 밝히고 있다. 글의 시작부터 그의 논조를 따라 읽은 독자라면 다소 당황스러울 전개이다. 이렇게 밝힐 거면 '우치무라의 조선인 제자'라는 호명에 놀라며, 스스로 추구했던 신앙여정이나 교회 신앙경력을 구구절절 설명할 필요가 있었을까?

그러나 생각해보니, 조선과 일본의 관계가 평등하지 않았던 김교신의 시절이라 더욱 조심스러울 수밖에 없었을 터이다. 『신학지남』 지면을 통해 자신과 무교회 동인들에게 비판적 입장을 보였던 김인서도 물었던 질문이다. "[하나님께서] 언제 영의 말씀도 일인日人을 통하여 들으라 하시더냐!" 정치도, 경제도, 문화도 온통 일본제국의 야만적 식민주의 아래 종속되어 있는 마당인데, 어쩌자고 영의 말씀까지 일본인을 스승삼아 가르침을 받아야 하느냐는 일침이었다. 이에 대하여 "언제 영의 말씀은 일인日人을 통하여서는 듣지 말라고 하시더냐!" 외치려니, 무엇보다 그 외침이 영적 종속을 의미함으로 오해받지 않도록 설명해야 했을 일이다. 서론이 그리 길었던 것은 이 때문이 아니었을까? 이렇

버리지 마라, 생명이다

게나 길고 긴 '해명' 끝에 김교신은 자신이 우치무라에게서 배운 것들이 무엇이었는지를 말미에 밝힌다.

> 우치무라식 무교회주의란 무엇인가. 내가 배운 대로는 '교회 밖에 구원이 있다'는 것이 우치무라식 무교회주의의 전부이다. 이 이하의 것도 아니요, 이 이상의 것도 아니다. 로마 천주교회가 '교회 밖에 구원이 없다'고 할 때에, '교회 밖에 구원이 있다'고 프로테스트한 것이 루터의 종교개혁이었고 모든 신교 교회가 구교로 퇴화할 때에 다시 한 번 '교회 밖에 구원이 있다'고 주창한 것이 즉 우치무라식 무교회주의란 것이다(2권 282쪽).

> 대전도를 하려고 시(試)하지 말고, 대기적을 행하려 말고, 오직 신명을 중히 하고, 그 말씀이면 다만 좇고, 신을 믿는 것이 곧 사업인 줄로 믿고 무위(無爲)에 유사한 생애를 보내는 것이다. … 신과 함께 걷는 생애다. 이 세상의 교회에는 칭찬받지 못할지라도 하나님께 칭찬받는 생애다. 하나님이 깊은 것처럼 깊은 생애다. 저가 잠잠한 것처럼 잠잠한 생애다. 하나님에 거하여 자기에 충족한 생애다. 아무런 사업을 이룸이 없을지라도 감히 불만을 느끼지 않는 생애다. 또 신께서 무엇을 받지 않을지라도 저 자신을 주셨으므로 그 외 다른 것을 불요하는 생애다(2권 285-286쪽).

조선인, 일본인의 민족주의적 폐쇄성을 뛰어넘어 자유혼으로 교통

하시는 것이 하나님의 영일진대, 누구로부터 듣느냐보다 중요한 것은 어떤 말씀을 들었느냐 하는 것이 아니겠냐는 호소다. 이 글을 쓴 것이 1930년임을 주목한다면 김교신의 이 호소는 훨씬 더 값지다. 「성서조선」 동인들이 사랑해마지않는 조국 조선에서, 그만큼 똑같이 사랑하는 성서의 복음을 깊게 심으려 했던 성서 모임과 잡지 출판 활동을 시작한지 불과 몇 해 되지 않았던 시점이기 때문이다. 「성서조선」 동인들이 누구에게서 고무되었는지 따위의 편협하고 배타적인 우려는 접어두고 '앞으로 우리의 생애가 어찌 전개되는지를 지켜보라'는, 김교신의 이 당당한 선포는 그와 「성서조선」 동인지 신앙인들의 일생을 이미 알고 있는 우리 '후배' 신앙인들로서는 벅찬 장면이기 때문이다. 김교신과 「성서조선」지 동인들은 '일본식 무교회의 조선 지점'을 연 것이 아니었음을 잘 알고 있지 않나! 제도교회들이 일제의 무력 앞에 모두 무너져갈 때 의연히 복음이 준 자유혼으로 제 목소리를 내고 애국과 애족의 실천에 두려움이 없었던 이들의 행보를 우리는 기억한다. 이 글을 마치며 김교신이 사도행전을 인용하며 했던 말을 다시 곱씹어 본다. 어쩌면 사람을 온통 대립적인 두 범주로 나누고 정죄하기를 쉽게 하는 오늘날의 우리 역시 새기고 또 새겨야 하는 말씀이지 싶다.

"이 사람을 상관 말고 내버려 두라. 그 뜻과 일이 사람들에게서 났으면 무너질 것이요, 만일 하나님께로서 났으면 너희가 능히 무너뜨리지 못하고 도리어 하나님을 대적할까 하노라"(사도행전 5:33).

▦ '무교회'도 늙으면…

김교신은 1945년 4월 25일에 하나님의 부르심을 받았다. 물론 '부르심'이야 사는 동안도 받는 것이니 의미의 혼동을 피하기 위해서 다시 말해야 할 것 같다. 김교신은 나이 45세 되던 그 해에 발진티푸스에 감염되어 '소천'하였다. 1942년 〈성서조선 사건〉으로 1년여의 투옥 생활을 마친 후, 고향 근처인 흥남에서 한 질소비료공장의 계장으로 근무하던 당시였다. 출소 후에, 「성서조선」 잡지도 그치고 동인들을 비롯하여 뜻을 함께 했던 친구들이 이리저리 흩어지고 난 뒤, 김교신은 무슨 생각을 했을까? 그 무렵은 일기도 전해지지 않는 마당이니 그야말로 그의 속을 밝히 알 재간은 없다. 그러나 이후 그의 행보를 볼 때 무언가 그 삶에 있어 '전환'이 시작된 것 같기는 했다.

조선 젊은이들이 남녀 할 것 없이 강제로 끌려가던 시절이다. 잘 한다 칭찬 받으며 줄곧 책상 앞에 앉아서 문학을 배우고 사상을 논하던 학생들이 강제 징병되어 펜을 잡았던 그 손에 총과 칼이 들렸다. 봄기운 가득한 논두렁과 산을 뛰며 나물 캐고 꿈을 키우던 열대엇 먹은 소녀들이 강제로 끌려가서 소위 '위안부'라는 폭력적 삶에 내던져지던 시절이다. '제도institution'라면 그 '경직됨'과 '생명 없음'으로 인해 끔찍하게도 싫어했던 '무無교회자' 김교신이었지만, 이렇게나 조직적으로 생명을 억압해 들어오는 제도적 폭력을 보면서, 그리고 이를 몸소 겪고 나서는('성서조선 사건') 생각이 달라졌을 수도 있지 않을까? 출소 후에 고향에 내려가 '결코 배신하지 않을 땅'과 더불어 농사짓고 있던 함석헌에 따르면, 어느 날 불현듯 김교신이 나타나 함께 흥남에 가자고 했다 한다. 그때 서로 무슨 이야기를 나누었는지는 모르지만 결국 '스스로' 선택하는 삶을 존중하던 이 '막역한 친구 둘'은 서로 '다른' 길을 걸었다.(물론 방향이야 한 방향, '살리는' 방향이었을 것이 틀림없지만 말이다.)

김교신은 청년들이 강제 징용을 피할 수 있게끔 일본의 공장인 질소비료공장에 취직시켰다. 소위 '제도' 안에서 숨을 고르며 생명을 보존하도록 한 것이 아니었을까 한다. 김교신은 공장 안의 수천 여 조선인들에게 '아버지' 같은 존재였다. 그 자신은 세 살 때 친아버지를 여의어 평생을 '아버지 같은 존재'를 그리워하며 살았는데, 그런 그가 자신의 아이들에게 뿐만이 아니라 길 잃고 보호자 잃은 조선인들에게도 '아버지'가 되었다. 기독 신앙을 가진 이들은 이럴 때 '고난이 은혜가 된다'고 말한다. 김교신 개인에게는 '박복함'으로 읽힐 수도 있었을

버리지 마라, 생명이다

'아버지의 부재'는, 그가 그 빈자리를 채우느라 부단히 노력하고 애쓰는 동안 자신의 개별 가정을 넘어 흘러넘치는 '아버지의 사랑'으로 일제강점기 말기에 흥남의 어느 공장에서 숱한 노동자들을 품게 했다.

그래서 가능했을 거다. 발진티푸스면 법정 전염병이다. 얼마 전 메르스가 창궐하여 온 나라가 사람 만나는 것을 두려워한 적이 있었지 않나. 내 가족, 내 이웃이라 해도 꺼려지는 것이 전염병이다. 그러나 이미 '아버지'인데, 내 자식 같은 이들의 생명이 경각에 달린 마당에 무엇을 주저하랴. 하여 밤낮없이 투병하는 노동자들을 돌보다가 김교신도 감염이 되어 버렸다. 결국 그의 병상을 지키며 평소처럼 얼른 툭툭 자리를 털고 일어나길 기도하고 바랐던 수많은 사람들을 안타깝게 만들며, 김교신은 해방 석 달을 남겨놓고 그렇게 하나님의 부르심을 입었다.

사십 오세. 너무 젊어서 갔다. 그의 팔딱팔딱 뛰는 무교회 정신으로라면 여든 해를 살고 아흔 해를 살았더라도 여전히 '젊은 얼(영)'이었겠지만, 그런 모습을 볼 기회마저 잃었기에 많은 이들이 그의 '젊어서 죽음'을 슬퍼했다. 불과 넉 달 이후에 "하늘의 떡"처럼(함석헌의 표현이다) 만난 해방을 맞이해서는 더욱 그를 그리워했다. 그러나 어쩌면, 매우 조심스러운 말이지만, 그가 '젊어서 죽은' 까닭에 그의 말과 글과 삶은 여전히 지금까지도 생명력 있는 저항 정신으로 지금까지도 살아 있는 것이 아닐까?

김교신은 일제가 무력통치를 본격화하던 1930년대 말, 그의 무교회 신앙동지이던 일본의 친구들이 매우 '애매'하거나 '영적인 복음' 운운하며 자신들의 조국이 행하는 제국주의적 행보에 침묵하는 것을 보고 분노했다. 특히나 우치무라 간조 사후 그의 수제자요 일본 무교회의 대표격으로 여겨지던 츠카모토 토라지의 '영적 노선'에 매우 격노한 바 있다. 츠카모토는 전쟁 한 중간의 어수선함 가운데 다른 어느 것보다 영적 구원을 위한 복음 선포에 강조점을 두자는 취지의 노선을 취하고 있었다. 물론 일본의 모든 무교회 신자가 그리하였던 것은 아니다. 성서의 핵심을 제대로 읽고 받아들였다면 결코 일본인이라 해도 동조할 수 없는 것이 츠카모토의 입장이었다. 하여 일본 무교회 내부에서도 그에 '저항'하는 목소리들이 불거져 나왔다.

또 오늘 도착한 『성서의 일본』 제50호에 '신앙과 행위, 복음과 예언'이라는 글이 실려서 읽고 가슴이 시원하였다. 내 하고 싶은 말을 어쩌면 이렇게도 표현했나 싶었다. 무교회도 늙으면 할 수 없는 모양이다. 신진대사로, 맛을 잃은 소금은 버림을 당할 것이요 늙은 자는 모조리 썩어질진저, 예언자 아닌 무교회자는 절멸할진저(6권 466-467쪽).

어젯밤 야나이하라 교수의 『통신』 제 40호를 읽고 매우 동감 흥분하였다. 프로테스탄트 교회에서까지 "교회 외에 구원이 없다"고 주창하는 세대이니까 현대 교회를 맹격불식(猛擊不息)하는 것으로써 사명을 아는 무교회 신자도 존립할 수 있을 것이요, 또한 있어야 할 터이겠지마는, 무교

버리지 마라, 생명이다

회의 본령, 무교회의 넋을 가장 여실히 본받은 이는 전에 후지이 다케시 씨 있었고 지금 야나이하라 교수 있는 줄로 우리에게는 보인다. 싸우려거든 가장 강악(强惡)한 자를 상대하여 싸울 것이요, 불연(不然)하거든 차라리 수묵여사(守黙如死)한 것이 보기 좋다(6권 172-173쪽).

누가 "가장 강악한 자"인가? "무교회의 본령, 무교회의 넋을 가장 여실히 본받은" 이들이라면 현재 누구를 상대로 '틀렸다' '아니다'라고 외쳐야 하나? 그것이 내가 사랑하는 조국이라면 교회라면 내 공동체라면 더욱 간절한 마음으로 '대들어야' 하는 상대는 누구인가? 야나이하라는 일본의 경제학자로서 우치무라의 제자였던 무교회 신자이다. 동경대 교수로 재임 중 발표한 논문 '국가의 이상'(1937년)으로 인해 대학에서 퇴출당했던 인물이다. 제국주의적 전쟁에 대한 반대 내용을 담고 있었기 때문이다. 2차 대전이 끝난 직후 1950년대에 동경제대 총장직을 수행하던 당시, 그러니까 소위 '제도권의 핵심' '조직의 내부자'이던 시절조차 그는 성서에서 배운 '하나님의 뜻'을 선포하는데 주저하지 않았다. 성서에서 배운 '저항하는 정신'으로 외쳐야 할 것을 외쳤다. 물론 그가 총장직을 수행하던 시절까지야 보지 못했지만 야나이하라의 성서잡지를 열심히 읽으며 감복하던 김교신은 야나이하라의 '청년의 영'을 높고 귀하게 평가하고 있었다. 하여 야나이하라가 한국에 방문하여 강연을 하던 당시(1940년)에 누구보다도 더 열심히 그를 돕고 자신의 성서집회에도 초대를 했다.

김교신이 사망한 소식을 듣고 애통해하며 야나이하라가 자신의 성서연구지 『가신』에 쓴 회고의 글(1945년 9월호)이 있다.

나다나엘이 '참 이스라엘 사람'으로 불리운 것처럼 김교신 씨는 참 조선인이었다. 씨는 조선을 사랑하고 조선 민족을 사랑하고 조선말을 사랑했다. 그러나 씨의 민족애는 고루한 배타적인 민족애와는 달랐다. … 미국식의 천박한 기독교가 아니고, 불신앙의 소련 공산주의도 아니고, 더욱 세속적인 민족 운동도 아니고, 권력자에 대한 영합, 협조도 아니고 순수한 무교회의 복음 신앙에 의해 조선인의 영혼을 신생시키고 이를 자유와 평화와 정의의 백성 되게 하기 위해 씨는 그 귀한 일생을 바친 것이었다. … 조선 무교회 진영의 모세는 별안간 승천하여 이제 지상에서 그 온안(溫顏)을 접할 수 없다. 그러나 … 김교신씨의 승천은 바로 신조선의 정초식이었다. … 진정 나라를 세우는 것은 제3국의 힘에 의한 군사적, 정치적 해방은 아니다. 국민 자신의 믿음에 의하지 않으면 안 된다. 신앙에 의하지 않으면 악귀 하나를 쫓아내고 일곱을 받아들이는 집 주인의 비유대로 나라의 독립이 바로 축복이 되는 것은 아닌 것이다. 의(義)의 나라로 조선을 일으키는 힘은 씨가 전한 예수 그리스도의 복음 이외에는 없는 것이다(별권 94-95쪽).

김교신을 잃은 애통함에도 불구하고 이제 막 해방 이후의 조선이 시작하고 새로이 전해야 하는 것은 '김교신'이 아니라 그가 믿고 살아낸

　　　　　　　　　　　　　　버리지 마라, 생명이다

'성서의 골수, 무교회의 본령'이라는 말이다. 그것 없이 만약 '김교신' 만 붙잡는다면, 이는 '무교회'라는 또 하나의 껍질만을 붙잡다가 '늙어 버린' 일본의 어느 무교회자들(필시 츠카모토 토라지로 대변될)과 다를 바가 무엇이겠느냐는 의미가 함축된 글이다. 무교회가 껍질로 화석화되어 제 공동체만 지키려 혈안이 되어 '생명'을 노래한 성서를 반反생명적 도구로 변질시킨 것을 보며 '프로테스트'하고 나온 신앙인들의 모임이 라면, 그래서 결코 화석화된 껍질과 형식주의에 갇힐 수도 재단될 수 도 없는 팔딱팔딱 살아 숨쉬는 '청년의 영'이라면, 그러면 그 무교회도 늙지 말라는 당부다.

김교신이 한국 땅에서 처음 그 '형상'을 살아내었다 하여 그가 '무교 회 정신' 자체인 양 동일시하지는 말라는 말이다. 김교신도 일기에서 종종 한 말이고, 그의 '절친'인 함석헌도 언젠가 한 말이지만, 삶이란 결국 바톤을 건네주고 건네받는 삶이다. 진리야 어디 변함이 있으랴. '살아내라' 하신 창조 명령과 '살려내라' 하신 구원명령이야 어느 시대 어느 공간에서든 변함없이 울려 펴질 진리의 말씀이다. 그러나 어떻게 살아낼까, 어찌 살려낼까, 그건 오롯이 우리 몫이다. 그러니 늙지 말자. 김교신의 삶이, 주장이, 그리고 죽음까지도 그러했던 것처럼.

영원히 청년의 영으로

내 이름은 '소영'이다. 물론 한자어의 뜻은 다르지만 발음에서 착안하여 영어권 사람들을 만나면 반은 농담으로 나를 이렇게 소개한다. "I'm so~young~(저는 정말 젊어요)." 모두가 한바탕 웃는다. 중년이 되어버린 요즘엔 그 웃음소리가 더욱 크다. 웃음이 잦아들 무렵을 기다렸다가 기어코 덧붙이는 한마디가 있다. "And, I want to be forever~young~(그리고 영원히 젊고 싶어요)." 젊어 보이는 동안童顔 얼굴이 대세라는 요즘에 나이보다 어려보이겠다는 욕심은 아니다. 사는 동안 나이와 상관없이 젊고 싶은 것은 내 영이고 내 신앙이고 삶을 살아가는 내 자세이다. 나는 이것을 김교신을 비롯한 무교회 신앙인들에게서 배웠다. 김교신의 「성서조선」 동인이었던 함석헌은 무교회 정신을 "영원히 청년성을 가지는 것"이라고 부른 바 있다. 김교신도 이에 동

버리지 마라, 생명이다

의했다. 어느 날, 종교를 논평하는 이가 "기독교는 청년에게[나] 적당하다"고(그 함의인즉 나이가 들어 연륜이 쌓이고 지식이 깊어지면 떠날 종교라고) 논한 글을 접하고서 김교신은 다음과 같이 썼다.

> 혹은 그럴는지도 모른다. 사람이 한번 노쇠하여 버리면 다시 기독교에 돌아올 수 없다 함은 아마도 사실일 것이다. … 기독교는 특히 '청년의 종교'라는 사실이다. 이해에 담박하고 정의에 용약함은 이것이 청년의 넋이요, 인습을 물리치고 진리에 취하며 허위를 깨뜨리고 실질을 취하려 함은 청년의 의기요, 과거의 경험 속에 지구(脂垢, 기름찌꺼기)로써 신경을 은폐치 않고 예기발랄한 감수성으로 진위허실을 판별하는 것이 청년기의 본능이 아닌가(2권 87쪽).

여기서 '노쇠함'이란 육체적으로 늙음이나 정신적으로 완숙해짐을 뜻하는 것이 아니다. 김교신이 기독교의 청년성을 논하면서 언급한 위의 내용들을 뒤집으면 그가 말한 '노쇠함'의 의미가 분명해진다. 설명과 이해에 구구절절 자기를 드러내는 사족이 많고, 정의로운 일임을 알면서도 이미 가진 기득권을 상실할까 봐 은근슬쩍 뒤로 빼며, 어느덧 몸에 익숙해진 습관은 그것이 거짓된 것인지의 판단 없이 고수하여 현재의 유익함을 취하려는 태도를, 김교신은 '노쇠함'이라고 불렀다. 마치 좋고 기름진 음식을 잔뜩 먹고 혈관에 쌓여 붉은 피의 흐름을 방해하는 지방층처럼, 과거의 경험들이 지성과 감성, 신앙의 예민한 감수성을 가로막는 '기름찌꺼기'가 되어 있는 상태가 또한 '노쇠함'이라 했다.

기독교의 본질이 '영원히 젊으려는 정신'이라면 돌아볼 일이다. 김교신의 시대로부터 80여 년이 지난 현재의 기독교는 과연 '청년성'을 가지고 있는가? 비평하기 좋아하는 외부인의 눈으로 볼 때나 신앙인의 본질이 '청년성'에 있다고 생각하는 기독인이 볼 때도, 오늘의 기독교는 여전히 젊은가? 한 때 이스라엘의 영적 지도자였던 엘리 제사장도 '늙으매' 그 아들들의 부당하고 불신앙적인 행동들을 제지하지 못하지 않았던가? 대부분의 사사들이 죽기까지 하나님의 영과 소통하며 말씀을 '맡아' 예언預言을 했었는데, 그가 아직 사사이던 시절에 여호와께서는 엘리에게 말을 그치시고 '어린' 사무엘을 부르시지 않았던가? 엘리 가문의 '영적 노쇠함'을 경고하는 여호와의 말씀을 가감 없이 용감하게 전했던 '어린' 사무엘은 이후 그의 말이 하나도 땅에 떨어짐이 없을 만큼 여호와의 영과 함께 했었다는데, 그 역시 '늙으매' 모자라기 짝이 없는 자신의 두 아들을 '관습'처럼 대를 이어 사사로 삼는 죄를 범하여 이스라엘 공동체와 하나님을 실망시키지 않았던가?

그러고 보면 성서는 끊임없이 이 '영적 노쇠함'을 경고하고 있는 텍스트이지 싶다. 늘 새롭게, 하루하루 만나처럼 받는 하나님의 영으로 살아가는 신앙인에게 어찌 '늙음'이 자리할 수 있을까? 어찌 관례에 눈감고 인습을 전통이라 고집하고 진리를 독점한 양 행동할 수 있으랴! 늘 배우고 또 배우는 겸손한 어린아이처럼, 모든 것이 투명하고 분

버리지 마라, 생명이다

명하며 밝히 납득되어야 고개를 끄덕이는 순수한 아이처럼, 무엇보다 아버지 되시고 어머니 되신 하나님의 현존 앞에서 늘 아이 같은 자세로 임하려는 신앙인은 결코 늙을 수 없다.

> 기독교가 청년의 종교인 동시에 기독교는 청년으로 하여금 영원히 청년으로 머무르게 한다는 사실이다. 진실로 기독교 신자일진데 저는 비록 고희를 넘을지라도 오히려 청년일 것이다. … 우리는 초국 현인 노래자가 70에 오히려 오채의(伍彩衣)를 입고 친전(親前)에서 영아희(嬰兒戲)를 떨었던 것처럼, 크리스천은 하나님 앞에서 영원히 청년일 것이다(2권 87쪽).

우리가 자라 세상만사에 익숙한들, 세상 지식에 성숙한들, 하여 고희에 이른 현자처럼 세상 사람들 앞에서 '어른'이라 자타가 공인하는 존재가 된들, 하나님 앞에서야 어찌 '어른' 행세를 할 수 있겠는가? 노래자가 색동옷을 입고 어머니 앞에서 재롱을 부렸듯이, 하나님 앞에 매 순간 서야하는 신앙인에게 '영적 노쇠함'은 불효요 불신앙이다. 하여 기독인이라면 어쩔 수 없다. 영원히 젊을 수밖에, 영원히 '청년성'을 가지는 수밖에, 하여 청년의 특성인 담백함과 용감함과 진리를 추구함과 예민한 감수성을 가지고 세상의 '노쇠함'에 저항하는 삶을 살아내는 수밖에….

김교신과 그의 동인들이 유난히 '이성적 기독교'를 주장했던 것은 아마도 이 때문이었을 것이다. 하여 성서의 핵심 메시지와 조선의 근본적 문제점을 날카롭고 예민하게 분석·이해하며 산 '젊은' 그였기에, 총과 칼로 위협하는 일제의 그 무시무시한 폭력 앞에서도 할 말은 당당히 할 수 있는 용기를 지녔던 것이 아닐까? 제자 류달영의 회고에 따르면 '성서조선 사건'으로 취조 받던 당시의 김교신에 대해 일본 순사에게 전해들은 말이 있었다 한다.

> 1942년 선생과 그 동지들이 일본 경찰에 검속되었을 때에 선생을 취조하던 형사 한 사람이 "김교신이란 사나이는 참 담대하기 짝이 없거든. 취조 경관인 내가 다 아찔아찔할 때가 있단 말야" 하면서 취조 받는 나에게 이야기를 해주었습니다. … 형사의 물음에 [김교신은] "나는 그리스도와 끊어지는 한이 있더라도 이 조선을 사랑하지 않을 수는 없다. 황국신민서사는 후일에 망국식민서사가 될 날이 있을 것이다."라고 답하였다는 것입니다. 만주사변에 대해 의견을 물으니 "만주사변은 마치 일본이 호랑이를 올라탄 것과 같은 것으로 섣부른 짓을 저지른 것이다. 이제는 타고 가도 결국 물려 죽을 것이요, 또 도중에 뛰어내리지도 못할 딱한 사정에 있는 것이다."라고 서슴지 않고 소신을 명백히 말했다는 것입니다(별권 132-133쪽).

요즘 청(소)년들의 표현대로라면 그야말로 '오늘만 살고 말' 발언이다. 류달영의 말마따나 당시 순사들은 "사자 같은 동물도 똥을 싸게 하

버리지 마라, 생명이다

는" 존재였다. 김교신이 이렇게 '오늘만 살' 발언을 하는 동안 옆방에서는 "거물 목사들이 경찰부 일[본]인 간부들을 서대문서까지 따라다니면서 상대방을 모해하는 광경"이 펼쳐지고 있었다.

한국 기독교를 다시 팔팔한 젊은 정신으로 살려낼 임계점은 이미 지났다는 비관적인 진단들이 나오고 있는 요즘이다. 현재 드러나는 현상만으로는 부인하기 힘든 정황이다. 그러나 김교신의 외침으로부터 80년이나 지나서, 이 늦은 시점에도 소망을 담아 사랑을 담아 다시 외치고 싶다. 기독교는 청년의 종교다. 영원히 젊으려는 종교다. 인간의 것들을 절대화하고 영속화하려는 그 모든 교만과 탐심과 자만에 "영원히 저항하는 정신"이다. 그러니 기독인이여 늙지 말자, 젊자, 영원히 '청년성'을 가지자! 그런 의미에서 내 이름 '소영(So~young)'이 유난히 감사하다. 흔한 이름이라고 팬스리 이름을 지어주신 아버지에게 투덜거리기도 했으나, 이제 보니 사랑스럽다. 적어도 이름에 부끄러운 삶은 살지 않아야겠다는 결심을, 이 이름이 불려지는 날들 동안 늘 새로이 되새기려 한다.

페이스 메이커

어려서부터 나는 유난히 잠이 많았다. 덕분에 청교도적 사명감으로 일 분일초를 아끼며 사셨던 아버지에게서는 늘 게으르다는 핀잔을 들었고, 모처럼 친구들과 모인 자리에서도 초저녁부터 꾸벅꾸벅 조는 모습에 놀림감이 되기도 했다. 그러다가 나이 40이 되어서야 알게 되었다. 선천적인 면역계통 이상으로 간과 신장이 안 좋다는 것을. 아하, 그래서 늘 저녁 8시만 넘으면 몸이 붓고 자면서도 끙끙 고열에 식은땀까지 났던 거구나. 어쩐지, 일 년 내내 감기일 리는 없고 이상하긴 했다. 하여 '무조건 쉬는 게 답'이라는 의사는 모든 환자에게 하는 조언을 내게도 전했다. 스트레스 쌓이는 일 하지 말고 무리하지 말라는 소리 말이다. 그게 말처럼 쉬운가? 그럼에도, 중년이 되어서야 비로소 알게 된 병명은 비로소 나에게 '자유'와 '평안'을 주었다. 행여 뒤풀이에 끌려

버리지 마라, 생명이다

갈 세라 공식적인 행사만을 마치고 서둘러 '도망'치면서도 마음은 늘 불편했는데, 병이라지 않나! 놀 기운이 없다지 않나! 그나마 펑크 안내고 일하는 것이 기적이라지 않나! 그동안 남모르게 가졌던 죄책감이 한방에 날아가는 순간이었다. 삶에는 우선순위가 있기 마련이고, 내 체력에 나만의 한계가 있다 하니 남들 같지 않음으로 인해 미안해하지 않아도 될 일이었다. 선생으로서, 아내요 엄마로서, 딸로서 며느리로서, 최소한 해야 하는 '의무방어전'만 감당하기에도 내 체력으로는 벅찬 일이니 말이다.

그래서였을까? 건강 체질이라 생각했던 김교신도 뇌빈혈로 어려움을 겪었다는 사실을 접하니, (이러면 안 되지만) 반갑기까지 하다. 1934년의 일기에는 유난히 병석에 있었던 이야기들이 잦다. 4월 어느 날의 일기다.

아침에 뇌빈혈이 재발하여 와상한 채로 수일을 지내다. 의사는 명하기를 독서하지 말고 사색하지 말고 집필하지 말라고 하니, 이는 나에게 거의 사형선고와 근사한 일이다. 허약한 신체는 아니면서도 무리한 학대를 육체에 가하고는 병신노릇 한다. 그러나 소인한거위불선(小人閑居爲不善)이라 하니 우리 같은 소인은 병석에서 쉬는 것이 차라리 감사이다(5권 178쪽).

어느 때인들 「성서조선」지 발행이 녹록했겠는가마는, 1934년은 김교신에게 그야말로 힘겨운 한 해였다. 류석동을 비롯하여 그간 주요하게 집필을 담당했던 이들이 대거 글 싣기를 거절했으며, 일제의 검열도 날로 심해져갔다. 66호는 폐기될 뻔하기도 했다. 용산경찰서에 호출당하여 취조를 받고 이게 마지막이구나 싶었던 일들도 겪었다. 경무국으로부터 뒤늦게 '범죄의사 없음'(기가 막힐 노릇이다. 도대체 누구 기준의 '범죄'인 건지)으로 판명되어 속간을 허락받고 주일임에도 종일 인쇄소에 나가 교정하여 겨우 출간하는 일이 이어졌다. 1934년은 내내 '늘 이게 마지막이지' 생각하며 한 호씩 출간하여갔던 한 해라고 적고 있다. 그 해에만 "금단된 신문 잡지가 230여 종, 수입 신문 압수 1,414건, 이입 신문 압수 842건, 조선문 신문 압수 28건, 그 외에 조선 내 발행 잡지의 삭제 402건, 단행본 삭제 108건"(12월 12일 일기)이라 하니, 「성서조선」지가 겪었던 수난을 미루어 짐작할 만하다. 멀쩡한 사람에게도 뇌빈혈이 찾아올만한 일이다.

몸에 병까지 얻어가며 촌각을 아끼고 사투에 가까운 출간을 담당하다보니 김교신은 지인들의 편지, 제자들의 즐거운 소식에도 동참하거나 회신할 겨를조차 없이 산 날들이 이어졌다.

이러한[결혼식 소식을 전하며 왕래는 어렵겠으나 교훈의 글월을 보내달라는] 특청(特請)에도 불구하고 축전도 못하고 엽서 한 장도 보내지 못하여 사랑의 부채만 늘어가는 것이 마음에 괴로웠다. 결혼식을 무의미한 것으로 알아서가 아니라, 그저 다망하다는 핑계 때문이다. 근래에 원로

버리지 마라, 생명이다

(遠路)에서 방문한 모 친구가 정거장까지 전송하지 않음으로써 나의 냉정함을 책(責)하였으나, 책망을 감수하는 외에 다른 방도가 없었다. … 성조지를 발간하기 위하여는 이만한 교만을 용인(容忍)하라고 자가용(自家用) 특허를 맡았다. 서신에 회답이 태만한 것도 동양(同樣)의 특허권으로 인함이니 지우에게는 특히 이 사정을 통찰하여 주기를 기망(企望)(5권 230쪽).

1934년이면 김교신이 겨우 삼십대 중반으로 들어설 무렵이다. 물론 그 시절의 서른 중반은 지금과 다르겠으나, 여전히 젊은이임에는 틀림없다. 그럼에도 그의 뇌빈혈은 구독자들조차 걱정할 만큼 잦게 찾아왔나 보다. 좀처럼 결근이 없던 김교신이 학교를 못나가게 된 날의 원인도 뇌빈혈에 있었다. 12월 7일의 일기다.

피로가 축적된 결과인가 오늘 아침에 드디어 뇌빈혈이 생겨 기상치 못하고 결근 휴양. '원컨대 건강이 반석 같아서 주야 불휴(不休)하고 일할 수 있었으면' 하기는 하지만 또한 게으른 자에게는 허약한 일도 적잖은 행복인 것을 병상에서 배우다. 건강하면서 할 일 다 하지 못하면 그 책임이 나에게 있으나, 하다가 거꾸러져서 못하는 것은 우선 나의 책임이 아니다. 몸은 약하여 누웠으나 마음에는 다할 수 없는 만족과 감사가 용연하다. "내가 약할 때에 강하니라"는 바울 선생의 구가 자연히 나의 것으로 되어 입술을 흘러나온다. … 밤에 겨우 성조 제 71호를 보낼 절차가 되어서 피봉 쓰기 시작하다. 약 일주간 쓸데없이 지체되었다. 독자에게도 미안하나 주필에게도 미안함은 일반사(5권 242-243쪽).

이 어찌 미안할 일일까. 물론 혹자는 비웃을 일이다. 「성서조선」지 발간이 뭐 그리 생사가 달린 일이라고 몸이 상할 지경으로 친교도 마다 않고 진행한단 말인가. 당시에도 그런 조언 내지는 비난이 없지 않았다. 오해도 많았다. 네 자존심이지, 네 체면을 위함이지. 그러나 이에 대한 김교신의 변은 확고했다.

학교에서 당직. 신체의 위험을 무릅쓰면서 새벽 3시경까지 집필하여 신년호의 준비가 거의 완결되다. 오래 전 일은 망각하여 버렸으나 금년 1년 동안에 한 번이라도 모험적인 연일 과야(過夜)함이 없이 성조지가 되어 본 적은 없다. 이 한 호까지 내놓고는 거꾸러져도 가하다는 결심이 이르지 않고 성조가 되어 본 적이 없었다. 그러나 또 한편으로는 지극히 안일하다. 세상에 난 것은 사업하기 위함이 아니다. … 만일 할 사업이 있다면 학교 교사 노릇이나 충실히 하면 사회에 일원된 의무는 다하는 셈이다. 성조 발간 같은 일은 누구에게 부탁 받은 것도 아니요, 감독 받는 일도 아니다. 발행일자가 늦어도 할 수 없고 폐간된대야 체면 관계될 것은 없다. 오직 참으려 해도 제지할 수 없는 충동에 의하여 마지못하여 하는 일이다. 이를테면 '유희(遊戲)'라는 요소가 다(多)부분 개재한 일인 것은 사실이다. 고로 초조할 것이 없이, 마치 일요일마다 물에 산에 소요하

버리지 마라, 생명이다

는 이들처럼 슬금슬금 쉬지 않고 걷고자 할 따름이다(5권 244-245쪽).

"슬금슬금 쉬지 않고 걷고자 할 따름이다." 아하, 드디어 내게도 '페이스메이커'가 생겼다. 김교신의 일상이 결코 "슬금슬금"으로 표현될 만한 '페이스'는 아니었으나, 소명으로 여기며 삶의 우선순위를 매길 일들이 있었고, 촌각을 아끼며 그 일에 매진하되, 몸져누워 쉬게 되면 그 역시 행복하고 감사하다 여기다가, 회복하면 다시 쉬지 않고 걷는 그이의 발걸음이 내게는 내 인생의 걸음을 함께 해주는 '페이스메이커'의 달리기와도 같이 느껴졌다. 마라톤에 능하던 김교신이 아니던가. 단거리야 스피드가 중요하겠지만, 마라톤의 가치는 '완주'에 있지 않겠나. 자기와의 싸움이고, 제 몸의 페이스를 익혀 멈추지 않고 달리는 것이 중요한 일이다.

실은 어제 그제 그리고 오늘까지 삼일을 끙끙 앓으면서도 줄곧 일정표를 쳐다보던 내 모습이 한심하던 차에 발견한 '복음'이었다. 머리맡에 두고 읽을 기운이 날 때마다 펼친 김교신의 《일기 5권》에서 "슬금슬금 쉬지 않고 걷고자 할 따름이다"라는 글귀에 감명을 받게 될지, 논문 쓰느라 빠르게 그의 전집을 읽어내려 갔던 십수 년 전에는 상상이나 했을까? 그의 말이 맞다. 병상에 누움도 감사다. "삶은 미정未定"이라던 김교신의 지인 류영모의 글귀도 생각나는 날이다. 인간사에 어찌 완성이 있고 완벽이 있으랴. 제 소명 따라 "하다가 죽는 것"이지. 누군가 그 뜻이 귀하다 여기면 바톤을 이어받듯 받아줄 생명을 기대하며…

김교신이 「성서조선」에 담아내려 했던 뜻은 158호(1942년 3월호)로 그 쳤지만, 한국 무無교회 3세대들에 의해서도, 21세기 청년들의 '성서한 국' 모임을 통해서도, 또한 이렇게 저렇게 제도 교회 '밖에서' 성서를 스스로 읽는 평신도들에게 용기와 방향성을 주며 다양한 방식으로 이 어져 가지 않나. 슬금슬금 쉬지 않고! 그 정직하고 성실한 걸음이 큰 위로가 되는 날이다.

버리지 마라, 생명이다

그침의 신앙

박사학위 논문의 주제로 '무교회' 공동체를 연구하면서, 그 정신의 정수 중 가장 매력적이었던 것이 바로 '그침'이었다. 설마, '기승전'이 있으면 멋들어지고 영화로운 '결말'이 있어야지 어찌 '그침'이 매력적일까. 사실 무교회는 원칙상 멋들어진 결말을 만들기 어렵다. 늘 순간순간, 하루를 치열하게 살아낼 뿐, 내일을 알 수 없는 인간의 유한성을 신앙적으로 고백하기 때문이다. 또한, 영속하려는 자기 확장의 욕망이 결국 교회를 제도화하고 생명 없는 껍질 같은 조직들을 만들어 산 신앙을 거기에 가두었음을, 역사를 통해 배웠기 때문이다. 그래서 무교회는 '원칙상' 기념회가 없어야 한다. 영속하는 것이 있다면 그것은 하나님의 말씀일 뿐, 이 땅의 생명체들 가운데 소통하시며 우리의 입을 통해 행동을 통해 전 존재를 통해 드러나시는 하나님의 영일 뿐. 무교회 자체에는 부흥도 없고 기념비도 없다. 그게 원칙이다.

물론 원칙으로 삼아도 현재가 편안하거나 외부환경이 넉넉하면 불쑥불쑥 영속화의 욕망이 솟구쳐 오르는 것이 인간의 본성이다. 그러나 '고맙게도' 한국 무교회의 토양은 그렇지 못했다. 「성서조선」의 첫 호를 내던 시절(1927년)부터 쭉 다음호는 가능할까, 다음 성서집회는 어디서 하나? 그 모든 것이 '언제 그쳐질지 모르는' 긴장의 연속이었다. 그저 '만나'처럼 하루씩 족하게 받았던 기회였고 모임이었고 「성서조선」지였다.

언제는 안 힘들었을까마는 무력정책이 강화된 이후 김교신의 일기에는 계속되는 실질적인 제재조치를 읽을 수 있다. 「성조통신」의 꼭지로 소개되던 김교신의 일기조차 총독부의 검열대상이었기에 마음대로 속 시원하게 표현할 수도 없었다. 친분이 있었던 김주항의 편지로 미루어 1939-40년 무렵 김교신은 아예 한국 땅을 떠나 미국으로 갈까 고민도 했던 것 같다.("더욱 도미를 단념하셨다니 참으로 무어라 말할 수 없는 유감을 느끼나이다." 1940년 5월 6일 일기에, 7권 235쪽) 나라의 주권을 가진 요즘시절에도 세간에 '헬조선'을 넘어 '탈조선'을 운운하는 시절인데, 그 시절엔 오죽했으랴.

김교신 입장에서는 그도 그럴 것이 1940년에는 십 년을 넘게 교직생활을 했던 양정을 떠나야 했다. 물론 승진으로 인함이 아님은 자명하다. 비록 일기에는 비로소 「성서조선」 주필 노릇에 전념할 수 있음을 기뻐하지만, 연로하신 어머님에 전업주부인 아내 거기다 많은 자녀

버리지 마라, 생명이다

들까지 둔 가장으로서 어찌 마음이 편했을까. 이후 '교사'로서 김교신의 직업 경력은 그야말로 '그침'이다. 비록 당시 김교신의 고등사범 시절의 동문이요 경기공립중학교 교장으로 있던 지인의 도움으로 잠시 경기에서 교직을 이어가기도 했지만 거기서도 우리말을 사용하고 민족정신을 고취시킨 까닭으로 결국 권고사직 형식으로 사임을 하게 된다.

「성서조선」의 운명도 김교신 개인사와 다르지 않았다. 1937년 7월 이후에는 일본이 중국을 상대로 저지른 전쟁으로 소문만 흉흉한 것이 아니었다. 학문을 배워야 할 학교에서 전쟁훈련에 열을 내고 어린 아이부터 노인까지 일본의 신민으로 개조한다고 신사참배를 비롯하여 억압적인 사상교육이 실시되던 시절이다. 학교도 교회도 황국신민으로서의 충성심을 보이지 않는 단체는 모조리 폐교되었다. 잡지의 운명도 마찬가지였다. 1937년 이후 김교신의 일기엔 온통 경찰부로부터 전화를 받아 경무국 다녀온 이야기, 황국신민서사를 싣느니 차라리 폐간을 할까 결심하며 잠 못 이룬 이야기, 그러다 보니 심리적 스트레스로 심신의 피곤과 허약에 시달린 이야기들로 가득하다. 1937년 9월~10월 사이의 일기의 일부만 보아도 그 고통이 절절하게 전해진다.

"경찰부로부터 전화 있어서 경무국 다녀오다. 「성서조선」지의 폐간 결심"(6권 289쪽). "「성서조선」의 폐간을 작정하고 나니 10년 동안의 피로가 일시에 모여 나오는 듯. 오후는 낮잠만 자다." "다량 발송용 대봉투 1

천 매 주문했던 것이 왔으나 지금은 무용물. 학교에서 귀도에 목욕. 아무것 읽지도 않고, 아무 일 하지도 않고 앉았으니 「성서조선」을 중지한 것으로 인하여 무한량한 시간의 유여(裕餘)만 내 앞에 놓인 듯하다"(6권 289-290쪽). "채점과 간호[아이 아파서]에 눈이 튀어나오게 몰리며 염려하면서도 때때로 얼빠진 사람처럼 멀거니 앉아 「성서조선」의 운명을 헤아리고 시간의 흐름을 깨닫지 못하니 실연한 사람도 이럴까 싶다"(6권 320쪽). "가내에 우환도 겹치고 학교에 사무도 번잡하나 만 일주일간 마음의 중추를 틀어잡은 것은 「성서조선」의 폐간 문제이다"(6권 320쪽).

숱한 「성서조선」지 친구들이 구두로 편지로 폐간되면 안 된다고, 이럴 때일수록 영적 싸움이 필요하다고 격려했지만, 심신이 지칠 대로 지친 것은 둘째요, 더욱 강화된 규제 속에서 공식적으로 잡지를 이어갈 방도를 도무지 찾을 수 없었다. 그래서 멈췄다 속간하기도 하고, 이번 호가 마지막이려니 그러면서 이어가길 몇 년, 그러니 이후 김교신의 마음속에 '그침'의 가능성과 동행하는 삶은 차라리 일상이었을 거다.

이러한 때에 처음부터 마지막까지 그야말로 '동인'의 역할을 톡톡히 해주었던 함석헌의 편지는 김교신에게 큰 힘이 되었다. 1940년 4월 29일 일기에는 전날 받은 함석헌의 편지 내용이 실려 있다.

이 글이 가는 때는 벌써 결정을 하시었을 때일 줄 아오나 제(弟)의 의견

버리지 마라, 생명이다

으론 정말 그렇게 어렵게 굴면 전사(戰死)하는 것이 좋을 줄 압니다. 이미 관계가 그리된 담에 설혹 이번에 어떻게 하여 발행을 한다기로 그 후에 이어 이어 또 있을 주문을 다 치러 나갈 수가 어찌 있습니까. 온 세상이 다 어두워져도 성경이 없어질 리는 없고 내가 말을 못하기로 주의 말씀이 어찌 죽는 일이 있으랴 하는 믿음으로 안심합니다. … 정말 내가 내성 불구면 하나님은 자기 경륜대로 하시는 것이 있겠지요. 기어이 내가 말하지 못해서 섭섭해 하고 염려할 것은 없지 않을까요. 40년간을 양 치라면 치지요. 아무려나 꺼리실 것 없이 맘이 쑥 가시는 대로 결정하시오(7권 230쪽).

그러게 말이다. "전사하는 것"도 때로는 좋다. 신사참배에 반대하며 학교 문을 닫고 개인의 목숨마저 내어놓던 신앙인들의 결단도 필시 그와 같았으리라. 그쳐지는 것은 이 학교요 이 교회요 이 목숨일 뿐이지, 설마 하나님의 말씀이랴. 설마 성서이랴. 까짓 거 그쳐주면 될 거 아니냐. "맘이 쑥 가시는 대로 결정하시오." 내 맘의 고통을 알아줄 뿐 아니라 굳건한 신앙마저 함께 나누기에 권할 수 있었던 함석헌의 그 말 한마디가 얼마나 큰 위로요 힘이었을까? 그 이후로도 약 2년, 곡예 하듯 위태롭게 목숨을 이어가던 「성서조선」은 결국 1942년 3월호에 실린 '조와弔蛙'를 문제 삼은 일본 총독부에 의해 강제로 '그쳐'졌다. 이후 동인들과 글을 투고했던 지인들, 그리고 열심히 「성서조선」지를 구독했던 애독자들까지 큰 고초를 겪었던 것이 이른바 '성서조선 사건'이다.

삶을 건네주고 건네받고

그러나 무교회의 '그침의 신앙'은 이런 강제적 그침에 초연하자는 것만을 의미하지 않는다. '그침'은 인생의 원리다. 원칙이다. 태어난 생명은 죽는 순간이 있는 법이요, 피어난 꽃은 지는 순간이 있는 법이다. 기승전결 구조가 생명에 적용될 때 가장 정직한 '결'은 류영모의 표현대로라면 "하다 죽는 것"이다. 류영모는 김교신의 가까운 지인으로 「성서조선」지의 마지막까지도 짬짬이 글을 실었다. 「성서조선」 마지막호에도 그의 글이 실려 있다. 서로 가까이 살면서 음식을 나누어 먹던 사이요, 김교신의 무교회 성서연구 모임에서 종종 강의도 했었다. 류영모는 인간사에 '완성'이라는 것은 없다고 말했다. 그저 마지막 호흡까지 하나님의 뜻에 나의 맘과 혼을 맞춰 살아가고 날숨 같은 신앙을 매일 고백하며 하루씩 살다가 그러다 어느 날 님이 부르시면 그저 "하다 가는 것"이라고 말이다. 그렇게 그쳐지는 것이 삶이라고 말이다.

허무주의가 아니다. 매일 치열하게, 종말론적으로 살아가는 삶을 의미한다. 김교신은 그렇게 하루씩을 살았다. 말년에는 류영모와 같이 매일매일 산 날 수를 세면서 그렇게 하루씩 내일 그쳐질 지도 모르는 생애를 가장 열심히, 치열하게 사랑하며 살아냈다. 그가 만약 류영모나 함석헌처럼 천수를 누리고 오래 살았다 하더라도 그는 필시 자신의 '결'을 맺고 갔을 것이다. '스스로 그침'이 무교회 정신이기 때문이다. "내가 이끌던 성서모임은 영속되어야 해. 2대 3대 대를 이어 내가 시작한 사람이라고, 대대손손 전해져야 해. 내가 출판하던 이 잡지는 내 이름으로 계속 되어야 해. 나 죽거들랑 내 후배들이여, 내 제자들이여,

버리지 마라, 생명이다

내 뜻을 이어다오." 이것은 적어도 내가 이해하는 한 무교회 정신이 아니다. 김교신을 위시하여 무교회 신앙인들이 변함없이 외친 것은, 신앙인 단독자로, 살아 있는 신앙으로 하나님 앞에 서라는 것이었다. 스스로 하는 신앙고백을 제 언어로, 제 삶으로 지어낼 수 있는 주체적이고 창조적인 존재라는 고백이었기 때문이다. 그래서 '그치는' 거다. 내가 하던 것은 내가 정신이 있을 때 지금이다 싶으면 접을 뿐이고, 혹은 내가 급작스레 죽는다면 그저 접으라고 부탁하는 거다. 송두용도 그랬고, 노평구도 그랬다. 그러나 하나님의 말씀은, 그 씨앗은 결코 그쳐지지 않는 법이다. 다시 퍼져서 다른 이의 이름으로, 다른 이의 생명의 호흡으로 이어져 가는 법이다. 무교회 정신도 그랬다. 지금도 그리하고 있다. 그러니 내 이름은 잊혀도 괜찮다. 아니, 그래야 한다. 그러나 내가 찾은, 내가 만난, 그 영원은, 그 진리는, 그 생명의 말씀은 계속 이어질 거다. 어느 날엔가 낡은 도서관에서 혹은 그 정신을 살아내는 사람들을 통해 '무교회 정신'을 발견한 후배가 바톤을 이어받고 또 달릴 테니까.

존재의 원칙, 나(우리)대로!

살다보면 별 사람을 다 만나는 법이다. 나에게 호의를 가진 사람, 적대감을 가진 사람, 무관심한 사람, 비웃는 사람… 그 모든 사람들에게 나를 온전히 이해시켜야 할 필요는 없다. 우리에겐 그럴 능력도 없다. 그런데 문제는 호의를 가지고 계속 다가오는데, 정말 나를 오해하고 있는 경우이다. 선한 의도와 애정을 생각하자니 무심할 수 없는데, 내 주장이나 의도를 정말 잘못 알고 자꾸 함께 하자니 그야말로 '미칠' 노릇이다.

「성서조선」을 통해 '무교회'의 주장을 꾸준히 이어오던 김교신의 경우도 마찬가지였다. 무교회의 사명에 관심을 가져주는 것은 좋은데, 조선 구석구석 필부까지도 성서를 스스로 읽고 그 핵심이 되는 정신으로 살아낼 날을 꿈꾸는 그의 소망을 함께 품어주는 것까지는 좋은데,

버리지 마라, 생명이다

한 '열혈' 독자가 김교신에게 제안을 해왔다. 한두 번도 아니고 편지로 전하는 장 아무개 목사의 제안인 즉, 이제는 교회 비판을 좀 덜 하고 오히려 교회의 네트워크를 활용하여 '무교회'를 전국적 사업으로 확산하자는 것이었다. 자신이 전적으로 함께 할 터이니 함께 손을 잡고 성서지식 보급 사업과 전도 사업을 전국구, 아니 나아가 세계적으로 추진하자는 구체적인 기획안을 보내오기도 했다. 이를 위해서는 교회가 조직력을 통해 홍보를 해주고 교인들에게도 참여를 권해야 할 터이니 이제 교회를 향한 날선 비판은 그만하라는 조언도 함께 전했다. 이런 조직적 사업을 전개하지 않았던 까닭에 무교회 모임이 오늘까지도 그 모양이 아니냐는 은근한 비난과 함께 장 목사는 자기 말대로만 한다면 "성조지가 대신문이 되고 야학이 대신학이 되고, 성서조선사 내에 외국전도국이 있을 것을 투시하고 확신"(1935년 4월 22일 일기)한다고 했다.

그러고 보면 김교신도 참 다정한 사람이다. 무교회를 오해해도 단단히 오해하고 이런 황당한 제안을 한 이에게 정성껏 답장을 하다니. 하긴 "속히 회답하라"는 편지 내용을 무시하고 휙 던져놓자 하니 책임감 강한 그 성격에 마음의 불편함이 컸을 것이다. 사적 답신의 내용은 세세히 알지 못하나, 김교신이 이에 대해 언급하며 「성서조선」지에 쓴 글이 '교회에 대한 우리의 태도'(1935년 4월)와 '교회와 우리의 관계'(1935년 7월)이다. 김교신과 무교회 신앙인들이 조직을 갖춘 교회에 불신을 갖는 이유는 현재의 교회 조직이 타락했기 때문이라기보다는 '조직' 그 자체의 작동원리를 알고 있기 때문이었다. 설마 교회 조직의 효율성과 전달 네트워크의 힘을 몰라서 무교회적 에클레시아를 선언했겠는가! 김교신과 무교회 신앙인들이 전국적, 세계적 차원의 사업을 벌일 양이었다면 어찌 그들이 '무교회'적 정신과 원칙을 자신들 신앙 공동체의 존재방식으로 삼았겠는가? 한참 오해를 한 장 목사를 비롯하여 여전히 무교회 정신을 잘못 알고 있는 사람들을 향해, 김교신은 이렇게 재차 강조했다.

> 개인으로 접하여 성도 같고 강단 위에 섰을 때에 천사 같아서 언언구구 청중을 감동시켜 마지않던 목사도, 단하에 내리는 순간부터 가로에 방황하는 걸인의 태도를 버리지 못함은, 온전히 고용살이하도록 만들어 놓은 교회의 기관과 조직의 탓인 줄 안다. 이 점에 있어서 교회라는 관념이 세상 것과 우리 것과는 판이한바 있다. '비교회'적 혼백이 단단한 것이 우리 속에 있다. … 소도시보다 대도시로, 향촌보다 서울로, 소기관보다 중앙기독교청년회 같은 풍유한 지반으로 진출 장악함에는 필연코 세력이 있어야 한다. 세력은 결당에서 속성되고 작당은 전제적이라야 그 운용이 민활하니 … 이런 고로 우리는 현 교회의 근본기구에 일치할 수 없는 자이다(2권 226-227쪽).

실은 이런 경우가 제일 허탈하고 기운이 빠진다. 70여 호가 넘도록 「성서조선」지를 통해 무교회 신앙인들의 기본 정신과 핵심 내용을 그리 절절하게 전했는데, 무교회 공동체의 존재방식에 완전히 반대되는

버리지 마라, 생명이다

내용과 기획을 '무교회적 열정'으로 제안하다니! 백 번 화가 나고 속상할 일이나 김교신도, 「성서조선」지 애독자들도 참으로 순한 사람들이다. "우리는 현세의 달콤한 평화의 맛을 못 보는 섭섭함은 있을지나 영원한 주님의 평화를 위하여 가던 길을 돌리지 말고 그냥 담대했으면 이것이 제 길일까 하옵니다"라고 소감을 밝힌 이도 있었고, "장 목사가 그 진애의 충성의 귀하신 사역자일진대, 교회 밖에 서서 교회에서 싫증이 나서 할 수 없이 뛰어나와 방황하는 영들을 위하여 충복이 되시도록 하옵소서." "성조는 성조 그대로, 장 목사는 그 형편과 또 지금껏 싸우시던 정신 그대로 조선에 남기소서." 부탁하는 이에 이르기까지, 이들은 각자 소명에 충실하자는 이야기로 공통된 태도를 모을 뿐, 장 목사의 오해를 비난하지 않았다.

이 또한 배울 바이지 싶다. 어찌 모두가 다 나 같고 우리 같아야 하겠는가? 현행 한국교회의 문제점을 읽는 방식이야 같을 수 있지만, 그렇다고 답조차 같으라고 강요할 수는 없지 않은가? 감리교회 안에 머물며 최후의 10인이라도 의인이 있다면 이 교회를 살려주시지 않겠냐고 안타까이 기도한다는 한 '교회' 교인은 그럼에도 당시의 '조직'교회에 대해서는 비관적이었다.

교회는 벌써 해골이 되어, 성령이 행할 수 없는 굳은 돌멩이가 되어 대강(大綱)이 그릇되었사오매 이제 그 지엽(枝葉)에서 무엇을 한다는 일이 사실로 이론과 실제가, 추상과 실현이 다를 것을 예측하셔야 하겠습니다.

지금 교회를 부흥시킨다고 하는 일도 이론에 불과합니다. 사실로 접하여 볼진대 진주를 돼지에게 던짐과 같은 형편이올시다. … 현교회는 선생님들 같은 분을 용인할 필요도 없으리만큼 생명이 무디었습니다. … 소제가 지금 감리교회 중에서 이래 싸워 오는 중이오나 원래 기독교와는 상거(相距)가 먼 데요, 일개 종교 유희 단체가 되어서 그런 유희의 능란한 자가 아니고는 선생이고 성서고 천사고 소용없이 되어 있는 구조입니다 (2권 228-229쪽).

아아, 어쩌면 좋을까? 1935년의 탄식인데 마치 오늘의 교회를 바라보는 평신도의 애통함을 읽는 것 같이 익숙하다. 가장 서글픈 구절은 교회가 "성령이 행할 수 없는 굳은 돌멩이"가 되어 생명이 무디었다는 평가이다. 성서는 '사람의 심령이 완악'하거나 '지치고 상했을' 때에 성령과 교통하기 힘들다고 전한다. 김교신의 때나 지금이나 '조직'교회의 지도자들이 성령과 교통하지 않는다면 그것은 필시 '완악함' 때문일 것이다. 한편으로 성령의 교통함이 막힌 사람들은 평신도들도 마찬가지이지 싶다. '살아라!'라는 가장 기본적인 창조명령조차 제대로 수행할 수 없을 만큼 반反생명적인 세상에서 살아남느라 '지치고 상한' 심령임에 틀림없다. 그렇지 않고서는 현행 교회의 반反성서적, 반反하나님적 행보에 어찌 '아멘'하며 따라 가겠는가! 그러나 김교신의 때도, 이때도, 아니 유대 예언자들의 때에도, 완악한 심령과 상한 심령은 언제나 성령과의 교통을 방해했다.

버리지 마라, 생명이다

과거 77호까지 아무리 기를 쓰고 악을 써서 외쳐 보았어도 우리는 이스라엘 역대의 선지자들 이상으로 외칠 역량이 없음을 자각하였다. 교회의 탁상과 교권자들의 궤변에는 사자보다도 우렁차게 외친 모세의 율법, 다윗의 시편, 이사야, 예레미야, 아모스 등의 질책과 사도들의 교훈과 주 그리스도 자신의 날카로운 외치심이 진동하고 있어도, 교권자들의 고막을 흔들기에는 마태복음 23장도 오히려 약할 뿐이요, 예레미야의 한숨 소리도 일종의 종교 유희에 몰두하고 있는 교회인에게는 창구멍으로 새어드는 바람 소리에 불과한 것이니, 이는 외침이 약한 까닭이 아니요, 일부러 귀를 막았거나 또는 생명이 고갈하여 감각을 잃은 자들인 까닭이다(2권 230쪽).

하여 김교신은 그저 "믿음으로써 살아 존재하고자" 결단하였다고 밝히며 글을 맺는다. "오늘과 같은 때에는 다만 그리스도인으로서 진리를 파악하고 존재하는 일, 그 일 자체가 사업이요 외침"이라는 판단 때문이었다. '나(우리)대로'가 존재의 원칙이라는 말이다. 목소리 크게 외칠 것 없고, 큰 조직으로 맞설 것 없이, 작지만 존재감 있는 공동체로 살아내겠다는 결심이다. 「성서조선」은 「성서조선」대로 그 사명을 다하겠다는 선언이다. 덩치 큰 괴물을 잡겠다고 우리도 몸뚱이를 불리다 보면 우리 역시 괴물이 되지 않겠느냐는 경고다. 자기 자리에서 곁에 있는 이웃을 사랑하고 진리를 살아내는 삶을 '나답게' '우리답게' 실천하겠다는 말이다. 그렇게 반(反)생명적 시스템에 포섭당하지 않으면서 작은 숨구멍이라도 내겠다는 말이다. 그걸 나도 하고 너도 하고, 그렇게 제 자리에서 자기 난대로의 소신으로 성서의 메시지를 붙잡고 살아내다 보면 저 시스템도 결국은 무너지지 않겠느냐는 선포다. 그래서 가장 절망적인 듯한 교회 현실 한 가운데서, 이 글은 실은 '희망希望'을 노래한다고 믿는다. 나 또한 이 땅에 진정한 에클레시아'들'이 봄날의 쑥처럼 쑥쑥 올라와 대지를 덮게 되는 그날을 희망하며, '나대로' 오늘을 살아내려 한다.

버리지 마라, 생명이다

2장

거짓에 저항하는 삶

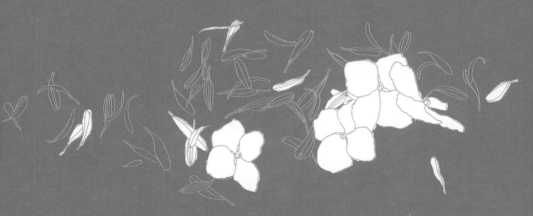

버텨라, 버티자

'한 시간에 740만원을 쓸 수 있는' 사람이기에 주차요원을 꿇릴 수 있는 정당성이 있다던 '백화점 모녀'마저 사회정의를 외치는 시절이다. 세상을 바로잡고 싶었단다. 한참 동면冬眠중인 '개구리'도 들었다면 웃을 이야기다. 그들이 '바로 잡고' 싶은 세상은 어떤 모습일까? 현재의 사회적 배치 속에서 VIP(아주 중요한 사람)로 자리한 사람에게는 무한 존경과 절대 복종을 표시하는 사회, 그것이 그들이 생각하는 '정의'였을까? 어른을 공경하는 법을 가르치고 싶었다는데, 그랬다면 740만원 씀씀이나 남편의 권력에 대한 언급은 불필요했을 일이다. "내 남편 한 마디면 너희들 다 잘려!"가 어찌 인간 사이의 바른 관계성을 만들 수 있는 선언일까!

세상이 온통 꽁꽁 얼음판이다. 생명이 버텨내기에 너무나 버거운 시

버리지 마라, 생명이다

절이다. 2014년 연말, 새로운 계약을 많이 체결하여 영업능력을 인정받으면 정직원이 될 수 있다는 희망으로 2주 동안 시린 손 언 발로 뛰어다녔을 젊은 '수습' 사원들은 정직원 승급 평가가 있던 날 전원 해고되었다. 회사는 모두가 자격미달이었다고 변명했지만, 이 시절을 온몸으로 겪어내고 있는 우리는 직감적으로 안다. 아, 새로운 계약 건수가 필요했구나, 하여 한 해를 마감하는 마지막 2주 동안 바짝 뛰어줄 '알바' 인력을 구했던 거구나, 하지만 '알바'라 하면 설렁설렁 대충 뛸터이니 성과를 보고 승급기회를 결정하는 '수습'사원이라는 이름표를 달아주었던 거구나! 고용하던 때부터 이미 회사는 '쓰고 버릴' 생각이었고, 다만 가장 효과적으로 과제를 수행할 수 있는 '고용의 기술'을 발휘한 거구나!

아, 사람을 사람으로 보지 않는 세상이다. 고용주들에게 노동자는 이제 '쓰고 버릴 물건'이다. 얼마 전 '땅콩 회항'이라 불리는 사건으로 세간의 화제가 되었던 항공사의 오너 일가는 기내의 직원들을 '기물(비행기 안의 사물)'이라 불렀다고 한다. '과도하게 쓰이고 너무나 일찍 버려지는' 까닭에 생명들이 죽어나간다. 스스로 죽고, 남도, 가족마저도 죽이는 세상이다. 새벽에 일어나 아내와 두 딸의 목을 조르는 가장을 변호할 생각은 없다. 허나 그의 참담한 심정이 어떤 것이었을지는 알겠다. 그동안 '폼 나게' 쓰였겠으나 결국은 그도 쓰고 버려진 존재다. 일단 버려지면 하찮은 존재, 실패자로 배치되는 이 사회에서, 그는 현재의 배치와 굴욕감을 견디지 못하고 결국 극단의 선택을 한 것이겠지.

'쓰이고 버려지는' 참담함을 나 역시 겪어보았기에 요즘 일어나는 일련의 일들이 남의 일 같지 않다. 전업육아로 동기들보다 7~8년 노동시장에 늦게 진입한 탓에 난 30대가 직업경력의 출발부터 경험하는 '고용유연성(이라 부르고 계약직이라 읽는 고용상태)의 일상화'를 함께 겪었다. 하긴, 이제는 어느 세대나 매한가지다. 그나마 20대는 버려질 때 버려지더라도 한 번 쓰이기라도 해 보았으면 하는 간절함을 호소한다.

마음이 무겁다. 아리다. 하여 결국은 하나님 앞에 엎드린다. 기도조차 애가哀歌다. 한참을 엎드려 있자니, 김교신의 기도 글이 문득 머리를 스친다.

> 작년 늦은 가을 이래로 새로운 기도터가 생겼었다. 층암이 병풍처럼 둘러싸고 가느다란 폭포 밑에 작은 담(潭)을 형성한 곳에 평탄한 반석 하나 담 속에 솟아나서 한 사람이 꿇어앉아서 기도하기에는 하늘이 만든 성전이다. 이 반상에서 혹은 가늘게 혹은 크게 기구(祈求)하며 또한 찬송하고 보면 전후좌우로 엉금엉금 기어오는 것은 담 속에서 암색에 적응하여 보호색을 이룬 개구리들이다. 산중에 대변사가 생겼다는 표정으로 신래(新來)의 객에 접근하는 친구 와군들. 때로는 5-6마리, 때로는 7-8마리(1권 38쪽).

'조와弔蛙'(1942년 3월호) 앞부분이다. 늘 기도하던 신앙의 사람이었으니 이 장면이 새로울 건 없다. 다만 1942년이라는 시점과 조용한 산

중에서 홀로 무릎 꿇고 그가 했을 기도의 내용들을 상상해보니 그 역시 절절한 애가哀歌가 아니었을까, 그런 생각이 든다. 그가 「성서조선」을 시작한 것이 1927년이었다. 시절이 악하고, 그래서 사람들도 자꾸 악해지거나 약해지지만, 성서에 담긴 자유혼을 외치며 전하다보면 조금씩 소망스런 일들이 생겨날 거라 믿었으리라. 그러다가 1942년! 무려 16년의 긴 세월동안 그가 간곡함을 담아 '들어라! 제발 들어라!' 외쳤던 복음福音이 땅에 심기우고 자라기도 전에, 휘몰아치듯 차가운 겨울바람처럼 일제의 폭력이 조선인의 마음과 정신과 영혼을 꽁꽁 얼려버리는 사태를 목도했으리라. 하늘로부터 받는 힘과 용기가 그치지 않았으나, 현실을 보며 어찌 애통함과 절망감이 없었을까. "혹은 가늘게 혹은 크게" 기도했다는 그의 표현이 오늘따라 생생하게 전해져온다. 간구하다가 절규하고, 소망을 담다가 순간 절망하고, 바위 위에 엎드린 그는 필시 그랬을 거다.

늦은 가을도 지나서 담상에 엷은 얼음이 붙기 시작함에 따라서 와군들의 기동이 일부일 완만하여지다가, 나중에 두꺼운 얼음이 투명을 가리운 후로는 기도와 찬송의 음파가 저들의 이막(耳膜)에 닿는지 안 닿는지 알 길이 없었다(1권 38쪽).

「성서조선」의 외침이 조선인들에게 들리는지 아닌지, 거대한 일제의 탄압에 행여 동면하는 개구리들 마냥 하루하루 생명의 기력을 다해

가는 것은 아닌지, 그의 안타까운 심정이 한 구절 한 구절 살아서 전해 진다. 젊은 시절에는 읽으면서도 몰랐다. 개구리들이 들어봤자 기도와 찬송을 이해하기나 할까? 뭐, 이런 걸로 일제는 잡지를 폐간하고 그를 12명의 지인들과 함께 1년간의 옥고를 치르게 했나? 그러고 보면 일 제의 검열 담당자들은 문학적 이해와 사회학적 성찰이 꽤나 깊었던 것 같다. 행간을 읽어낸 그들은 다음의 마무리에서 이 글의 힘을 제대로 보았다.

> 봄비가 쏟아지던 날 새벽, 이 바위틈의 빙괴(氷塊)도 드디어 풀리는 날이 왔다. … 오호라, 개구리의 시체 두세 마리 담 꼬리에 부유하고 있지 않 은가! 짐작컨대 지난 겨울의 비상한 혹한에 … 이런 참사가 생긴 모양이 다. … 동사한 개구리 시체를 모아 매장하여 주고 보니, 담저(潭底)에 아 직 두어 마리 기어 다닌다. 아, 전멸은 면했나 보다!(1권 38쪽)

일제로서는 두려웠을 일이다. "봄비가 쏟아지는 날" 말이다. 지배자 들이 만든 폭력적 시스템으로도 어찌할 수 없는 봄비, 그 따뜻한 은혜 의 비가 살살도 아니고 "쏟아져" 내린다면, 하여 자신들이 공고하게 설계해놓은 세상의 질서와 사회적 배치가 다 허물어져버린다면, 하여 인간으로서의 자존감도 잊고 그냥 숨죽이고 머리 조아리고 동면한 듯 지내던 사람들(조선인들)이 생명의 기운을 얻고 스스로 살아내겠다고 움 직이기 시작한다면, 그들에게는 얼마나 두렵고 끔찍한 일일까. 자신들

버리지 마라, 생명이다

의 위용이 아직 단단한 시절에도 소망을 버리지 않고, "아, 전멸은 면했나 보다!" 미래를 현재로 불러오며 당당하게 외치는 저 믿음이, 소망이, 각오가 어찌 두렵지 않았겠나! 하여 자신들이 만든 세상을 유지하고 싶었던 이들에게, 김교신의 이 글은 '읽혀서는 안 되는' 내용이었을 거다.

봄은 온다, 어김없이! 생명을 위협하는 단단한 얼음 같은 이 시스템도, 사람을 사람으로 보지 않고 '쓰고 버리는' 노동력으로 대하는 이 악한 제도도 녹아내릴 것이다, 결국은! 그러니 개구리 같이 미약한 생명을 지탱하고 있는 이들이여, 당신이여, 나여, 우리여, 버텨라! 버티자!! 이 얼음 빙벽의 틈에 봄을 불러오는 팔팔한 산 신앙을 꽂아 넣으며, 이 시스템에 균열을 내며, 기다리자. 어느 날 은총 같이 내릴 봄비를… 모든 사람이 형제자매애로 서로를 동등하게, 존귀하게 여기며, 함께 모두가 사는 시스템을 건설하게 될 그날을.

망해도, 살아내기

"난 한 마리 똥개가 될 거예요. 우직하게 그러나 컹컹 계속 짖으면서, 도둑들로부터 우리 집 사람들을 지키면서….." 지난 주 한 집필 원고의 공동 기획을 위해 모인 자리에서 나이 지긋하신 어느 목사님께서 하신 말씀이다. 대략의 집필 방향과 각자의 몫을 나눈 뒤에 자연스레 '요즘 나라꼴'에 대한 한탄이 이어지던 중이었다. 반反생명적인 정치·경제 시스템이 너무나 견고하고 높은 벽과 같다고 모두가 속상해했다. "우리 집"이란 은유가 정확히 무엇을 지칭하는지 물을 기회는 없었지만, 대략 짐작은 되었다. 예수께서 기도하셨듯이 '하나님의 뜻이 이 땅에도 이루어지길' 소망하는 그리스도인들로서 "우리 집"이 어디겠는가? 생명을 살리고 권위와 소유를 나누며 서로를 존중하는 평등한 통치 질서로서의 "하나님 나라"를 지켜내는 일이 귀하고 절실한데, 한국교회

버리지 마라, 생명이다

가 다 달라붙어 힘을 모아도 현실의 시스템이 너무 '강적'인데, 도무지 '짖지 않는' 교회와 신앙인들을 보면서 드신 생각이라 하셨다. "그런데요, 그렇게 열심히 짖으면서 집 지킨 똥개의 말로가 어찌 되는지 아세요?"

나도 모르게 몸서리치며 이어지는 말씀을 막았다. "아, 너무 슬퍼요. 하지 마세요!" 내 탄식에 잠시 격려 가득한 눈빛을 보이신 목사님은 기어이 말씀을 다 토해내셨다. "어느 복 날, 물씬 두드려 맞고 푹 고아져서 밥이 되겠지." 충분히 예상되는, 너무나 현실적인 '엔딩'을 함께 수긍하며 거기 모여 앉은 대여섯 '그리스도인'들은 울음 대신 허탈하게 그저 웃어버렸다. 뭐, 어차피 죽는 인생… 우리 집 사람들 배부르게 밥이라도 되면 좋은 일이지. 그래, 그저 성실하게 내 몫을 다 하다가 때 되면 먹거리라도 되는 좋은 일 하고 가자! 일어나 각자의 자리로 돌아가며 그리 마음들을 모았다.

같은 표현을 난 '생명의 숨구멍을 뚫는 각개 전투'로 설명하곤 했었다. 현재의 시스템에서 그저 태어난 순서가 늦었다는 이유만으로 잔인한 청춘을 보내고 있는 대학과 교회 청년들이 마음을 다치고 희망을 잃어 내 앞에서 탄식할 때, "아, 교수님… 하나님 나라는 정말 오는 게 맞나요? 아무래도 안 올 것 같아요." 그리 울먹일 때, 어른들이 하는 같은 말을 반복했었다. "하나님 나라는 우릴 통해 오는 거야." 그 말에도 여전히 채워지지 않는 눈빛을 대면하면 난 애써 힘을 내어 다시 말했다. "각자의 자리에서 각자가 할 수 있는 만큼만이라도 나와 이웃의 숨구멍을 뚫어주자꾸나! 그렇게 여기저기서 저 콘크리트 같은 벽에 숨구멍을 뚫다보면, 무너지겠지. 여기 뚫리고 저기 뚫리고 자꾸 구멍이 나다보면 어느 날인가는 환하게 벽 너머 생명의 빛이 뚫려 비춰겠지. 단번에 무너뜨릴 '수퍼-울트라-파워-망치'가 없음에 좌절하지 말고, 예수께서 그러셨듯이 하루하루 내 곁을 지나가는 이웃들을 '살리며' 그렇게 생명의 숨구멍을 뚫어보자꾸나!"

그러나 두려웠다. 예쁘고 순수한 아이들이 이 말을 고이 담아 반(反)생명적 경쟁 트랙을 벗어나 자신을 살리고 이웃을 살리는 생명의 삶을 살아내려 애쓰는 모습을 보며, 저리 살면 어찌 되는지 너무나 뻔히 알아서 그래서 실은 마음이 무거웠다. "아, 슬퍼요. 하지마세요!" 내가 말렸던 그 마지막을 나도 충분히 알기에 반짝반짝 빛나는 청춘들에게 그 말만큼은 할 수 없었다. 잔인하고 처절하고 슬픈 '말로'의 가능성만큼은 선명한 언어로 차마 내뱉을 용기가 나지 않았다. 그런데, 하는 게 맞는 거 같다는 생각이 오늘 문득 든 거다.

현대인들-신자, 불신자의 구별이 없이-의 가장 원하는 것은 '땅 짚고 헤엄치는 일'이다. 은급 제도, 보험 제도는 물론하고 자질의 교육, 실업의 경영, 종교에 귀의 등등의 결국은, 개인적으로나 단체적으로나 '땅 짚고 헤엄치자'는 목적을 달하려는 과정일 것뿐이다. 그러나 우리가 실제로 유영(遊泳)할진대, 땅 짚고 할 동안은 유영의 참맛은 영구히 알 수 없다. 빠지면 익사할 위험 있는 창파(滄波)에서라야 비로소 유영의 쾌미가

버리지 마라, 생명이다

난다. 생물이 그 생명을 발육하여 종족을 보지함에는 '땅 짚고 헤엄치는' 주의가 안전하기는 안전하나, 거기서는 기계 윤전의 마찰 소리를 들릴망정 생명 약동의 기쁨의 노래는 나올 수 없다(1권 159쪽).

김교신이 1934년에 쓴 글의 일부다. 제목은 '망하면 망하리라' 에스더만큼의 비장한 각오와 결기가 묻어난다. 그러고 보니 그의 시절이나 우리 시절이나, 아니 실은 예수의 시절부터도(알고 보면 창조 이후로 쭉), 이 땅에 존재로 태어나 생명의 바다를 헤엄치는 인생은 늘 그랬나 보다. 은유나 비유는 달라질지언정 하나님 없는 세상의 시스템이 어떠한지, 그 안에서 사는 신앙인의 삶의 결단은 어찌해야 하는지에 대해 결국은 한 목소리를 내고 있으니 말이다.

김교신은 세상 시스템을 '얕은 바다'라는 은유로 표현했다. 은급 제도, 보험제도, 교육, 기업경영 등의 '안전한' 디딜 곳을 만들어 물의 깊이를 얕게 하는 것, 하여 손으로 바닥을 짚고 수영하듯 편안하게 힘 안 들이고 살다 가는 인생을 "땅 짚고 헤엄치기"라고 했다. 땅을 짚었으니 빠져 죽을 염려는 없을 터이다. 인생살이가 불안하기는커녕 삶의 자세는 얼마나 여유롭고 당당하겠는가! 이리 사는 사람들은 제 생명이 위태롭지 않으니 자연 하나님을 향한 간절한 '앙망仰望'이 있을 리 없다. 뭐든 '내 손 안에' 있으니… 그리 오래 살다보면 자기가 신神인 것도 같아 어디서나 이웃 생명들을 향해 무소불위의 힘을 발휘하려 한다. 사회적 생명은 물론 물리적 생명조차 살리고 죽이는 결정이 "땅 짚

고 헤엄치는" 자들에 의해서 원칙 없이, 자비 없이 행해진다. 오늘날
그러하고, 오늘날만 그러하지 않던 일이다.

그러나 김교신이 단언하듯이, 물의 깊이가 얕은 곳에서 들리는 소리
는 "기계 윤전의 마찰 소리"일 뿐이다. 그곳에는 생명이 약동하는 기
쁨의 노래가 없다. '안전한 삶'을 대가로, 태어난 대로의 생명이 누려
야 할 자유를 빼앗긴 삶이니 말이다. 그것이 '기독교(宗教)'의 이름으로
행해진다 해도 인간들이 만든 '얕은 물'에는 생명이 없다. 신앙에 어
찌 "우리 목사님이 그러셨어요." "우리 교회는 원래 그래요"가 있을
까? 살아 약동하는 팔팔한 나의 신앙 고백을 하려면, 나대로의 삶을 살
아내지 못하도록 제한당하고 조정당하는 '얕은 물'을 떠나 창파로 헤
엄쳐 갈 일이다. 창파라… 물론, 익사할 위험은 있다. 그러나 펄떡펄떡
뛰는 생명은 늘 그런 것 아니겠나? 그게 무서워 이집트의 시스템 아
래 머물고, 바빌로니아 왕의 질서에 편입된다면, 행여 "땅 짚고 헤엄치
며" 오래오래 삶을 영위한들 어찌 그것이 하나님께 받은 대로의 생명
이며 인생 가운데 하나님을 붙드는 삶일까? 아브라함과, 모세와, 다니
엘이 "미리 보장받은 후에" 창파로 나간 것이 아님을 역설하며, 김교
신은 이 글을 이렇게 맺었다.

다만 망하면 망할지라도 의(義)에 마땅한 것, 신의에 합당한 일이면 감
행하고, 땅 짚고 헤엄치듯이 안전한 일이라도 불의한 것은 거절한 것뿐
이다. … 신앙생활이라 하여 복술자(卜術者)처럼 길흉화복을 예측하거나

버리지 마라, 생명이다

특별한 청탁으로써 하나님의 총애를 편취(偏取)하는 것을 능사로 아는 것은 대단한 오해이다. 신앙생활은 기술(奇術)이 아니라, 천하의 대도공의(大道公義)를 활보하는 생활이다. '망하면 망하리라'는 각오로써(1권 159-160쪽).

미안하다, 얘들아. 그래도 할 수 없다. 이것이 생명을 풍성하게, 난대로 자유롭게, 그리고 결국에는 하나님 나라가 이 땅에 도래하도록 생명이 살아가는 방식이니 어쩌겠니? 새로이 시작되는 새 학기에도 난 어쩔 수 없이 또다시 나와 만나는 팔팔한 생명들을 향해 이렇게 말할 수밖에 없을 것 같다. 이 땅에서 망해도, 결국은 살아내야 하는 삶의 방향성이 너무 자명하므로.

🖼 을ㄹ의 지형학

김교신의 전공은 '지리박물'이었다. 1927년 4월 함흥의 영생여자고등학교를 첫 부임지로 하여 이후 양정고등학교, 경기중학교, 그리고 마지막 송도고등학교까지 약 15년간 강단에 섰다. 양정에서의 12년이 가장 긴 시간이었고, 늘 '사상이 의심된다'거나 '불온하다'는 눈초리를 받다 결국 1942년 '성서조선 사건'으로 투옥되면서 교사 생활을 완전히 접게 되었다. 김교신에게서 '지리박물'을 배운 학생들은 회고하기를 그의 가르침은 그저 딱딱한 지형에 대한 수업이 아니었다고 했다. 특히나 한국 지리를 배울 때면 각 지역에 얽힌 조상들의 얼을 함께 가르쳤으며, 일제가 한글 수업을 금지했음에도 당당하게 우리말로 '조선혼'을 심어주었다고 전한다. '물에 산에'라는 모임을 통해 우리 강과 산을 학생들과 함께 탐사하며 땅에 스며든 민족정기를 느끼도록 애썼

버리지 마라, 생명이다

다는데, 지리 전공자로서 조선의 산천을 바라보며 그가 남긴 짧은 논문인 '조선지리소고'(1934년 3월호)는 그가 가르치고 싶었고 결국에는 세상에 내어놓고 싶었던 '조선의 정신'을 노래한 연가戀歌다.

우황 산세와 평야의 배열 균형의 미를 논할진대 거장 레오나르도 다 빈치의 성화에나 비할까, 뉴욕 부두에 높이 솟은 자유의 여신상에다가 비할까. 낭림산 머리 위에 하늘을 향한 좌완을 백두산 저편까지 높이 뻗치고 장산곶 끝까지 우완을 드리워 어루만지려는 듯, 우각의 태백산은 거제까지 굽혀 올리고 좌각의 소백산은 진도까지 뻗쳐 디딘 듯. 지구대는 허리에 잘록하고 금강산은 가슴에 드리운 노리개인 듯, 몸을 가리운 능라(綾羅)가 동풍에 나부끼어 녹색 평야를 이루었으니 엷고도 가볍다. 선녀 바야흐로 구름 위로 솟아오르려는 자태인가 혹은 자유의 여신이 대륙을 머리 위에 이고 일어서려고 허리를 펴는 형상인가(1권 54쪽).

나는 전공자가 아니니 김교신의 '한국지형학'에 대해 학문적 판단을 할 재량은 없다. 또한 페미니즘적 잣대를 들이대어 '여성과 땅의 타자화' 운운 할 생각도 없다. 이 구절을 읽으며 내 마음에 박힌 것은 지배적인 식민사관 아래 한반도의 지형조차 부정적으로 평가받던 시절에, 같은 지형을 저리 아름답고 찬란하게 응시할 수 있었던 김교신의 소망스러움이다. 왜곡이나 맹목이 아니었다. 있는 그대로의 지형에 담은 소망이었다. 땅의 협소함이나 백성 수의 적음, 평야의 부족함과 산

천의 작은 규모에 대해서는 부정보다 '달리 봄'을 택했다. 삼면이 바다로 둘러싸여 세계와 소통할 수 있는 해안선에 대한 묘사에서도, 온대 지방에 위치하여 활발히 활동할 수 있는 여건이 주어졌음에도, 김교신은 하나님께 감사에 감사를 더했다. 아니, 실은 이미 감사하기로 작정하고 시작한 시선이었다. '강수량이 빈핍한 까닭에 서양보다도 200여 년이나 앞서 측우기를 발명할 수 있었고, 공중에 운량雲量이 희박한 까닭에 일찍이 천문학이 발달되었다'며, "화를 복으로 이용하는" 우리 조상들의 지혜를 칭찬한다.

그러고 보니 그의 지형론이 흥미롭다. 지정학적 결정론도 아니요 정신의 승리만을 외치는 관념론도 아니다. 이미 주어진 우리의 땅에 굳건히 발을 디디고, 이 땅에 살고 있음으로 해서 겪는 모든 일들을 정신으로 승화시켜 복된 땅을 만들자는 주장이니 말이다. 김교신의 지형론은 소위 '반도론'이다. 반도로서의 우리 땅은 결코 대륙에 붙어 큰 외세에 의지해 살아야만 하는 비주체적 공간도 아니요, 섬나라 일본의 대륙 진출 야망에 길목을 내어주는 도구적 공간도 아니다. 고대의 희랍-이태리 반도가, 근대 초기의 덴마크 반도가 가졌던 '소통의 활발함'을 상기시키며, 김교신은 근대 사상사에서 한반도가 갖는 지형론적 소명을 굳게 믿었다.

그러므로 우리는 깨닫는다. 겁자에게 안전한 곳이 없고 용자에게 불안한 땅이 없다고. 무릇 생선을 낚으려면 물에 갈 것이요, 무릇 범을 잡으려면

버리지 마라, 생명이다

호굴에 가야 한다. 조선 역사에 영일이 없었다 함은 무엇보다도 이 반도가 동양 정국의 중심인 것을 여실히 증거하는 것이다. 물러나 은둔하기에는 불안한 곳이나 나아가 활약하기에는 이만한 데가 다시 없다. … 만약 눈을 돌려 정신적 소산, 영적 생산의 파악에 향한다면 반도에는 특이한 희망이 있다고 할 수 있다. … 다른 사상이나 발명은 모르나 지고한 사상, 즉 신의 경륜에 관한 사상만은 특히 가난하고 약하고 멸시당하고 유린당하여 생래의 교만의 뿌리까지 뽑힌 자에게만 계시되는 듯하다. … 동양의 범백(凡百) 고난도 이 땅에 주집(湊集)되었거니와, 동양에서 산출하여야 할 바 무슨 고귀한 사상, 동반구의 반만년의 총량을 대용광로에 달이어 낸 엑기스(精素)는 필연코 이 반도에서 찾아보리라(1권 63쪽).

제국주의적 선언이 아니다. 이 논지를 제대로 이해하기 위해서는 그의 사상적 단짝이었던 함석헌의《성서적 입장에서 본 한국 역사》를 함께 읽어야 할 것 같다. 스무 개의 시리즈 논문으로 「성서조선」에 실었던 함석헌의 한국사 풀이가 진행된 시점이 1934년 2월부터이니, 동인이요 편집장이었던 김교신이 함석헌이 주장하는 '고난의 메시아적 해석'을 함께 나누었을 것임은 자명한 일이다. 함석헌은 반도라는 지정학적 위치로 인해 세계열강의 침략 대상이 되어온 한국의 역사를 "세계사를 위해 대신 진 가시 면류관"으로 표현했었다. 현재의 한반도는 "욕심투성이 현대 자본주의 국가들이 퍼다 부은 쓰레기들이 모여 들어오는 세계사의 하수구"라고 말했다(함석헌,《전집》, 한길사, 1983, 1권 73쪽).

뜻 모르고 겪는 고난은 재난이지만, 악이 응집된 이 땅에서 이를 그치려는 정신으로 고난을 승화시킬 수 있다면 이 고난은 "옥을 닦는 돌"이요 "세계를 구하는 힘"(《전집》 1권 303쪽)이 될 것이라고, 함석헌은 그리 믿었다. "물러나 은둔하기에는 불안한 곳이나 나아가 활약하기에는 이만한 데가 다시없다"는 김교신의 선언이나 "동반구의 반 만 년의 총량을 대용광로에 달이어 낸 엑기스는 필연코 이 반도에서 찾아보리라"는 그의 당찬 소망은 함석헌이 믿었던 우리 땅과 우리 민족의 메시아적 선포와 맞닿아 있다.

한 마디로 김교신의 한반도론은 '을乙의 지형학'이다. 그러나 이유 불문 꿇어야 하고 제 뜻은 없애고 강자에게 귀속되는 그런 '을'이 아니다. 김교신은 분명히 알고 있었다. 다른 사상은 몰라도 하나님께서 이 땅에 이루시기를 원하는 질서에 대한 사상이라면, 이를 상상해내고 깨달을 인식론적 특권은 "가난하고 약하고 멸시당하고 유린당하여 생래의 교만의 뿌리까지 뽑힌 자들"만이 누리는 것임을! 오늘 이 땅에서 당신의 삶의 자리가 '을'의 자리인가? 그렇다면 기뻐하라! 하나님 나라의 비밀이 그대에게 더 가까이 있다. 오늘날의 한국 땅이야말로, 일찌감치 사라졌어야 할 봉건주의적 잔재와, 사람을 갈아 끼우는 기계부속품쯤으로 여기고 효용가치에 따라 쓰고 버리면서 이를 '고용 유연성'이라 이름하는 투자-금융자본주의의 폭력과, 하나님의 이름을 '망령되게' 일컬어서 세속적 욕망을 포장하는 기업-교회들의 구조적 불의가 그야말로 '집약'되어 작동하는 공간이니 말이다. "더 이상 물러나

버리지 마라, 생명이다

은둔할 공간"도 없지 않나. 주저앉아 넋 놓고 당하면 재난이지만, 애통하고 연대하는 주체로 서서 이 비인간적이고 불평등한 현재의 시스템을 극복할 사상을 내어놓을 수만 있다면, 지금 우리들 '을'의 위치는 은혜다. 감사다. 그러니 '헬조선'이라며 자학하지 말자. '탈조선'하자고 포기하지 말자. 우리에겐 더 이상 물러설 곳이 없다. 지금-이곳이 풍랑이 이는 거친 바다요 무시무시한 호랑이 굴이다. 정신을 차리고, 얼을 찾자. 그 길만이 살 길이다.

🖼 모기의 '도道'

뒤통수를 치는 것은 치사한 일이다. 동서고금, 언제나 모두가 그렇게 생각할 것이라고 믿고 있었는데… 40대 후반전을 살면서 이런 저런 인간관계를 경험하다 보면 요즘엔 상대방을 믿게 만들었다가 급작스레 뒤에서 공격하여 승리를 쟁취하는 것이 '능력'으로 취급받는 시절이 된 것 같다. 많은 사람들이 앞에서 하는 이야기와 뒤에서 하는 행동이 다르다. '예능'조차 '다큐'(다큐멘터리)로 받는 나 같은 사람은 살아가기가 참 힘든 세상이다. '촌지 근절'이라고 써서 입학식에서 배포한 공문을 사실 그대로 믿고 아이를 맡긴 학부모는 아이를 향한 선생님의 영문모를 신경질과 폭력에 당황한다. 제자에게 무한신뢰를 허하며 온갖 잡업을 십수 년 시키던 지도교수가 학교의 역학에 편승하며 자신을 버린 것을 안 시간강사는 배신감에 목숨을 끊기도 한다. 정치판의 뒤

버리지 마라, 생명이다

통수는 말할 것도 없다. 그건 옛날에도 그랬으니까.

실패나 좌절보다 인간의 마음을 더 바닥으로 내모는 것은 규범혼란 즉, 아노미 상태다. 어느 것을 믿어야 하나? 무슨 말을 따라야 하나? 어떻게 행동하는 것이 옳은가? 도무지 도덕 판단이 불가능한 상태다. 에밀 뒤르켐에 의하면 이런 아노미 상태는 문명 전환기에나 잠시 존재한다던데… 근대 초기를 살았던 김교신으로부터 오늘날에 이르기까지 우리나라는 계속하여 '규범혼란'의 상태인 것을 보니 이 상황이 '과도기에 잠깐 있다가 지나갈 일'은 아닌 듯하다.

> 인류가 지금처럼 타락하기 전, 즉 불가피하여 창검으로 결사(決事)하는 수 있더라도 우선 최후통첩을 발하고 선전포고를 한 후에 포문을 열 때, 그 시대까지는 인류 중에 호사자가 있어 소위 비전론(非戰論)이라는 것을 주창하고, 이로 인하여 전국민의 핍박을 당한 일까지도 있었다. 실로 그 때까지는 인간이 기특한 시대이었다. 마는 지금 와서는 비전론을 창도하고자 하는 호사자가 있다 할지라도 저는 제창할 기회를 얻지 못하고 말 것이다. 국제조약이 발달한 결과로 전쟁은 못하게끔 되었다 … [그러나] 세계의 열강이 무성의 총포와 무폭음의 비행기를 발명하기에 쟁선(爭先) 몰두하고 있음은 저들의 절도 근성을 만족시키기 위함이다(1권 203-204쪽).

"인류가 지금처럼 타락하기 전"은 언제일까? 김교신이 염두에 둔 그 시간은 아무래도 '전근대pre-modern'를 의미하는 것 같다. 우리가 배우기에는 신체적 보복이 개별화되어 있던 무법천지의 전통 사회를 그는 어찌 '지금처럼 타락한 것'은 아니라고 했을까? 그 시절을 이상화하는 것은 아니지만, 김교신은 '그 시절에는 적어도 나름의 도道가 있었다'는 이야기를 전하고 싶었던 것 같다. 듣고 보니 그렇다. 매복하고 있다가 죽이는 암살자들은 무협영화에서도 보면 존경을 받지 못하더라. 진정한 무림의 고수는 늘 정면에서, 그것도 상대방이 칼을 뽑을 시간을 주고, 서로가 싸울 준비가 된 상태에서 맞붙더라. 유럽의 기사들은 장갑을 던져 결투를 신청했고, 서부활극에서는 서로 뒤를 돌아 열 걸음 걸은 뒤에 싸우자, 합의를 하는 장면도 나온다. 죽을 줄 알고 서로 준비한 채 정정당당하게 싸우는 싸움, 김교신은 이 싸움이 '성서적'이라거나 '이상적'이라고 칭찬하는 것은 분명 아니나, 적어도 그것이 '무사의 도리'라는 것을 지적하고자 했다.

그런데 소위 '인권'을 존중하고 반인륜적 전쟁을 지양하고자 국제법을 만든 '현대modern' 사회는, 어이없게도 서로의 등 뒤에서 소리 없이 무기를 만들고 있다는 폭로다. "평화적으로 말로 하자"고, "서로가 동등하게 테이블에 앉아 협상을 하자"고 그리 말해놓고서, 상대가 모르게 뒤통수를 칠 준비를 주도면밀하게 꾀한다. 앞과 뒤가 다른 이런 전쟁 전술에 대해 김교신은 '모기보다도 못한' 일임을 꼬집는다.

절족동물 비충류 쌍시류에 모기라는 동물이 있다. '있다' 하기 보다 하절마다 너나없이 모기의 괴로움을 받고 지내서 잘 아는 터이다. 이 동물이 체소(體小)하고 근력이 약하고 극독이 없음도 우리가 잘 아는 바이다. 그렇다고 작당 군습하는 것도 아니요, 무기라고는 오직 일분장(一分長)도 못되는 침취(針嘴) 하나뿐이건만, 그래도 인축(人畜)을 내습할 때에는 당당히 선전포고하고서 접전한다. … 우리가 모기를 귀찮게 여기나 그러나 그 행동에 일종 경의를 표하게 됨은 근대 국가생활을 하는 인류들보다 매우 정당하고 고결하고 윤리적인 심지를 상실치 않았다고 보는 까닭이다(1권 203쪽).

한 마디로 근대 국가의 작동 방식은 모기만도 못한 도덕성을 가지고 있다는 말이다. 이 글을 읽다보니 수년 전 미국 동부의 작은 해안가 마을 도서관에서 읽은 지역 문인의 '모기 용맹론'이 겹쳐 떠올랐다. 주변부의 마을 정서를 오롯이 담은 한 글에서 필립 윙게이트[Phillip J. Wingate]라는 학자는 '미국 동부해안의 정신'을 설명하며, 일례로 어린 시절 고향의 나이든 의사 타우스 선생님이 들려주었던 모기 이야기를 전한다. 모기를 "날아다니는 방울뱀"이라고 부르던 타우스 선생님은 모기를 지상에서 가장 용감한 동물이라고 칭했다고 한다. 자기보다 만 배는 더 커다란 몸집인 사람을 향해 앵앵 선전포고를 하며 정면 공격을 감행하기 때문이란다. 그것만이 아니다. 모기는 '자신의 먹이를 오직 필요한 만큼'만 먹는 '도리'를 아는 생명체라는 거다.

모기가 먹이사슬의 맨 꼭대기여야 해. 바로 인간 위에 … 오직 모기만이 정규적으로 인간을 먹고 사는 야생동물이니까. 상어나 호랑이가 어쩌다 사람을 먹을 수는 있지만, 그 녀석들은 항상 사람을 죽여서 먹지. 하지만 모기는 필요한 만큼 빨아먹고 말 뿐이야. 우리가 젖소에게서 우유를 먹듯 말이지. 모기는 제 먹이를 죽일 의사가 전혀 없어. 사실 모기는 이 세상에서 가장 신사적인 식인동물일 거야. 모기는 필요한 만큼만 먹지 더는 먹지 않으니까(Phillip J. Wingate, *Before the Bridge*, Centreville, MD: Tidewater Publishers, 1985, 19).

하나님이 모기를 만드신 이유는, "인간의 피에서 겁쟁이 기질을 뽑아내고, 인간 안에 모기의 용기를 주입하기 위해서"라고 풀이했다는 타우스 할아버지의 해석을 곧이곧대로 믿을 필요는 없다. 그러나 근대 국가가 가진 폭력적 작동방식을 한탄하던 두 지성인이 한국과 미국이라는 서로 다른 공간을 살면서도 같은 교훈을 담아 '모기의 용맹한 무사 정신'을 노래했다는 것이 흥미롭지 않나!

김교신이 옳았다. 남을 치고 부국강병을 이루려던 근대 국가들은 앞에서는 '평화' '평화' 외치면서 등 뒤에서 소리 없이 뒤통수를 칠 전쟁을 치밀하게 준비했다. 1937년에 중·일전쟁이 발발했으며, 1939년에는 인류 역사상 가장 많은 인명을 살상했던 제2차 세계대전이 시작되었다. 기독인으로서 김교신은 '비전非戰'의 소망을 품은 자다. 그러니 1934년에 쓴 글 '비전론 무용 시대'는 전쟁의 정당함을 논하는 글일

버리지 마라, 생명이다

리 없다. 두 세계 대전 '사이'에서, 근대 제국의 작동원리를 간파한 까닭에 그는 우려와 질타를 담아 이 글을 썼으리라.

공식적으로, 표면적으로, 앞에서는 '전쟁'을 논하지도 밝히지도 않는 시대, 김교신이 그 출발의 시·공을 살았다면 우리는 그 후반의 시·공을 살고 있다. 비전非戰을 떠나 평화에의 외침이 쉽게 '먹힐' 세상이 아니지만, 국가 사이에만이 아니라 개별화된 무한 경쟁의 전쟁터에서조차 "만인의 만인에 대한 투쟁 상태"가 된 이 시절에, 우리는 적어도 궁극의 도道는 아닐지언정, 현실적 도道로서의 '모기의 무사 정신'은 외쳐야 할 일이다. 하나님의 형상대로 지음 받은 우리가 모기보다 못해서야 어찌 얼굴을 들고 살겠는가! 하니 제발 뒤통수는 치지 말자. 그리고 시장에서든 일터에서든(그리고 말도 안 되지만 현실이니 언급해야겠다. '교회에서도'), 제발 좀 정정당당하게 싸우자. 폼 나게 장갑은 못 던져도 서로 투명하게, 상대가 알게, 결국은 실력대로 정당한 결과를 얻고 패자가 자신의 패배를 납득할 수 있도록….

선한 싸움

한동안 우리나라 대통령의 화법을 놓고 말들이 많았다. '주어'가 없어서 누가 그렇게 생각한다는 건지, 누가 그리하겠다는 건지 도통 모르겠는 무책임한 화법이라는 비판이 회자되었다. 일련의 중요한 사건들과 정책을 놓고 대한민국 최고 의사결정권자가 했다는 말들을 듣거나 읽어보면 나 역시도 당황스럽다. 무슨 말인가? 마치 주관식 문제를 받고 답안은 써야겠는데 아는 건 별로 없고 문제가 이해조차 안 되어 급한 마음에 수업 시간에 들은 단어들을 의미 없이 쭉 나열한 학생의 중간고사 답안지를 읽고 있는 느낌이랄까?

"우리의 핵심 목표는, 올해 달성해야 될 것은 이것이다 하고 정신을 차리고 나아가면 우리의 에너지를 분산시키는 걸 해낼 수 있다는 그런 마음을 가지셔야 합니다."

버리지 마라, 생명이다

2015년 5월 12일 국무회의에서 했다는 말인데, 이번에는 주어도 있고 결연한 각오도 느껴지나 무엇을 하겠다는 것인지가 이해불가다. 하여 읽고 또 읽어도 내용 파악이 어렵다. 나름 국어실력은 있다고 자부했는데, 나의 이해력 부족일까? 이 말을 인터넷 공간에 퍼 나르며 의견을 나누는 네티즌들은 "공황정치"라는 평가를 한다. 국민들이 무슨 말인지 진지하게 생각하고 열심히 분석도 하며 이해해보려고 애쓰다가 결국은 '공황'상태에 이르게 만드는 '의도된' 화법이라는 거다. 요즘 아이들 말로 '웃프'다. 어이없어서 웃기는 하는데, 재미있고 신나서가 아니라 서글퍼서 나오는 헛웃음이다.

이것이 의도된 화법이라면 그야말로 주도면밀하고 치밀한 정치다. 도대체 누굴 상대로, 무엇을 두고 반대하거나 싸워야 할지를 알 수 없으니 말이다. 물론 우리가 싸우기 위해 이 땅에 태어난 존재는 아니지만, 적어도 서울의 노동인구 10명 중에 7명이 비정규직이라 하고, 전체 노동자의 반이 주중에 빠짐없이 출근하여 하루 종일 일을 해도 월 200만 원 이하의 봉급을 받으며, 서울 거주 청년들은 세명 중 한 명 꼴로 실업 상태라는 노동 환경을 만든 장본인들과는 '싸워야' 할 것이 아닌가? 정부는 이런 상황에서 도대체 어떤 "핵심 목표"를 가지고 있다는 것일까? 결혼을 하고도 출산·육아가 어려워 초저출산 국가가 되었다는데, 산업화 시대 가족과 국가를 위해 뼈빠지게 일했던 지금의 노년층도 복지사각지대에 있는 분들이 많다는데, 무엇보다 고용유연성이라는 이름으로 기업만 배불리는 신자유주의적인 구조 속에서 한 가정의 중산층 가장들이 일자리를 잃고 가족동반자살로부터 훈련받은 직업과 관련 없는 저임금 노동까지 자존감 제로의 상태인데, 더구나 지난 2~3년은 인재人災에 해당하는 사건사고가 너무 많아 규명할 일도 해결할 일도 산더미인데, 그래서 이제는 '헬조선'이라는 자조적인 한탄을 넘어 '탈조선'하자는 목소리마저 들리는 위기 상황인데, 도대체 정부의 핵심 목표가 무엇인지를 알아야 구체적으로 묻고 듣고 토론으로 참여하고 필요하다면 시민 저항을 할 것이 아닌가?

싸움이 즐겁다는 말은 아니다. 다만 싫어도 싸워야 한다는 말이다. 지금 우리 삶의 한 가운데 반反생명의 실제적 힘이 너무나 강하기 때문이다. 생명의 근원이신 하나님께서 우리에게 "살아라!" "살려라!" 지상명령을 하셨는데, 그걸 믿는 기독교인으로서 '일상'이 되어버린 죽음과 죽임의 시대를 살면서 어찌 싸움을 포기하겠는가 말이다. 김교신 선생의 말마따나 싸움은 기독교인에게 언제나 사명이다. 다만 시대에 따라 싸움의 대상이 달라질 뿐이다.

"기독교는 … 언제든지 사명적인 싸움을 짊어지고 있다"함은 가하다. "역사적 기독교가 다 전투의 종교이었다" 함도 사실 그렇다. 그러나 이는 '기독교'란 것이 본래 그렇단 말이요, 모든 기독교가 다 그래야 할 것이다. 하필 무교회주의에 한한 것이 아니다. … 우리가 알기로 무교회주의자란 것은 종교 전문학자 또는 직업적 종교가가 아니요, 보통 '사람'이요, '소인(素人)'이요 '문외한'이다. 저들은 통상 인간이요 신학자가 아닌 까닭에 악의가 없다. 밤낮 "무교회주의면 교회와의 대립 항쟁에만 그 존재 이유가 있는 것이다"라는 승려 냄새 분분한, 법의 입혀 놓은 정의 같은 문구를 기억하지 못한다. 싸울 때는 뿔이 부러지게 싸우다가도 협력할 때는 무교회주의자인 자기의 입장을 망각한 듯이 협조도 하며 찬동도 한다(2권 255-256쪽).

'무교회주의의 본령本令이 무조건 싸우는 데 있다'고 비판했던 최태용 목사의 글에 김교신이 공개적으로 반박하며 한 말이다. 최태용 목사는 김교신과 「성서조선」지 동인들보다도 먼저 우치무라의 무교회에 매료되었던 신앙인이다. 그는 우치무라의 "무교회주의뿐 아니라 그 음성, 태도까지도 본받아서" 보는 이들이 "제2의 우치무라"라고 불렀다는 인물이다. 최 목사는 무교회가 일부 종교 천재들의 예외적 공동체이고, 무엇보다 사사건건 교회 비판을 하는 파괴적 성향을 가지고 있다고 비난했다. 때문에 자신은 무교회를 떠났노라고 말이다.

최태용 목사의 이러한 무교회 이해는 '오해'라는 것이 김교신의 입장인데, 최 목사에게 응답하며 김교신은 분명히 해명한다. 기독교는 본래가 선한 싸움을 싸워야 하는 종교라고. 그러나 이는 교회든 무교회든 배타적인 '우리' 집단을 견고히 하고 경쟁 상대와 무조건적 싸움을 하는 그런 싸움은 아니라고 말이다. 생명가치를 세상에 전하고 '생명 나눔'을 실천하는 사명을 실천함에 있어 이에 반反하는 사상과 제도, 실천에 맞서 싸우는 '선한 싸움'을 싸우는 것이 기독교라고 말이다. 때문에 교회든 무교회든 기독교인은 항구적인 '적'을 가지지도, 가질 수도 없다고 했다.

> 무교회주의의 본령은 소극적으로 대립 항쟁함에 있지 않고 적극적으로 진리를 천명하며 복음에 생활하는 데 있다. 때로 항쟁이 없지 못하나 이는 진리가 현현하며 생명이 성장하는 길에 장애물을 봉착한 때의 일시적 불가피의 현상이다. '무교회'라고 해서 기독'교회'만이 그 항쟁의 대상이 아니다. 무교회자는 개념에 사는 학자가 아니요, 현실 세계에 생활하는 산 사람인 고로 그 시대 그 사회의 현실에 착안하여 싸운다. 오늘날 조선 교회를 공격함에는 용자(勇者)가 필요치 않다. 각자 교파의 내분에 빈사(瀕死)의 상처를 입은 조선 교회들을 추궁함이 통상 인간 심정으로는 쾌사(快事)가 아니다. 무교회는 '교회'와만 싸울 것으로 아는 데에는 승려적 편협이 있다. 교회 이외의 것과도 싸우는 데에 무교회의 정신이 있다. 과연 누가 선한 싸움을 싸울 것인가는 주 예수의 은총을 기다려 볼 것이다 (2권 256-257쪽).

선한 싸움을 제대로 싸우려면 '시대에 착안하여 싸움의 대상을 구체적으로 정하는 것'이 중요하다는 말이다. 1920년대와 30년대 초반, 교회의 화석화된 신앙과 교파주의에 대항하여 싸웠던 김교신과 무교회 신자들은, 30년대 중반을 넘어가면서 더욱 무력화되어가는 식민 상황이 되자 그 싸움의 대상을 제국주의적 일본으로 바꾸었다. 모두가 다 하나님의 피조물이요 궁극에는 그에게로 돌아가야 마땅한 하나님의 자녀들인데, 같은 생명을 나눈 인간끼리 항구적인 적敵이 어디 있으랴? 허나 교파주의보다 더 시급하고 무서운 '죽임'의 힘을 행사하는 '일제'의 무력정치를 마주하고서야 기독교 내부의 문제들만 붙잡을 수 없는 노릇이었을 거다.

오늘날에도 역시, 시대를 읽고 상황을 분석하며 싸워야 할 대상이 누구인지를 면밀하게 살펴야하는 것은 기독인의 사명이다. 신자유주의적 경제 구조가 사람을 사람이 아닌 '기계'나 '노동력'으로 보고 '쓰고 버리는' 악을 행하는 것은 알겠는데, 하여 오늘날 생명가치를 선포하는 기독교의 주요한 싸움 대상인 것도 알겠는데, 그 작동방식이 너무나 교묘하여 누가 갑이고 을인지도 모르는 실정이다. '여우' 같은 신자유주의적 고용 구조는 갑을병정으로 얽히고설킨 간접고용 형태라 임금인상이나 노동환경 개선을 놓고 도대체 누구랑 대화를 해야 하는지도 불분명하게 되어 있다. 어디 고용구조만 그러랴. 싸우려 해도 불리한 내용이 뭔지도 모르는 세상 아닌가. 진리의 말씀을 붙잡고 공황상태가 되지 않도록 정신 똑바로 차릴 일이다. 아무래도 오늘날 우리가 싸워야 할 대상은 거대할 뿐만 아니라 잘 보이지도 않는 유령 같은 존재인 듯하니….

이 돌들로도…

아무리 생각해도 하나님을 믿지 않으니 그런 거지 싶다. 수년 째 교회 공동체 밖으로까지 불거져 나와 망신살이 이만저만이 아닌 (일부) 목회자들의 비윤리적, 탐욕적 행태들 말이다. 하나님께서 정말 살아 계시다고, 무소부재 안 계신 곳이 없고 안 보시는 시간과 장소가 없다고, 정말 그렇게 믿는다면 불가능한 일들이다. 어찌 목사 사무실 문을 닫아걸고 여신도들을 농락하며, 어찌 이리저리 말을 바꾸어가며 거짓과 허세로 강단을 채우며, 어찌 고아와 과부의 헌금을 가져다가 제 식구들 배불리는 데에 쓸 수 있을까?

하지만 다시 생각해보면, 어쩌면 그들은 누구보다도 하나님을 철썩같이 믿고 있는 사람들일지도 모른다. 그들이 믿는 하나님은 "나를 사랑하시는 하나님"이다. 물론 '사랑'이 하나님의 속성인 것이야 모두가

버리지 마라, 생명이다

아는 사실이지만, 이들의 신앙고백에는 '나' 중심의 확신이 가득하다는 것이 문제다. 그들이 '믿는' 하나님은 '귀중한 주의 제자로 나를 이미 지명하고 선택하셨으니 무조건 나를 축복하실 하나님' '어차피 인간은 죄로 가득한 존재이니 이런 탐욕을 불쌍히 여기시고 내가 용서를 빌면 무한히 봐주실 하나님'이다. 한마디로 '나를 위한 든든한 뒷배와 같은 하나님 신앙'을 가졌기에, 그리 뻔뻔하고 그리 오만하며 그리 자신만만한 것이 아니겠나.

> "독사의 종류들아 누가 너희를 가르쳐 장래의 노하심을 피하라 하더냐. 그런고로 회개함에 합당한 열매를 맺고 맘속에 생각하기를 아브라함이 우리 조상이라 하지 말라. 내가 너희에게 이르노니 하나님이 능히 이 돌로도 아브라함의 자손이 되게 하시리라." 이것은 광야의 선지자 세례 요한이 그 세례를 받으려 나온 바리새 교인과 사두개 교인을 보고 발한 책망이다. 왜 그는 이런 격분한 말을 했던가. 사람의 '양심' 위에 '주의 길을 예배하며 그 첩경을 곧게' 하자는 그의 눈에는 외모의 믿음은 간교한 독사의 일같이 가증하게 보이었던 것이다. 이제 이 같은 부르짖음을 우리는 그리스도 신자를 향하여 보낼 필요가 있는 때가 왔다(2권 241쪽).

세례 요한과 함께, 김교신과 함께, 실은 아프고 속상하지만 우리 시절 역시 날카로운 비수의 칼날을 안쪽으로 향해야 할 때이지 싶다. 수천 년 전에 고대 근동의 비옥한 초승달 지역의 고대 도시들을 전전하며 살았던 아브라함을 지명하여 부른 하나님, 하여 그에게 "너를 축복하는 자를 내가 축복하고 너를 저주하는 자를 내가 저주하겠다"(창세기 12:3 참조)고 약속하셨던 하나님은 결코 아브라함을 향한 편애를 약속하신 것이 아니었다. 낳아놓은 만물이 모두 풍성하게 그 삶을 누리는 것을 보시는 것이 '창조주' 하나님의 기쁨이실 텐데, 잘난 놈 영악한 놈 탐욕스런 놈들 사이에서 제 몫 못 챙기고 빌빌대는 약한 생명이 어찌 걸리지 않으셨겠나! 하여 '하비루'('히브리'의 어원, 이주노동자, 계약직, 임시직, 강요된 노동에 동원된 이들, 법의 보호 밖에 있던 사회적 약자들의 총칭)들의 하나님이 되시기로 결심하시고 일종의 출사표를 던지신 것 아니었겠나! 그 어느 왕도 '내 백성'이라고 살뜰하게 챙긴 적 없이 그저 잠시 쓰고 버릴 노동력으로만 바라보았던 '하비루(히브리 사람)' 아브라함에게 "걱정마라, 내가 너를 돌보마. 내가 너의 하나님이 되마." 약속하신 것 아니겠나. 임시계약직 '장그래'(드라마 〈미생〉의 주인공)도 오 차장님의 "우리 애" 호칭에 눈물이 그렁그렁 감격했는데, 그 심정은 당해 본 사람만 아는 법이다. 아무도 나를 '우리' 집단에 포함시키지 않는 경험, 한 두 해도 아니고 삶 전체를 통해 멸시와 배제를 겪었던 히브리 사람에게, 인간 왕도 아니고 하나님께서 친히 '내 백성'이라고 불러주시는데, 그 감격과 기쁨을 어찌 유한한 언어로 표현할까? 하나님의 '선민'이라는 이스라엘의 출발은 그랬던 거였다. 그들의 강함이나 잘남이 아니라 연약함 때문에 하나님의 특별한 애정을 받게 된 사람들이다. 그래서 하나님의 시선으로 그들에게 은혜를 베풀고 사랑으로 감싸는 사람들을 하나님께서는 어여삐 보시고 그 삶을 함께 축복하시겠다는 말씀이셨다.

그런데 그 사랑을 오래토록 받다보니, 유대인들이 착각을 한 거다. 우리'만'이 하나님의 백성이요 선택된 사람들이라고 말이다. 우리가 어떤 일을 해도 "나의 하나님"만 부르짖으면 다 용서하시고 무한히 사랑하시며 늘 구원하실 것이라고 말이다. 이런 유대인들을 향하여 세례 요한이 꽂은 비수가 바로 그 말씀이었다. 요즘 말로 풀자면 이런 소리다.

"너희들의 유전자가 너희를 구원하는 것이 아니다. 아브라함의 자손이라고 자동으로 하나님의 사랑을 받는 것이 아니다. 너희들에게 존재론적 특권은 없다. 하나님은 하시고자만 하시면 저기 굴러다니는 돌들로도 아브라함의 자손을 만들 수 있는 분이다. 그러니 삶으로 보여라. 회개에 합당한 열매를 맺어라!"

예수가 이어받아 전한 복음의 메시지도 같은 맥락이었다. 이에 귀를 막고 마음을 닫은 유대인들의 배타적 선민의식 때문에 결국은 유대교로부터 '떨어져 나왔을' 뿐, 실은 유대교적 메시지나 기독교적 메시지의 핵심이 되는 정신은 같다. 그런 의미에서 자신이 "율법을 폐기하러 오신 것이 아니라 성취하려 오셨다"는 예수의 말씀은 옳다. 종교적·사회적 기득권자들을 위해, 그들에 의해 더해지고 형식적으로 굳어진 율법조항들 대신에, 하나님께서 창조 때부터 뜻하셨고 시나이 산에서 히브리 공동체에게 주셨다는 '삶의 자세로서의 율법 정신'을 제대로 성취하려던 것이 예수의 사역이셨다. "너희는 서로 사랑해라, 서로 용서해라, 그것이 하늘 아버지의 뜻이다. 그러고 산다면 행여 인간의 유한성으로 아차 잘못 선택한 것, 실수한 것을 뉘우쳐 회개할 때 하나님께서도 역시 용서해주실 것이다. 속죄제의를 화려하게 드린다고 용서받는 것 아니다. 저 '외식하는' 율법학자들, 제사장들, 장로들의 말은 들을 필요 없다. '하나님 중심'으로 살아라. 너의 산 영혼으로 하나님을 직접 대면하고 믿어라. 하나님의 살아계심과 사랑 많으심을 믿어라. 그거면 된다."

예수의 핵심 메시지를 안다면, 그걸 부정하는 이들이 하나님 앞에서 어떤 잘못을 저질렀는지 안다면, 어찌 똑같은 잘못을 반복할 수 있을까? 김교신의 애통함이 오늘 우리의 마음이다. 비단 목회자만의 문제는 아니다. 오늘날의 신자들 다수가 문화가 되고 형식이 되어버린 예배만 드리고 마음 편히 죄 된 생활을 하는 지경이지 않은가.

오늘날의 신자를 향하여 그대는 믿는 자냐고 물으면 그렇다고 대답한다. 그러니 그 믿음이란 어떤 것인가. 교회 명부에 이름이 있는 것이요, 주일과 기도회에 열심으로 출석하는 것이요, 날마다 성경 보고, 목소리를 높여 찬미하고, 장강유수의 기도를 드리는 것이요, 연보를 하고 구제하는 것이다. 그리고 그것밖에 없다. 오늘날의 신자를 향하여 그대가 예수를 믿는 목적은 무엇이냐고 물으면 곧 대답하기를 죄속함을 입어 영생에 들어가기 위하여서라고 한다. 그러나 사실이 그런가. 그보다도 생활이 더 나아지기 위하여, 남의 신용을 얻기 위하여, 인격 수양을 위하여, 사회사

버리지 마라, 생명이다

업을 하기 위하여 믿는 자가 더 많지 않을까. 그 증거로는 그들 중에 자기 죄를 위하여 슬퍼하는 자가 없다. … 불신자가 누리는 세상 영화에서 털끝만한 것도 빼지 않고 다 누린 후, 천당에 가서 불신자는 못 가지는 복락을 또 한 가지 더 얻자는 것이니 욕심의 변태가 아니고 무엇이며, 몸은 비록 죽으나 우리의 사업과 정신이 후에 깁는[남는] 것이라고 생각하니 텅 빈 말만 아니고 무엇인가(2권 241-242쪽).

예수 그리스도를 믿음으로 구원을 얻느냐고? 그렇다! 그러나 그것은 예수께서 선포하고 살고 행하다 죽으시기까지 그치지 않으셨던 '하나님 나라의 통치 질서'를 믿음으로 얻는 구원이다. 십자가 자체에는 마술적 힘이 없다. 그저 십자가만 우러르며 무슨 안티바이러스 소독약처럼 일상이 되어버린 자기 죄를 손쉽게 씻을 생각을 말라. 십자가는 이 땅에서 내 욕심 다 채우고 저 천국 가게 하는 '로또'가 아니다. 십자가를 그리 마술적인 숭배 대상으로 여긴다면, 히스기야가 찍어버린 구리뱀처럼 그리스도인들이 붙잡은 십자가도 버려야 할 일이다.

회개하지 않으면 안 된다! 오늘날의 신자는 그 거짓 신앙에서 뛰어나와야 한다. 그 '나' 표준의 태도들 버리고 그 문화주의 살림을 폐해야 한다. 모든 것을 다 하나님에게 돌리는 하나님 중심의 믿음에 돌아와야 한다. 불신자에게 회개를 권하기 전에 저 자신이 먼저 회개할 필요가 있다. … 아아, 무서운 일이여! 저희는 속히 이 무서운 자리를 떠나야 한다. 회개

하고 성령을 고쳐 받고, 성경을 고쳐 읽어!(2권 244쪽)

"회개하고 성령을 고쳐 받고, 성경을 고쳐 읽어!" 더 이상의 긴급한 명령은 없다. 하룻강아지마냥 도끼날이 나무뿌리에 놓인 줄도 모르고 세상을 다 얻은 듯 살 일이 아니다. 먼저 '나'를 돌아보자. 저 돌들보다 못한 처지에 놓이기 전에.

버리지 마라, 생명이다

🂠 '염려'없는 노동

한동안 임금 피크제를 놓고 노사정간 의견조율이 안 된다고 시끄러웠다. 극적 타결을 보았다 하지만 내용을 들어보니 결국 앞으로 차차 의논하며 적합한 제도를 만들어가자는 데'만' 합의를 한 모양이다. 그럴 일이다. 서로 "네가 양보해라"라고 주장하는 협상 테이블에서 무슨 실질적인 합의가 나오겠나. 직업 안정성이 있는 정규직이 날로 줄어드는 이 마당에 그나마 얼마 남지 않은 정규직 '부모' 세대에게 '자녀' 세대인 청년들의 고용창출을 위해 봉급을 깎자는 정부와 기업의 감성팔이는 생계형 노동현장을 살아가는 일반 시민정서에 통하지 않는 법이다. 그만큼 '깎아서' 청년들에게 '미래가 보장되는' 어엿한 직장을 마련해준다면 모를까, 결국 더 싼 값에 유동적으로 대체가능한 임시계약직을 늘려놓고 '청년일자리창출'이라고 '아웅'할 가능성이 없지 않다(실은 그

간의 진행방향을 볼 때 그 가능성은 '농후하다'). 더구나 함께 논의되는 '일반해고
규정'은 임의대로 마음껏 해고하는 수퍼갑질을 행사할 법적 권한을 기
업 경영진들의 손에 쥐어주기 십상이다. 화가 난 서민들의 댓글은 한
결같다. 우선 국회의원부터 임금피크제를 도입하자, 일반해고규정은
공무원부터 적용하자는 주장부터, 일 안하고 월세로 펑펑 쓰고 사는
건물주들에게는 왜 고통분담을 요구하지 않느냐는 주장까지! 결국 성
실한 노동으로 제 자리를 묵묵히 지켜온 서민들과 노동형 중산층들의
분노가 고스란히 읽힌다.

   노동이 더 이상 정당하고 합당한 대가를 가져다주지 못하는 세상!
숨 쉴 시간조차 없이 달려도 미래가 보이지 않는 청년들은 이제 자조
적으로 자신들의 처지를 '금수저' '은수저' '흙수저'로 서열화한다. 바
야흐로 신新신분사회의 도래다. 부모가 누구인지, 아니 할아버지가 어
떤 경제적·정치적 '신분'인지가 나의 미래를 보장한다. 집회와 결사의
자유가 있는 민주주의 국가에서 공적으로 떳떳하게 "세월호의 진실
을 규명하라"고 외치던 양심적 청년들에게는 구금과 수천 만 원의 벌
금형이 행사되고, 분명히 '불법'인 상습 마약 복용은 힘 있는 기득권층
의 자제라는 이유로 '집행유예'가 선포된다. 마치 오래전 봉건제 사회
처럼 이제 '꿈과 희망'이라는 미래보장형의 단어들은 '잘난 부모' 만나
금수저 입에 물고 태어난 아이들에게만 주어져 있을 뿐이다.

   이런 마당에, 성실히 살아보겠다고 200~300만원 남짓한 월급을 받
으며 밤낮없이 뛰는 서민 가장들의 노동의 대가를 이리저리 깎고 이동

버리지 마라, 생명이다

하고 나누고 하여 경기를 살려보겠다니… 그야말로 벽돌 밑장 빼서 위에 얹는 꼴이지 뭔가. 결국은 '기득권'을 놓지 않겠다는 말이다. 무노동, 혹은 과대평가된 노동의 금전적 대가에 대한 합리적 세금 부과가 먼저라는 것은 너무나 '합리적'인 생각인데, 하필 의사결정권자들이 대부분 '무노동과 과대평가된 노동임에도 천문학적 대가를 받는' 경우에 해당하다 보니 그쪽 영역은 건드릴 생각들을 하지 않는다. 오죽하면 "조물주 위에 건물주"라는 농담이 나오고 초등학생 장래희망 목록에 '건물주'가 등장했을까. 강남 목 좋은 곳에 건물 몇 채 가지고 있는 집안 자손이면 그걸로 '이번 생은 할렐루야~'다.

이런 시절을 살아가면서, 성서적 가치를 이 땅에서 살아내고자 모인 공동체인 교회가 '대안'을 외치지 않는다는 것은 참으로 안타까운 일이다. 노동 없는 부, 아니 노동의 윤리성조차 묻지 않은 채 무조건 '헌금 많이 내는 교인이 경건한 교인'이라는 획일적인 메시지가 선포되는 교회 강단이 여전히 많다. "너희 보물을 하늘에 쌓아두라!" "이 믿음이 적은 자들아, 오늘 있다가 내일 아궁이에 던지는 들풀도 하나님이 입히시거늘, 하물며 너희일까 보냐!" 예수의 산상수훈은 이렇게 '교회헌금을 많이 하라'로 등치되며 설교의 본문으로 애용된다. 부자들에게만 하는 소리가 아니다. 구조조정을 당하여 당장 먹고 살 길이 막막한 신자들에게조차 '걱정 말라'고, '믿음의 분량으로 헌금을 하면 결국은 잘 살게 된다'고 설득하는 설교에는 여지없이 이 본문이 등장한다.

정말 그럴까? 새들도 먹이시고 백합화도 입히시는 하나님을 선포하신 예수의 설교(마태복음 6장, 누가복음 12장)는 있는 돈 탈탈 털어 교회에 헌금을 하면 앞으로 살아갈 염려는 붙들어놓아도 된다는 메시지인가? 이 본문에 대한 김교신의 묵상을 나누어 본다.

… 염려라는 원어 merimnao는 분파, 분배 등의 뜻으로부터(고린도전서 1:12-13 및 동 7:34 참조) 염려, 초려 등의 뜻이 되었다. 땅과 하늘, 재물과 하나님 사이에 마음을 이분(二分)하는 일이 곧 가장 증오할 일이요, 헛된 일이기 때문이다(4권 182쪽).

제22절에 네 눈이 "성하면"이란 희랍어의 haplous 즉 '단일(單一)'이란 뜻이므로, 이 구는 '네 눈이 단일한 목적을 향하면 전신이 밝을 것이요' 라고 번역할 수 있다. … 2개 이상의 목적을 관망하는 눈은 '흐린 눈'이요, 하나님이 꺼려하시는 것 중에 '두 마음'보다 더 심한 것이 없음은 십계명의 제1절을 보아도 잘 알 것이다. … 요컨대 믿으려거든 단일하게 믿으라. 마음이 이분(二分)하는 거기서부터 벌써 신앙이 아니요 헛된 일이요, 하나님 앞에 가증한 일이다(4권 176-178쪽).

사람이 어찌 먹고 사는 일을 염려하지 않을 수 있겠는가? 더구나 요즘같이 '아사(장기적 비고용상태의 결과) 아니면 과로사(1인 3역이 요구받는 노동 혹사상태)'를 할 경쟁적 직업 환경에서 어찌 '염려'가 없을까? 김교신은 '염려하지 말라'는 예수의 이 말씀이, 하늘만 쳐다보면 다 해결된다는 맹목적 신앙도, 있는 돈을 다 털어 교회에 헌금하면 나머지는 다 알아서 하신다는 투자성 신앙도 아님을 분명히 한다. 성실한 노동은 게으르면 안 될 일이다. 다만 '두 가지 마음'을 품는 '염려'가 헛된 일이고 하나님 보시기에 괘씸한 일이라는 거다. "목숨을 위하여 무엇을 먹을까, 무엇을 마실까, 몸을 위하여 무엇을 입을까" 그것에 궁극적 마음을 두고 신자의 마음을 양분하고 눈을 '흐리게' 하지 말라는 권고이다. 결과에 대한 염려는 불신앙이라는 말이다. 의롭고 성실하신 하나님이 살아 역사하시는 이 세상에서, "그가 일하시니 나도 일한다"는 마음으로 성실히 제 일을 해낸 뒤라면, 염려하지 말라는 말이다. 행여 '먹고 살지 못하게 될까 봐'(소위 '잘릴까 봐') 일하면서 불의와 타협하고 억울한 사람들을 짓밟지 말라는 말이다. 신자의 마음을 양분하여 더 많은 물질적 축복을 바라는 데 비중을 두고 투자하듯 헌금하지 말라는 말이다. 무엇보다 노동 없는 부가 양산되고 '금수저'임이 찬양받는 이 시절에 대한 신앙적 물음 없이 먹고 입고 마시는 일에 신자의 눈을 '흐리게' 하지 말라는 말이다.

사도바울도 "누구든지 일하기 싫어하거든 먹지도 말게 하라"(데살로니가후서 3:10) 하였다. … 그러므로 '염려하지 말라'는 것과 '근로 절검하라'는 교훈은 서로 모순되는 것이 아니요, 참으로 신종의 생활에 있어서 그날그날에 '오늘도 일용할 양식을 주옵소서' 하고 하나님께 기도할 수 있는 자는 받은바 천직에서 분골쇄신으로 자자근로하여 '아버지가 지금도 노작하시니 나도 노작하노라'(요한복음 5:17)는 그 아버지를 초사한 자녀의 생활이 자연히 있을 것이다(4권 183쪽).

자고 일어나면 통장에 돈이 들어오는 삶을 살고 있다면, 그리고 하필 당신이 그리스도인이라면 두려워해야 한다. '수고도 아니하고 길쌈도 아니하는데도 솔로몬의 지극한 영광 같은 삶'이라고 여호와를 찬양할 일이 아니다. 목숨을 일각도 더할 수 없는, 하는 만큼 해 보았자 들의 꽃만큼도 아름답거나 영화롭지 못할 옷과 음식을 위한 '염려'(두 마음을 품음)는 하지 말라는 말씀이 이 본문의 핵심 메시지이기 때문이다. 노동은 '성스럽다.' '성聖'이 무엇인가? 인간이 침범할 수 없는 거룩한 영역이다. 힘 있고 돈 있는 특정한 권력층이라 해도 인간이 마음대로 소유선포를 할 수 없는 거룩한 것이 '성'스러운 것이다. 성서는 그 처음부터 '노동하시는 신神'을 고백한 텍스트다. 이 성스러운 노동은 모든 인간이 누려야할 권리이며 의무이다. 많은 이들에게 성실하게 노동할 기회를 박탈하는 자, 또한 일하지 않고 입고 먹고 마시려는 자, 심지어 그런 '금수저'를 입에 물고 있다고 이런 '복'을 주신 하나님을 찬양하는 자는 두려움으로 마태복음 6장을 다시 읽어 보라.

버리지 마라, 생명이다

비진리가 진리를 대하는 태도

일제치하 어느 순간인들 어렵지 않았던 시절이 있었겠는가. 허나, 1940년이 접어든 시점은 김교신 스스로도 "이 곤란한 시대"라고 명명할 만큼 반생명적 식민주의의 힘이 폭력적이고 조직적으로 전개되던 당시였다. 약 12년을 몸담고 있었던 양정고등보통학교를 사직한 것이 1940년 봄(3월 22일)이었고, 같은 해 9월에 경기중학교에서 다시 교편을 잡았으나 '불온한 인물'로 주목받다가 6개월 만에 추방되었다. 1941년 10월에 개성 송도고등보통학교에 부임할 때까지 또다시 수개월 교사생활을 쉬었고, 결국 '성서조선 사건'으로 투옥된 것이 1942년 3월이니, 나라도 나라이거니와 '교직을 천직'으로 여기고 섬겼던 김교신 개인으로서도 참으로 힘겨운 때였으리라. 이쯤에 쓴 글이 '공포의 심리'이다. 발표된 시기는 1940년 8월, 양정을 그만두고 아직 경기중학교에 부임하기 전이다. 이 시절 김교신은 그 어느 때보다도 성서 강연의 열정에 사로잡혀 있었다.

> 올봄부터 직(職)도 그만두고 집회와 잡지에 전념할 수도 있게 되었기 때문에 시내의 적당한 장소-사택이 아닌 공적인 장소-를 빌어서 한 번 본격적으로 해볼 생각이 들어 오래 전부터 그 장소를 찾아 다녔다. 일찍이 어떤 사람은 "내게 지점(支點)을 달라. 지구를 움직이게 하리라"고 외쳤다. 지금 나의 가슴에는 "내게 적당한 강의소를 달라. 내게 페어플레이를 시켜 보라"라는 외침이 솟아 넘치는 지경이기 때문이다(2권 302쪽).

'놀게 된' 마당에 무교회를 한 번 크게 키워보자는 심리는 아니었을 것이다. 그런 욕망이 있는 인물이었다면 아예 시작부터 무교회에 매력을 느끼지도 않았을 터이니 말이다. 다만 거짓을 일삼는 사람들이 득세하고 반생명적 사건들이 일상이 된 사태가 더욱 가시화되자, 그 어느 때보다도 보다 많은 개개인들이 진리이신 말씀으로 무장되어야겠다, 마음이 급해진 듯한 초조함이 행간에서 읽힌다.

이리 저리 백방으로 수소문하다가 시내에 위치한 기독교연합회관에 공간을 사용할 뜻을 밝혔다. 험한 시절이니만큼 이제 교회냐 무교회냐보다 더 큰 싸움이 있음을 알기에 교회 비판도 그친 마당이었다. "이 곤란한 시대에도 불구하고 한 사람의 박물 교사가 그 직을 버리고 오로지 복음 선전에 종사하려고 하는 것이니" 오직 성서를 전하겠다는

버리지 마라, 생명이다

그 열정을 높이 사주겠지 믿었다 한다. 복음이 전해지는 것을 기쁨으로 여길 기독교연합기관이니 누구보다도 앞서 격려하고 조력하여 줄 것이라 생각했다. 그런데 대화의 여지도 없이 단순히 '무교회인'이란 이유로 멋지게 거절당하고 말았다.

> 무교회이기 때문에 교회의 연합기관과는 손을 잡을 수 없다는 것으로 그 말 속에 일종의 공포심을 발견할 수가 있었습니다. 나는 이 공포심은 비진리가 진리를 대하는 태도임을 의심할 수가 없었습니다(2권 303쪽).

교섭을 담당했던 이의 보고에 적힌 글귀를 그대로 옮기며 김교신은 이 공포심이 어디서 기인한 것인지를 골똘히 생각했다. 공포심! 도대체 무엇 때문에 '전국구로 모아도 한 트럭도 안 될' 무교회인들에게 공포심을 갖게 된 걸까? 50만 기독교인이 대부분 '교회'('무교회'와 대비되는 의미에서의) 신자인데, 숫자에서 오는 공포심은 필시 아닐 터이다. 장소를 빌려주는 대상들을 보니 상업을 목적으로 한 곳이나, 오락, 심지어 반기독교적인 모임에도 쉽게 장소대여가 가능했던 사례들이 많았음을 확인하며, 김교신은 소위 기독교연합기관이라는 곳에서 '무교회인'에게만 보이는 배타성의 의미를 곱씹는다. 그리고 그는 기관이 표시한 거절의사가 "하나님의 말씀이 제대로 전해지는 것"에 대한 공포심이라는 결론에 도달하게 된다.

물론 김교신이 '오직 자신의 성서연구만이 진리'라는 오만과 독선에 빠졌다는 의미는 아니다. '배우고 또 배우는' 유학자의 성실성과 겸손에서 이른바 기독인이 배워야 할 자세를 익혔던 그였다. 죽는 그 순간까지 자신은 하나님의 성^誠에 가까이, 더 가까이 다가가려 노력할 뿐^{至誠}, 그 어떤 인간도 자기 자신을, 그리고 자신의 주장을 '진리'라고 외칠 수 없음을 알고, 또 인정하는 김교신이었다. 한 특정 기관을 '비진리'로 치부하겠다는 의도도 아니라 생각한다. 다만 1940년이라는 시점이 해석의 실마리를 준다. 당시 '기관'을 유지하고자 하는 단체들은 소위 '바른 소리'를 내기 힘들었기 때문이다. 오히려 성서의 핵심 메시지가 무엇인지를 알았기에, 무교회인 김교신이 어떤 성서강좌를 할지는 불을 보듯 뻔히 알았기에, 결국 사업을 하고 기관을 유지하기 위해 그의 요청을 거절할 수밖에 없지 않았을까?

비교적 마지막까지 버텼던 장로교마저 신사참배를 공식적으로 허용한 것이 1938년 9월이었다. 교회마다 일장기를 걸어야 했고, 기관과 조직을 유지하고자 했던 많은 기독교인들이 본인들의 내적 신앙이 어떠했는지와는 별도로 '일본을 사랑하는 것이 조선을 사랑하는 것'이라는 내선일체사상을 공적^{公的}으로 설교해야 했다. 심지어 조선의 젊은이들을 죽음으로 몰아간 징병제를 찬양하고 고무하는 글과 연설도 피할 수 없었다. 친일 연설과 친일 행각을 했던 기독교 지도자들이 정말 마음속 깊이 그리 믿었다고는, 나는 믿고 싶지 않다. '조선과 일본이 어찌 하나'이며 '일본제국을 사랑하는 것이 어찌 하나님을 사랑하는 것'이겠는가! 그럼에도 소위 '영적 진리'를 천명한다는 기독교가, 그 도를

버려지 마라, 생명이다

전하는 인사들이, 공적인 자리에서 '비진리'의 편을 들었던 이유는 조직과 기관을 지키고자 함이었을 거다.

물론 그것이 정당했다는 의미는 아니다. 오히려 담담하게 학교를 접고 교회문을 닫은 신앙의 선택을 난 존경한다. 그러나 시절이 이런 상황이었고 다수의 기독교 기관들이 몸을 사리고 있던 때였음을 감안한다면 '그' 기독교연합기관 입장에서 김교신의 성서 모임이 불편했을 이유는 너무나 자명하다. 그것이 김교신과 무교회 신앙인들이 표현한바 "비진리가 진리를 대하는 태도"였을 것이다. 세상에서 살아남기 위해 진리 아닌 것을 선택한 사람들에게, 세상에서 죽더라도 진리를 말하겠다는 사람만큼 공포스러운 대상이 어디 또 있겠는가? 그러니 피할 밖에, 같이 하지 않을 밖에, 거절할 밖에….

그런데 서글픈 것은, 지금도 다수의 한국교회가 '영원한 진리의 말씀'인 성서에 쓰인 대로 선포하겠다는 사람들을 불편해하고 있다는 사실이다. 현세적 권력과 재력을 가진 '비진리'의 실체들에 붙어 "너희가 외치지 않으면 저 돌들이라도 외칠 것"이라 하셨던 생명의 말씀은 끝끝내 외면한다. 침묵한다. 아니, 지금도 여전히 그때처럼 '진리'의 편에 서서 목소리를 내겠다는 소수의 사람들에게 힘이 되어주기는커녕 따돌리고 배제하고 비난하고 있다. 더 나아가 비진리 편에서 결코 하나님 나라 비전과는 함께 갈 수 없는 망발을 일삼기도 한다. 우리의 시절도 이 모양이라, 일제강점기 '비진리 편에 붙은 기독 신자들'을 향해 던진 김교신의 서슬 시퍼런 경고는 오늘도 유효하다.

굳게 잡아라 공포심이여, 모든 어둠에 붙는 자의 심장을, 그래서 쫓는 자도 없는데 그들로 하여금 혼비백산하여 도망치게 하라(2권 304쪽).

구체적이고 보편적인 사랑

성서를 읽다 보면 종종 당황스런 내용을 접한다. 하나님의 영감으로 기록되었기에 하나님의 계시를 담고 있다고 고백하던 신앙이 도전받을만한 구절들이다. 구약 본문에서 그런 '시험'에 들 만한 부분을 얼마나 많이 발견했으면 초대 기독교 신학자였던 마르시온은 구약의 하나님과 신약의 하나님을 아예 다른 존재라고 주장하기까지 했을까. 물론 마르시온은 이단으로 정죄 받은 인물이나, 적어도 그가 신앙의 눈으로 성서를 읽다가 이스라엘만을 위해 이방민족에게 폭력을 행사하고 언약의 백성 이스라엘을 향해서도 마치 '분노조절장애자'처럼 행동하는 신의 묘사에 얼마나 당황했을지, 그 '심정'만큼은 이해가 된다. 하나님은 전 인류, 아니 이 우주의 창조자시라고 고백하는 신자로서, 어찌 그리 일관성 없고 편협하기까지 한 하나님을 받아드릴 수 있었겠는가?

물론 성서배경사를 공부하고 저작연대들을 배우면서 우리는 구약의 하나님 이해가 수천 년 전의 사회상황과 문화적 전제로부터 자유롭지 못했음을 알게 된다. 분명히 성서는 하나님의 영감이 담긴 책이고 계시가 전달된 거룩한 텍스트이지만, 거룩과 초월도 인간이 받아 인간의 언어로 기록될 때에는 어쩔 수 없이 인간의 유한성만큼 '제한'되기 마련이다. 여호와께서 이스라엘만을 위한 '민족신'일 리 없으나, 민족신 개념이 문화적으로 팽배했던 고대 근동에서 히브리인들은 사회적 약자였던 자신들의 해방과 구원을 이루시는 여호와를 '이스라엘 민족의 하나님'으로 제한하여 이해했다. 이방 민족들은 기껏해야 이스라엘의 불신앙을 경고하는 채찍일 뿐이라고 말이다. 그러나 하나님은 보편적 사랑을 지니신 분인데, 어쩌랴! 결국에 가서는 요나처럼 전 인류와 우주만물을 향한 하나님의 보편적 사랑을 인정할 수밖에.

　예수는 그 무렵 태어났다. 유일신 사상이 자리 잡고 하나님의 보편적 사랑에 대한 이해가 등장하던 1세기 팔레스타인 땅에서. 설사 다수의 유대인들이 여전히 배타적이었다 해도 '몸을 입고 오신 하나님'이라고 우리가 고백하는 그이는 적어도 '이스라엘만을 위한 하나님의 사랑' 따위의 편협한 이해를 가지면 안 되는 일이었다. 하여 김교신도 예수께서 이스라엘만을 챙기는 듯 보이는 언행을 기록한 복음서의 구절들을 접하고는 적잖이 고민스러웠던 것 같다. '이스라엘 전도에 국한한 이유'(1936년 8월)를 읽어 보면 이에 대한 그의 고민이 드러난다.

　　　　　　　　　　　　　　버리지 마라, 생명이다

논할 것도 없이 기독교는 전세계를 구제하려는 세계적 대종교이다. 그런데 복음서를 읽는 자로서 누구나 없이 의아를 금치 못하는 것은 예수가 그 12제자를 파송하여 천국 복음을 전하게 하실 때의 전도훈에, "예수께서 이 열 둘을 내어 보내시어 명하여 가라사대 이방 길로도 가지 말고 사마리아 고을에도 들어가지 말고 차라리 이스라엘 집의 잃어버린 양에게로 가라"(마태복음 10:5-6)고 하셨을 뿐더러 수로보니게 여인의 간청에 대하여도 "예수께서 이르시되 자녀로 먼저 배불리 먹게 할지니 자녀의 떡을 취하여 개에게 던짐이 마땅치 아니하니라"(마가복음 7:27)고 친히 자기 자신의 태도를 표명하셨다(2권 52쪽).

공생애 동안 '이스라엘만'을 우선순위에 둔 듯 보이는 예수의 사역에 고민스러웠던 김교신은 이런 저런 주석서들과 신학적 해석들을 살펴보았다. 먼저 알게 된 것은 '이스라엘 선민설'이었다. 그러니까 "이스라엘 백성은 하나님의 특수한 은총을 입은 선민"인 고로, 먼저 이 백성에게 복음을 전해 구원을 얻게 하고 단계적으로 구원의 영역을 확장해나가기 위함이었다는 설명이다. 하지만 이에 대해 김교신은 "어디인가 불만이 있고 불복이 남았고 목구멍에 걸려 넘어가지 않는 무엇이 잔존함을 의식하지 아니치 못하였다"고 밝힌다.

둘째는 '애국설'이다. 유대인으로서 신앙 본질과 나라의 독립이 모두 위태로운 이스라엘의 상황에 안타까워하며 애국심에 불타 복음사역을 조국 이스라엘에 우선적으로 국한시켰다는 해석이다. 이를 읽으며 김교신은 "성서해석에 있어 진부한 냄새가 없어진 것만으로도 대성공이라 여기며 쾌재를 불렀다"고 표현한다. 그럼에도 여전히 그의 마음은 "체증 만난 사람처럼 무엇인지 윗배에 뭉치우고 드티지[내려가지] 않은 것이 남아 있어" 괴로웠다. 그러다가 「성서조선」 동인이었던 함석헌의 풀이를 접하여 김교신은 자신의 영적체증이 완전히 날아갔다고 고백한다.

> 나중으로 '인간주의의 최고부'인 교회 정신 교권자들을 폭격하기 위하여 그리스도는 '이스라엘 잃어버린 양'에게만 전도하시다가 나중에 '자기가 육탄이 되어서' 십자가 위에 죽으신 것이라는 함석헌 군의 설명을 읽음에 미쳐서 비로소 다년간 적체했던 것까지 일시에 삭아 내려간 감을 느꼈다. 이스라엘 잃어버린 양에게 국한하여 전도한 것은 인간주의의 최고 발달인 교회주의를 폭격하기 위함이요, 그 폭격용의 육탄이 곧 예수 자신이었다고(2권 53쪽).

함석헌도, 김교신도 '무교회 정신'에 고무된 신앙인이었던 바, 제도 종교의 타락한 물질주의와 교권주의를 신랄하게 비판하신 예수의 행적에서 구체적이고도 보편적인 사랑의 힘을 발견했던 것 같다. 이집트, 바빌로니아, 로마를 비롯하여 제국의 압제에서 자유를 빼앗기고 인간다움을 보장받지 못한 삶도 가엾고 억울한 일인데, 해방의 하나님을 고백하는 대안적 공동체였던 이스라엘이 어찌 처음의 '율법 정신'

은 잊어버리고 종교 안에 또 하나의 인간주의를 만들어 백성들을 죄인 만드느냔 말이다. "너희들이 지키는 것이 사람의 법이지 어디 하나님의 법이더냐?" "사람이 제 아비 집을 드나들면서 세금 내는 경우가 어디 있더냐?" "성전은 기도하는 집인데, 너희들이 강도의 소굴을 만들었구나!" 가난한 자들과 소유를 나누고 비천한 자들과 권위를 나누면서 하나님 나라의 평등 공동체를 이루며 살아가라는 율법 정신을 버리고, 종교 지도자들의 물질적 풍요와 세속적 권위를 보장하는 온갖 '율법주의적 항목'들을 만들어 하나님의 귀한 자녀들을 착취하는 이스라엘의 참혹한 상황이, 예수에게는 그가 맞서 싸워야 하는 아주 구체적인 삶의 현장이었던 거다. 눈앞에 구체적으로 맞서야 하는 사람들이 있고, 구체적으로 자유하게 해야 하는 사람들이 있는데, 당면한 싸움과 과제를 두고서 어찌 추상적이고 관념적인 보편언어의 유희만을 즐기겠는가?

그러나 예수의 주장은 몸을 입어 시간과 공간의 제약을 가진 인간의 유한성 안에서 그가 발을 딛고 삶으로 부딪히는 사람들을 구체적으로 사랑하기 위함이었지, 율법 정신이 이스라엘'만'을 위한 것이라는 주장은 아니었다. 김교신을 당황하게 만들었다는 바로 그 일화에서 "자녀의 떡을 취하여 개에게 던짐이 마땅치 않다"는 예수의 도발적이고 모멸적이기까지 한 언급에도 수로보니게 여인은 굴하거나 포기하지 않고 당당히 맞섰다. "맞습니다! 그러나 개도 아이들의 상에서 떨어지는 부스러기는 먹는 법입니다." 이 '반격'으로 그녀는 예수로부터 긍정과 치유의 기적을 얻어내었다. 이 이야기가 "사람의 계명을 지키느라 하나님의 계명을 어기고 있다"는 종교 지도자들을 향한 예수의 비판 바로 뒤에 나오는 것은 우연이 아니라고 본다. 어쩌면 예수께서 진정 도전과 모멸감을 유발하고자 의도했던 대상은 수로보니게 여인이 아니라, 율법정신을 율법주의로 만든 이들, 선민 운운하며 하나님의 사랑이 마치 배타적으로 자신들의 것인 양 우쭐대던 이스라엘의 종교 지도자들이 아니었을까? 어쩌면 예수께서는 이스라엘을 '넘어' 보편적으로 미치는 하나님의 사랑을 믿은 한 이방여인과 멋지게 듀엣으로, 거기 모여 구경하던 유대인들의 편협하고 배타적인 신앙을 질타하신 것인지도 모른다.

배타적 사랑은 '배제하는 것이 없는' 보편적 사랑과 함께 갈 수 없지만, 구체적 사랑은 지금 내 앞에 대면하고 있는 '너'를 사랑함으로써 모든 생명을 빠뜨림 없이 사랑하시는 하나님의 보편적 사랑에 참여하게 한다. 구체적인 실천성을 담아 보편적 사랑의 메시지를 전했던 정점의 사건 십자가, 이를 묵상하고 그리스도를 따르는 신자들의 사랑의 지표로 삼을진대, 우리가 살아가는 날들 동안 '구체적'으로 사랑하자. 내 앞의, 내 옆의 '너'를… 입으로만 말고, 영으로만도 말고.

화和의 영이여, 오소서!

설마 진짜로 그럴까, 했다. 물론 지난 문명사에 뒷걸음질 친 사례들이 없지 않았으나, 그래도 길게 보면 점차로 앞으로 나아간 것이 역사였기 때문이다. 물론 시대마다 기득권자들은 그 '나아감'에 저항하다 결국 큰 흐름을 막지 못하고 가장 늦게 승차해오긴 했다. 그래도 그렇지. 과거사의 해석에 있어 단 하나의 '정답'은 없는 법이라고, 남아 있는 기록 자체가 이미 '승자들의 것'이기에, 과거의 역사를 해석하는 일은 더 많은 시각과 해석을 요하며 중층적이고 입체적인 '읽기'를 허해야 한다고, 나는 그렇게 배워왔는데… 군주제였던 조선 시대의 왕들도 안 하던 일을 하겠다니. 역사 해석은 1차적으로 전문적인 역사학자들의 몫이요, 그들이 자유혼과 학자적 양심으로 서로 깊게 파고 날카롭게 논쟁하며 결과물들을 세상에 내놓아야, 옳다. 오늘날의 시민들은, 특히

나 교육수준이 높은 한국의 시민들은 그리 다양하게 소개되는 해석들을 읽고 공감 혹은 반박할 만큼의 역량을 가졌다.

그런데, 무엇이 두려워서 단 하나의 '정답'을 만들려 하는 것일까? '만든 답'이 '정답'이라고 누가 판단하는가? 독일 문인 괴테는 "외국어를 모르는 자는 모국어도 모른다"고 한 바 있다. 이 표현을 가져와 막스 뮐러는 "하나만 아는 자는 아무 것도 모르는 자이다"라는 선언으로 비교종교학이라는 학문의 장을 열었다. 하나만이 아니라 둘, 혹은 셋… 같은 사건, 같은 현상을 바라보는 시각과 해석을 다양하게 알고 배우며 '비교'해보라는 이 학문적 초대는 시민들에게 동등하게 권리와 능력이 부여되는 근현대 사회의 진행과 더불어 이제는 '당연'이 되어버린 공동체의 삶의 방식이다. 그럼에도 이 큰 흐름을 기어이 되돌려 시민을 한낱 '우매한 백성'으로 여기고(아니 그렇게 '만들려고' 하고) 있음이, 도대체 가능하기나 한 상상력인가?

역사에서 배울 일이다. 자고로 단 하나의 정답을 만들려고 했던 자들은 모두가 권력을 독점하려던 사람들이다. 그건 종교도 마찬가지다. 초대교회만큼 다양한 해석과 신앙 실천이 존재했던 시절도 없었다. "예수는 나의 그리스도이십니다." 이 신앙고백이 무엇을 뜻하는지를 교부들과 성도들이 자신의 삶의 자리에서 신앙 체험을 통해 다양하게 고백하고 해석할 수 있었다. 그것이 자신들을 살려내고 현재를 견뎌내게 하며 나아가 죽음의 순간조차도 평안할 수 있게 만드는 절대적 힘을 가졌기에 초대교회 기독교인들은 그 어려운 박해의 시절에도 신앙

버리지 마라, 생명이다

을 지킬 수 있었다. 그런데 어이없게도 기독교가 '제국의 종교'가 되면서 그 다양성은 획일화된 교리로 좁아들고 굳어져 갔다. '정통orthodox'의 탄생이었다. 사람을 살려야 할 종교의 이름으로 이후 유럽사는 수많은 사람들을 이단으로 몰아 축출하고 고문하고 심지어 죽인 이야기로 가득 채워졌다. 성령이 진리의 영이고, 예수가 그리스도심이 정녕 사실이라면(난 그리 믿는다.), 무엇이 두려워서 '단 하나의 해석'을 고수하며 그것도 자신들이 만든 해석이 '정답'이어야 한다고 고집했을까? 답은 명료하다. 하나의 제국이 된 거대 교회조직을, 아니 그 조직을 통해 유지되던 고위성직자들(그리고 그들과 결탁하여 힘을 나눈 정치적 세력들)의 기득권을 자자손손 계속 지키고 싶었기 때문이다.

사실 「성서조선」지와 동인들은 시작부터 이단 시비를 받은 공동체이다. 제도로서의 교회 '밖'에서 신앙생활을 한다는 것이 이들을 의심케 했으며, 우치무라 간조라는 일본인 아래서 성경공부를 했다는 것도 못마땅하게 보였다. 더구나 40호, 50호, 그 호수가 이어지며 이들의 주장이 조선 땅에서 영향력을 끼치게 되자, 많은 이들이 「성서조선」의 '이단성'을 물고 늘어졌다.

김교신은 「성서조선」 동인들 중에서도 가장 '정통'신앙을 가진 이였지만, 교리라고 하여 무조건 받아들이지는 않았다. 자신의 산 신앙과 자유혼으로 철저하게 읽고 배우고 해석하고 기도하면서 '아멘'할 신앙을 받아들여 왔던 그였다. 그런 김교신에게 '칼뱅의 예정설'은 인정하기 힘든 사상이었다. 어찌 구원받을 자가 '이미' 정해져있다는 말인가? 성서 어디에 그런 말이 있나? 아무리 '믿음'으로 받는 구원이라도, 그것이 사는 동안의 행위와 상관없을 리 없다. 이렇게 생각했던 김교신은 구원이란 "개인적 보험 상품이 아니라"고 주장했다. 사후구원의 부정이라기보다는 이에 대한 교리적·추상적 논쟁은 신학자에게 일임하고 평신도인 자신은 "순간순간에 주 예수 그리스도로 말미암아 하나님을 믿는 믿음의 결과로 매일 사람답게, 하나님의 자녀답게 인생을 생활하여 죄와 세상을 이기고 개선하는" 구원의 현재성에 집중하겠다고 고백했다. 이런 고백과 삶이 '정통'에서 벗어나고 심지어 '하나님의 정답'에서도 벗어난다면, 김교신은 '이리 살다가 기꺼이 지옥에 가겠노라'고까지 선언했다. 방점은 앞에 있음을 주의하자. 지옥에 가겠다는 말이 아니고 자신이 믿는 하나님은 편협하고 배타적인 독재자가 아니라는 말이다. 마지막 한 사람까지도 회개하고 돌아오기를 바라시고 기다리시는 사랑의 하나님을 믿는다는, 김교신의 절절한 신앙고백이다.

그런데 이런 김교신의 신앙고백을 읽고, 한 독자가 경고문을 보내왔다. "망상을 그치고 오직 성서에만 집중하라"고 단언하는 이 독자의 자신만만함에 김교신은 이렇게 답했다.

이단자 칭호를 받기는 이번까지 두 번째다. 익명이므로 필자는 헤아릴 수 없거니와, 일독한 후에 느낀 것은 심신이 아울러 건전(sound)하여야 하겠다는 것이다. 소위 찬송가와 기도만 하는 것이 건전한 신앙생활이 아니다. 일정한 직업 특히 농공상의 직을 가지고 이마에 땀 흘리는 생활이 심령의 보건에도 대단 필요한 듯하다. 또한 기독신자일지라도 때로는 그 독서의 범위를 성서 이외에 확장하여 지력, 시가, 자연과학 등에도 미치는 것이 보건상 불가피할 것인 듯하다. 반드시 박학 군자라야 기독신자라는 것이 아니다. 난쟁이 두골(頭骨)이나 정구 선수의 팔처럼 기형적으로 발달하기보다 균형을 유지하는 것이 더 요긴한 듯하다 할 뿐이다(5권 87쪽).

성서 하나만 읽을 일이 아니라는 주장이다. 그 안에 담긴 유대인, 기독인의 신앙고백을 자신의 삶의 경험에서, 다른 학문과의 비교를 통해 읽어내야 '건전하다'는 말이다. 이는 보통의 의식을 가진 근대 시민이라면 동의할 보편적인 의식이다. 우리는 팔과 다리의 역할만 하면 되었던 전근대사회의 '신민(臣民)'이 아니다. 생각하는 것은 우리가 할 터이니 너희는 무조건 꿇어라, 그런다고 그냥 복종하는 이는 시민(市民)이 아니다. 신민이다. 적어도 근대 사회의 건설을 꿈꾸었던 시민 계급이 자기 삶의 터전을 이루고 그 안에서 상호작용하며 살아가는 작동 원리로 '합의'한 것은, 각자의 의미 추구와 삶의 해석이 가능하도록 하되 이것이 타인의 권리를 침해하지 않도록 '법'에 의거하여 서로 존중하고 협력하는 자유와 평등의 살림살이였다. 그런데 '하나만 하라'니, 결국 손과 발만 하라는 소리가 아닌가!

김교신과 「성서조선」지 동인들은 어찌 보면 철저한 신앙인이요 한 편으로는 철저한 근대인이었다. 평민들의 역량을 믿었고 그들의 '각 개' 전투를 응원했다. 1932년 1월 3일자 일기에는 평양 걸인 강만영 씨의 일화를 소개하며, 자신과 같은 방식이 아닌 '한 전도자'의 삶을 응원했다. 목회자 자녀로서 동경 유학까지 한 이가 일부러 광인 행세를 하며 걸인 무리를 지도한다는 소식을 들었다. 속한 걸인들이 모두 "먹고 남은 것, 입고 남은 것이 없으면 자기는 먹지도 않고 입지도 않는"(5권 76쪽) 사랑을 실천하며 산다는 말에, 김교신은 비록 그의 언행에 '하나님'이나 '예수 그리스도'라는 말이 한 번도 등장하지 않는다 해도 그 역시 하나님의 사랑을 실천하는 선교라고 긍정한다. 또한 수취인 사망의 연유로 돌아온 「성서조선」지 52호가 계기가 되어 알아본 독자 김운경 형제의 사연에도 김교신은 긍정의 끄덕임을 했다. 무지함에 음주는 일상이고 심지어 부친을 구타하기도 하는 이였는데 한 번 회개하자 '악행하던 열과 기로 전도에 불이 붙은 사람'이었다 한다. 만나는 사람마다 전도를 하는데 "날 봐라, 날 봐라" 고성으로 악을 쓰며 얼마나 열심을 내었는지 인후를 상해 토혈을 하고 결국 폐렴으로 세상을 떠났단다. 이 사연을 들으며 김교신은 그의 무모함을 판단하는 대신 "오호라, 무학한 악인 김 형은 '날 봐라, 날 봐라!' 하는 힘이 있었다."(5권 127쪽)고 그 삶과 죽음을 기렸다.

그렇게 하면 되는 것으로 믿었기 때문이다. 결국 특정한 집단 이익을 옹호하거나 지킬 필요가 없는 평민, 평신도는 각자의 신앙대로 제 삶을 살 자유를 누린다는 말이다. 반드시 하나의 방식, 하나의 외침이어야만 '정답'이 아니라는 것이다. 1932년 12월의 일기는 이런 자유 때문에 평생 평민, 평신도의 삶을 살고자했던 김교신의 의지가 보인다.

이 점으로 보아 나는 일평생 신앙의 전문가 되지 말고 소인(素人) 되기를 원하며, 평신도인 것을 감사하는 바이다. 우리에게는 일가의 지설(持說)을 고집하여 전문가와 싸울 만한 아무 이유도 없고 체면도 없는 자이다. 배울 만한 것이면 언제 누구의 설이라도 수납할 수 있고 불가해의 것이면 학도의 양심으로 모른다고 할 뿐이다. 다만 그리스도를 주로서 섬기는 이면 함께 할 것뿐이다(5권 102쪽).

김교신의 막역한 친구요 동인이었던 함석헌의 말마따나 "성령은 화和하는 영이지 동同하는 획일주의의 영이 아니다"(《전집》 3권 18쪽). 자유혼으로 각자 외쳐도 공동체의 와해를 두려워하지 않는 까닭은, 성령이 하나이시기 때문이다. 하나 안에서 맘껏 뛰노는데 무엇이 걱정이랴? 그럼에도 굳이 인간이 만든 '하나의 정답'을 고집하는 이가 있다면 이들은 성령을 모르는 자요, 사람 안에 깃든 이 '신성한 하나'를 불신하는 자다.

때문에 획일을 강조하는 황당한 제안을 당하여, 신앙인이라면 '프로테스트'해야 한다. 「성서조선」을 열심히 구독하던 독자, 황해도 계명학

원의 김형도가 보내온 글의 일부를 인용하며 개신교 정신, 즉 '프로테스탄트'의 소망을 되새겨본다.

> 풍전등화 같은 저 불들이 꺼지지 아니하도록 우리 성조지는 기름의 대용(代用)이라도 되소서. 그리하여 사나운 광풍에도 꺼지지 않고 더 일어날 강한 불이 되게 하소서. 그리하여 완전히 타버리고 성서조선 즉 성화낙원(聖化樂園)이 되기를! 마른 풀밭에 불의 대용(代用) 곳불을 놓고 있는 신프로테스탄트들의 소망이다. 현대의 교회야! 너는 인간극의 종막에서 무슨 역할을 하고 있느냐?(5권 74-75쪽)

3장

산 신앙의 고백으로

'푸러리'와 성서 번역

'푸러리'는 김교신이 키우던 개 이름이다. 김교신으로 하여금 '성서 개역의 필요와 목표'(1938년 7월)라는 사뭇 진지한 글을 쓰는데 '영감'을 준 개다. 언뜻 보기에는 비장하고 무거운 글의 제목과는 상관없어 보이는 개, 푸러리! 하지만 푸러리는 이 글이 있게 한 핵심'견'물이다. 빈틈없고 매사 엄격하던 김교신이 동물들에 대해 이렇게 속 깊은 애정을 가지고 있었는지 미처 몰랐다. 그의 일기를 읽다 보면 나라 걱정, 교회 근심, 가족 이야기와 더불어 기르던 가축들의 소소한 이야기도 종종 등장한다. 산새나 개구리 같은 작은 동물들에 대한 시선도 살갑다. 그러나 그 중에서도 으뜸은 '푸러리'다. 김교신의 어머니께서 고향 다녀오시는 길에 데려와 강아지로 대면한 이래 마지막 일기까지 푸러리에 대한 김교신의 애정은 남달랐다. 푸러리가 새끼 낳은 이야기, 낳자

버리지 마라, 생명이다

마자 죽은 새끼들을 제 곁에 두고 챙기는 걸 보며 부활신앙을 가진 개라고 칭찬한 이야기, 이른 새벽 산에서 홀로 드리는 기도터에 따라와 내내 조용히 서서 함께 '기도'하는 신통함까지… 김교신의 넘치는 '푸러리 자랑'에 지인들은 이 '각별한' 개가 낳은 강아지를 분양받기 위해 줄을 설 지경이었다.

그러나 아무래도 푸러리가 김교신에게 각별해진 사건은 푸러리가 일주일여 집을 비웠다가 극적으로 돌아왔던 일(1938년 6월)이지 싶다. 그 즈음 일기엔 푸러리의 거취를 걱정하는 문장이 자주 등장한다. "나간 개가 오늘까지 소식이 없다"(6월 22일자). "오늘까지도 소식이 없으면 '푸러리' 돌아오는 것을 단념하는 수밖에 없다"(6월 23일자). 그러나 '단념'이라는 단어를 마음에 품으며 그는 내심 불편해했다.

불량배들이 때려 먹은 것인가 하고 분해하기도 하였으며 혹은 멀리 나갔다가 돌아오는 길을 잃고 방황하는 중인가 해서 식구 총동원으로 떼를 지어 돈암정 성북정 동소문 일대까지 뒤져보기도 했다. 그러나 하루 가고 이틀 가고 사흘, 나흘 가도 돌아오지 않으니 이제는 돌아오기를 기다리던 마음은 그만 단념하라는 폭력에 눌리는 형세가 현저하였다(2권 78쪽).

죽었는지 살았는지, 아직 소식이 분명치 않은 생명을 향해 '단념'이라는 마음이 드는 것 자체가 '폭력'이라, 그리 생각하던 김교신은 마음이 괴로웠다. 원산에 사는 지인에게서 얻어온 강아지였고 데려오는 과정에서 많은 이들이 수고해준 까닭에 볼 때마다 그들의 사랑과 정성이 함께 느껴지던 특별한 존재였다. 아이들 학교 가는 길을 전송하는 살가움이 있었던 사랑스런 개였다. 다만 '잃고' 보니 그동안 가장으로서 자신이 푸러리에게 너무 엄했던 것이 아닌가, 김교신은 반성을 했다. 돌이켜보니 "겨울에 춥다고 부엌에 들어올 때나 비 온 날 질다고 마루에 올라올 때에 처벌하는 역할"을 도맡아 했던 것도 후회되었다. 푸러리를 잃고 난 뒤엔 식구가 모이면 언제나 푸러리 이야기였고, 집밖으로 나가게 되면 자전거를 타면서도 혹시나 싶어 여기저기로 눈길을 돌리며 지냈다.

이렇게 한 지 5일 만에 아침 식탁이 벌어졌을 때에 제일 먼저 장남 정손이 벌떡 일어서면서 소리질렀다. 저기 오는 것이 우리 '푸러리' 아니냐고. 꿈 같이 부활같이 들리는 동안 온 식구의 시선은 푸러리 오는 편 약사사 쪽을 향하였다. 옳다, 옳다, 푸러리 살아온다! 푸러리! 푸러리! 가인 (家人)들의 자태와 음성을 확인한 듯 푸러리는 네 굽을 안고 뛰어들어오지 않는가! 우리는 노소 모두 숟갈을 던지고 대문 쪽을 향하여 내달았다. 눈에 눈물 고인 푸러리는 무수히 뛰어오르며 핥으며 짖으며 이 아이에게 쓸어 보며 저 어른 앞에서 굴러 보는 등 실로 형언할 수 없는 기쁨의 장면이었다(2권 79쪽).

버리지 마라, 생명이다

무미건조하기가 "모래밥보다 더하다"고 스스로 표현할 만큼 차분하고 단순한 주일예배를 드리고, 성서를 읽을 때에도 "냉수를 쳐 가며 열을 식혀" 읽으라고 권하던 사람, 이성적이고 냉철한 신앙인이었던 김교신에게 이런 면이 있었던가! 얼마나 기뻤으면 푸러리에게 늘 엄격하게 대했던 그마저도 그날 아침만큼은 애정표현을 아끼지 않았다. 그러다 문득 김교신의 머리에 함께 연상되는 생각들이 있었다.

이 광경 중에 전광같이 연상되는 것은 '다시 만나 볼 동안…'이라는 찬송가와 부활하여 사랑하는 자와의 대면, 99수(首)의 양을 두고 한 마리마저 찾은 목자의 기쁨, 탕자의 귀환을 본 어버이의 환희, 배교(背教) 청년의 회개를 본 교사의 만족 등등이었다. 이러한 사상을 배경에 두고 잃었던 개 돌아온 기쁨을 문자로 기록하려면 우선 그 제목을 무엇이라고 할꼬 하면서 생각하였다(2권 79-80쪽).

역시 김교신이구나, 이 장면에서도 결국은 성서로 돌아오는구나! 그러나 이 무렵 김교신은 우리말로 번역된 성서 구절들이 원문의 깊이와 절절함을 정확하면서도 전달력 있는 한국어로 표현하고 있지 못함을 한탄하던 중이었다. 자고로 언어에는 이를 모국어로 사용하는 사람들의 정서가 온전히 담겨있는 법이니, 두 번이나 제한된 언어를 다시 살려내는 중차대한 필요와 과제가 우리에게 놓여 있다는 깨달음이었다.

일단은 직접 경험한 그 감격을 언어로 표현하자니 제한이 따를 수밖에 없다. 푸르러 돌아온 기쁨을 문자로 기록하고자 "다시 만난 기쁨"이라고 적으려 했더니 푸르러 돌아오던 그 아침의 감격을 전달하기에는 영 싱겁고 심심하다. "재회의 환희"라고 표현하니 한글도 한문도 아닌 '한어적 국어'인지라 마음이 내키지를 않는다. 그러다가 문학에 조예가 깊은 지인과의 대화 가운데 "아이 반가워라!"라는 답을 얻고서 김교신은 뛸 듯이 기뻐했다. 이렇게 쉬운 우리말을 두고서, 이렇게 절절하게 전해지는 기쁨의 표현을 두고서, "다시 만난 기쁨"이라니! "재회의 환희"라니!

수천 년 전 유대인들이 생생하게 경험한 해방과 구원의 기쁨을 현재의 언어로 표현하는 일도 그 오랜 시간차로 인해 일차적인 제한이 따랐을 일이다. 거기에다 유대인이면 공감했을 정서가 담긴 문자들을 우리말로 번역하는 것은 '출발어'(히브리어/헬라어)와 '도착어'(한국어) 사이의 문화적, 언어적 간격으로 인해 또 한 번의 제한이 따라오는 것이 당연하다. 그뿐인가? 김교신 당시의 한국어 번역본은 한문본과 일어본을 거친 국문역이었던 지라, 원어로 성서를 읽으며 공부하던 그로서는 얼마나 안타까움이 컸을지, 그 심정이 이해가 된다.

> 이렇게 바라볼 때에 우리의 개역의 대원(大願)을 성취함에는 아직도 전도 요원하다. 오늘날까지 외국어를 공부했대야 그것도 명색뿐으로 하나 완성한 것이 없는데 고약한 습관만 붙어서 문(文)만 보면 격(格)이니, 시(時)니, 수(數)니 하여 분해하고 조합해 보아도 그것만으로는 산 것이 나오지

버리지 마라, 생명이다

않는다. 이제 절실히 요구되는 것은 평이하고 순수한 우리말이다. '아이 반가워라' 같은 말이 손쉽게 튀어나오는 날에라야 개역의 일이 가망 있다(2권 81쪽).

물론 김교신의 시절과 비교한다면 오늘날 우리는 원어에 훨씬 충실한 국역본이나 현대인의 언어적 표현을 반영한 쉬운 우리말 성경에 이르기까지 성서 번역에 있어서는 큰 성취를 이루었다. 그러나 살아 있는 언어, 정확한 언어, 쉬운 언어로 '하나님 만난 감격의 경험'들을 전달하자는 김교신의 당부는 비단 성서 번역에만 제한될 일이 아니라는 생각이 든다. 모국어에 능한 사람들끼리는 굳이 '번역'이 필요 없는 법이다. 모국어는 본디 내부자들의 언어인데, 오늘날의 기독교인들이 '번역'의 작업을 수행한다면 우리가 숙지해야 하는 언어들은 무엇이어야 할까?

복음의 내용을 전달하면 분명 똑같은 한국말임에도 무슨 말인지 모르겠다는 반응이 많다. 그럴 일이다. 수천 년 전 팔레스타인 땅의 언어와 문화적 풍습을 21세기 한국 땅에서 '직역'하여 말하면, 성서에 담긴 그 생생한 복음의 감격이 고스란히 전해질까? "예수께서 우리의 죄를 위하여 십자가에서 희생양이 되어 돌아가신 것을 믿으십니까?" "그 피로 말미암아 우리가 죄 사함을 입었다는 것을 믿으십니까?" 도대체 '속죄를 위한 희생제물'이라는 것이 무엇인지, 속죄제를 드릴 필요성에 대한 문화적 이해가 없는 사람들에게 이러한 '우리말'은 얼마나 생생하게, 얼마나 쉽게, 얼마나 정확하게 구원의 감격을 전달할 수 있을까? 그러니 이런 언어들을 접하며 오늘의 젊은이들이 '기독교인들의 언어는 외국어를 넘어 외계어'라며 도리질을 할 일이지….

　기독교 내부자로서 우리는 형식적 제의종교와 율법주의의 정점에서 '희생제물이 되신 예수'와 그의 '피흘림'이 어떤 의미를 전달하는지 잘 알고 있다. 그건 우리의 '모국어'이기 때문이다. 그러나 1세기 사람들도, 유대인도 아닌 오늘의 사람들에게 이 언어를 그대로 '번역'없이 전달한다는 것은 한국인에게 히브리어로 쓰인 성서를 들이미는 것만큼이나 어이없는 일이다. 김교신은 좋은 성서번역을 위하여 "복음을 이해한 믿음" "성서 원문 및 [여러 나라 국어 번역본]을 참고할 만한 외국어학" 그리고 "무르녹는 우리말"을 가져야 한다고 했다. 한 사람이 이 셋을 다 가지고 있을 수 없다면 협력하여서라도 제대로 번역하자고 말이다. 이 협력은 오늘날에도 절실하다. 푸러리가 살아 돌아온 날의 그 기쁨처럼, 성서 안에 담긴 구원 경험을 생생하게 이해하고 공감하는 감격, 이를 자기 문화 안에서 '읽히도록' 번역해온 사람들의 전례, 그리고 오늘날 우리 정서와 문화적 언어로 같은 메시지를 '번역'하여 전달하는 과제, 이 '개역'의 과제는 김교신 시절만이 아니라 우리 시절에도 꼭 필요한 일이지 싶다. 어쩌면 그의 시절보다도 더 절실한 일인지도 모르겠다. 얼, 혼, 정신에 대한 관심은 사라지고 온통 외모, 성공, 자본만을 숭상하는 이 세대가 알아들을 수 있도록 전달하려면 말이다.

　버리지 마라, 생명이다

'졸업'하고 '시작'해야 하는 것들

가까이 아는 아이 하나가 어린 시절 학교 부적응으로 고생을 했다. 초등학교에 입학을 하면 '당연히' 적응하기 마련인 선생님의 자리와 학생들의 자리 사이의 경계를 자꾸 넘나들었기 때문이다. 수업이 시작되고 선생님이 무언가 설명을 하실 때 그것이 자기가 잘 아는 주제이거나 다른 생각을 나누고 싶으면 서슴없이 앞으로 나와 그야말로 '열강'을 한다는 거다. 선생님도 반 아이들도 당황스러워 수업은 늘 '엉망'(다수의 기준에서)이 되었고, 결국 그 아이는 특수학교에 다니게 되었다.

개인적으로 만나면 너무나 총명하고 마음 따스한 아이였다. 하여 난 그 소식을 전해 들으며 무척이나 마음이 상했다. 사실 그 아이와 '어린 시절의 나'는 다르지 않았다. 나도 그런 마음이 자주 들었기 때문이다. 아, 저 이야기에 얽힌 재미있는 걸 읽었는데, 앞으로 나가서 선생님과 아이들에게 이야기해 줄까? 앗, 저 장소는 내가 아빠랑 많이 가본 곳인데, 칠판 가득 재미있는 그림과 더불어 아이들이 외우기 쉽게 설명하고 싶은데… 그런 생각들이 수업 도중에 쑥쑥 올라왔다. 어쩌면 그래서 '선생'이란 직업을 갖게 되었는지도 모른다. 하지만, 수업 시간에 앞으로 쪼르르 달려 나가고 싶은 마음을 애써 참았던 이유는 교실의 자리 배치가 명시하고 있는 권위의 위계가 어린 눈에도 보였기 때문이었다. 가르치는 한 사람과 배움을 받아야 하는 다수, 미셸 푸코가 "우리(통치하는 자들) 대 그들(통치받는 자들)"의 통제방식이라고 분석했던 그 공간 배치가 내 마음을 언제나 잡아챘다. 얌전히 내 자리를 지킨 '덕분에' 난 일반학교를 '무사히' 다닐 수 있었다.

하지만 어른이 되어 생각해보아도, 여전히 이상하다. 기초적인 것을 배워야 하는 학교는 어쩔 수 없다고 치자. 전문성과 효율성을 고려한 공간 배치이니, 한창 배워야 하는 아이들의 학습공간에서는 최선·최고의 통제 방식이라고 말한다면, 선뜻 동의는 못해도 그럭저럭 수긍할 수는 있다. 그러나 어른들이 모인 공간, 예를 들어 교회도, 강연장도, 세미나실도 모두 같은 배치인 것은 불만이다. 말과 행동을 주도하는 소수가 앞쪽 자리에 배치되고, 압도적인 다수는 그들을 향해 얌전히 앉는 구조다. 그게 싫은 나는, 연사로 초청받아 간 공간에서 좌석 이동이 가능하다 싶으면 종종 배치를 다시 하자고 제안을 한다. 동그랗게 말이다. 물론 그날 나눌 이야기 주제에 있어 소위 '전문가'의 입장이니 개념어 설명이나 주요 주제를 이야기할 책임은 나에게 있다. 그러나

버리지 마라, 생명이다

같은 이야기를 해도 좌석 배치가 "우리 대 그들"의 구조일 때와 동그란 원일 때의 '역학^{dynamics}'은 상당히 틀리다. 강의 도중 쑥쑥 들어오셔도 좋다고, 실은 그게 더 반갑다고 말하고 시작한 동그란 원탁 모임은 언제나 즐겁고 참신한 질문이나 새로운 해석으로 풍요롭게 채워진다. 그러나 '단 하나의 선생님'으로 강단에 서고 다른 이들을 모두 '청중'으로 배치한 공간에서는(더구나 신학교나 교회예배당의 그 높은 연단이라니!), 늘 기승전결 내내 나의 모노로그다. 하긴, 퀘이커가 아닌 다음에야 설교 도중에 갑자기 나눌 이야기가 있다고 불쑥 마이크를 잡는 일반 성도를 '정상'이라고 생각할 리 만무하지 않은가.

전문성과 효율성을 무기로 한 권위의 배치 방식이 맘에 들지 않는 사람이라 그런지, 나는 김교신이 졸업하는 제자들에게 당부했던 한 이야기에 격하게 공감을 했다. 오종종 앉아 '전문가'인 선생님의 수업에 눈을 맞추다 이제 막 중학교를 마친 졸업생들에게 김교신은 '너희가 그동안 한 것은 어떻게 사전을 찾고 어떤 책과 자료들을 참고해야 할 것인가'를 배운 것뿐이라고 했다. 문법을 배웠고 도구를 익혔으니 읽고 사용하는 진짜 배움은 이제부터라고 말이다. 흥미로운 지점은 김교신이 일상에서의 성서 읽기를 당부하며 설명한 공부의 방법이다.

단독으로라도 가하나 될 수 있거든 두셋 친구가 모여서 '소인(素人)'들끼리 성서 연구를 시작하라. 적당한 친구가 없는 것을 탄식하지 말고, 없거든 친구를 만들라. 아무리 훌륭한 교회에 속하였고 고명한 교사의 강의를 들었다 할지라도 자기 스스로 성경 본문을 읽어 거기서 참 생명의 영량(靈糧)을 무궁하게 뽑아 마시지 못한다면 저는 자립한 신자는 못 되었느니라. 그 하는 말은 풍월에 지나지 못한 것이요, 그 드리는 기도는 모방 이외에 아무것도 없느니라. 그러므로 몸소 성경 본문에 접전(接戰)하라. 문의(文意)가 틔어지고 흥미 나오도록 연구하라(1권 76쪽).

여기서 '소인素人'이란 비전문인을 뜻한다. 목회자도 아니고 신학생도 아닌, 그러니까 평신도들끼리의 성서 모임을 제안한 것이다. 어느 한 사람의 해석과 풀이에만 권위를 두고, 다른 참석자들은 수동적으로 그 풀이를 학습하고 내면화하는 공부는 이제 '졸업'을 하라는 말이다. 지금까지의 공부를 통해 기초를 배웠으니, 이제는 스스로 읽고 생각하고 판단하고 상상하라는 제안이다. '풍월'이나 '모방'에는 생명이 없으니 스스로 서라自立는, 선생님의 마지막 훈계다. 너는 이제 텍스트와 콘텍스트(삶)를 붙잡고 씨름하며 스스로 답을 찾아낼 권위가 있는 존재라는 말이다.

"맞나요? 틀리나요?" 대학생이 되어서도, 인문학 강의를 듣는 중에도 이렇게 끊임없이 자기 답의 옳고 그름을 '전문가'에게 확인하려 드는 젊은이들을 볼 때마다, 나는 마음이 무거워진다. "어디가 중요한가요?" 이렇게 질문하는 그들은 텍스트와 씨름할 생각이 아예 없다. 초등학교, 중학교, 고등학교를 거치는 동안 늘 밑줄도, 해석도, 중요한 시험범위도 선생님이 다 정해주었으니 아이들만 나무랄 일이 아니다.

버리지 마라, 생명이다

"우리 목사님은 그렇게 말씀하시지 않았는데요." 목사님의 성서 풀이와 조금만 달라도 눈을 동그랗게 뜨고 겁을 내는 평신도들의 경우도 마찬가지다. "그렇게 내 마음대로 읽으면 이단 되는 거 아니에요?" 언제 권위를 부여받아 보았어야지 말이다. 자신의 삶 한 가운데서 팔팔 살아 역사하는 말씀으로 받아 제 목소리로 풀고 의미부여하는 법을, 우리네 평신도들은 배워본 바가 없다.

슬프다. 어른이 되고 이제 앞에 배치된 강단에 서고 어느 분야에 대해서는 전문가로 '대접'받게 되었지만, 나는 여전히 슬프다. 내가 미처 생각지 못했던 부분을 일깨워 주고, 때론 정말 낯선 모습으로 불쑥 도전을 주는 '너(들)'의 존재와 함께 씨름하고 서로에게 권위를 부여하며 공부하고 싶은데… 그러려니 하는 사람들이, 그럴 수 있는 사람들이 점점 줄어들고 있기 때문에 안타깝다. 내 학문이 점점 더 깊어지고 고매해진 까닭이 아니다. 지식 습득의 현대적 통제 방식에 익숙해지면서, 몸매와 얼굴만 '착해'진 것이 아니다. 뇌까지 '착하게' 순응하게 되어 버렸다. '착하다'라는 말이 이렇게나 슬픈 말인 줄 처절하게 깨닫는 요즘이다. 젊은이들이 바보라서가 아니다. '착하지 않게' 내 생각을 말하고 내 주장을 펼치면, 오늘의 통치 구조에서 어떤 불이익을 당하는지 너무나 잘 알기 때문이다. 기독교 평신도들의 경우는 더 안쓰럽다. 나만의 생각을 하고 내 주장을 펼칠 기회를 제공받은 적이 없기 때문이다.

하지만 이제라도 애써서 '졸업'할 일이다. 땅에 발을 딛고 하늘을 향해 우뚝 서 있는 유일한 직립 생명체인 '인간'이라면, 남이 먹여준 지식과 신앙의 언어들을 앵무새처럼 반복하는 일은 그쳐야 하지 않을까? 이제 '시작'하자. 내 영혼으로, 내 몸으로 부딪히고 씨름하고 고민해서 탄생시킨 나의 의미, 나의 언어에 권위를 부여하자. 그 언어로 '너'를 만나자. 나의 해석과 너의 의미를 우리 '사이'에서 뛰놀게 하자. 그리스도께서 우리 안에서 '임마누엘' 동행하시게 하자. 그렇게 '원무圓舞'를 추며 우리 인생이 한판 신나는 마당놀이 같은 학습공간이기를 꿈꾸어 본다.

버리지 마라, 생명이다

기도의 자살^{自殺}

우리나라 교인들처럼 기도를 많이 하는 사람들도 드물지 싶다. 물론 일찍이 사도바울이 "쉬지 말고 기도하라"고 했지만, 적어도 시간을 따로 내고 특정 공간에 모여 함께 하는 기도로만 보자면 단연코 한국 기독신자들이 최고다. 거의 모든 교회가 하고 있는 새벽기도회는 세계적으로 찾아보기 힘든 전통이거니와 금요철야기도회, 봄·가을로 진행되는 '특새'(특별새벽기도회)까지, 이제 하나의 '문화'로 자리 잡은 기도회는 우리나라 교인들에게 교회부흥과 영성훈련의 집중적 시간으로 여겨진다. 그뿐인가? 수험생 부모들의 수능대박을 기원하는 기도회, 청년들의 배우자를 찾기 위한 기도회… 일일이 열거할 수 없을 만큼 수많은 기도회가 존재한다. 그야말로 영성 충만한 신앙심이다. 개인적 기도만이 아니다. 무슨 일이 있을 때마다 구국기도회는 또 얼마나 잦은가? 중보의 힘이야 성서도 증언하는 바이고, 회중이 함께 모여 공동체의 안녕을 위해 하나님께 간구하는 행위야 지극히 '성서적'이지만, 요즘 행해지는 구국기도회의 기도제목들을 들어보면 의아하다. 도대체 누구의 뜻이 이 땅에 도래해야 하는 건지… 유대-기독교 신앙이 강조해온 기도의 방향성이 완전히 뒤집혔다.

이런 마당에, 주기도문을 풀이하면서 기독 신앙이 말하는 기도의 정수를 소개한 김교신의 '주기도의 연구'는 우리가 한 번 더 주목해 보아야 할 내용이지 싶다. 기도를 "종교의 맥박"이라고 보았던 김교신은, 성서 안의 모든 기도 중에서 원문 57자로 이루어진 예수의 기도가 "구신약 66권이 전하는 기독교의 전체 즉 우주 경륜의 대진리"(4권 137쪽)가 포함된 기도의 전형이라고 평가했다. 무엇보다 놀라운 그의 통찰력은 우리가 주문처럼 생각 없이 반복하는 "당신의 이름이 거룩히 여김을 받으시오며"를 풀이하는 부분이다.

'거룩하여지옵소서, 이름이, 당신의'라는 일구(一句)는 전혀 간접으로 소원을 진술한 것이 되었다. 지극히 신성하신 하나님 자신에 관한 일인 때문이다. 또한 그 의미하는 바가 사람의 힘으로써 하나님을 거룩하게 한다는 것도 아니요, 하나님이 직접 자신으로써 거룩함을 나타내심도 아니요, 하나님이 인류와 만물을 통하여 자기의 영광을 나타내시는 것을 일컫는 것이므로 간접으로 소원을 진술케 된 것이다(4권 146쪽).

버리지 마라, 생명이다

어린 시절 유난히 질문이 많았던 나는 주기도문에서 이 부분이 항상 궁금했다. 이미 '거룩하신' 여호와는 왜 군이 신자들의 입을 통해 당신이 거룩한 존재임을 자꾸 확인받으려 하시는 걸까? 우리가 매 주일 주기도문을 외우지 않으면 여호와는 거룩히 여김을 받지 못하는 분인가? 머리가 크고 신학을 전공하면서, 특히 본회퍼의 《행위와 존재》를 읽으며 나는 내 질문의 답을 찾아갔다. 그럼 그렇지. 그 답을, 김교신도 같은 맥락에서 언급하고 있었다. "하나님의 이름은 인류의 숭경崇敬을 기다리지 않고라도 본래 거룩한 것"이지만, 피조물인 우리는 그의 거룩함을 오직 그 만드신 만물로 보아야만 비로소 알 수 있다는 것이다.

'거룩하여지옵소서'라는 말은 hagiastheto, be hallowed 즉 holy(거룩)하게 하는 뜻이다. 가이사의 것은 가이사에게 주고 하나님 것은 하나님께 돌리는 것 혹은 토기일지라도 제단용으로 성별한 때에 거룩한 것이 된다. 즉 하나님의 거룩하신 본질에 의당히 돌려야 할 존경과 숭배를 가지고 지성하신 하나님께 대하게 하는 것이 하나님이 거룩하여지는 것이다(4권 147쪽).

즉 하나님의 거룩한 이름은 우리가 무엇을 '거룩하다'고 여기면서 성별하는지, 무엇이 '하나님의 것' 즉 내 것도 네 것도 아닌 우리 모두가 하나님의 자녀로서 공평하게 골고루 누려야 하는 은혜의 부분인지를 깨닫고, 이를 '거룩하게' 구별하며 매일 삶으로 살아낼 때 비로소

이 땅에서 드러나는 것이다. 주일 예배, 새벽기도회 열심히 나와서 세상에서 이루고 싶은 나의 욕망 목록들을 나열하는 것은, 적어도 '거룩'과는 상관이 없다는 말이다. 물론 개인 기도를 하지 말라는 말은 아니라고, 김교신도 말했다. 다만 남들 다 자는 시간에, 혹은 남들이 일상을 살아가는 시간에 함께 모여 기도하고 있다는 것 하나로 기도회나 기도하는 신자가 경건해지고 하나님께서 "거룩히 여김을 받으시는" 건 아니라는 말이다. 그럼 어떤 기도가 '하나님의 이름이 거룩히 여김을 받으시게 하는 기도'일까?

> … 썩어지지 아니할 하나님의 영광을 썩어질 우상으로 대신하는 일이 없이 만물 창조하신 주를 창조함을 받는 만물보다 더 경배할 줄 알게 되어 하나님을 하나님으로 인식하여 상응한 숭경을 돌리는 것이 하나님의 영광이 나타나는 소이(所以)의 하나요, 둘째로는 유대 사람과 기독자가 "나 여호와 너희 하나님이 거룩하니 너희도 거룩할지어다"(레위기 19:2, 베드로전서 1:15)라는 말씀에 순종하여 "몸으로 산 제사를 드려"(로마서 12:1) 하나님을 거룩하고 기쁘시게 하는 것이 곧 하나님의 거룩하심이 나타나시는 것이 된다(4권 148쪽).

내 욕망을 하나님께 아뢰고 그건 꼭 들어주셔야 한다고 '하나님께 우기고 협박하고 달래는' 기도는 아무리 간절하여도 그건 (막스 베버의 표현을 빌자면) "마술적"이다. 구약시대 예언자들로부터 오늘에 이르기까

버리지 마라, 생명이다

지 성서에 나타난 하나님의 말씀의 핵심을 꿰뚫은 이들은 한결같이 입을 모아 강조했다. 우리 기도의 방향은 아래에서 위가 아니라, 위에서 아래라고. 내 뜻이 이루어지는 것이 아니라 "하나님의 뜻이 이 땅에 이루어지는 것"이라고 말이다. 그 기도의 정수는 '그리스도'로서의 예수에게서 나타났다. 김교신도 언급하듯이 예수는 "아버지께서 내게 맡기신 일을 내가 이루어 아버지를 이 세상에 영화롭게 하였나이다"(요한복음 12: 28)라고 고백할 수 있는 삶을 살았다. 하나님의 뜻을 나나 내 공동체의 이기적 욕망과 구별하여 '거룩하게' 하고, 그 이름이 영광되게 드러나실 수 있도록 몸으로, 삶으로 드리는 기도! 하여 김교신은 '기도는 결국 자살행위'라는 고백에 동의한다.

> 기도하는 자 자신의 뜻을 이루자는 것이 아니요 하나님의 뜻을 이루어 달라는 것이니 이런 모순은 다시 없다. 그러므로 어떤 학자는 주기도의 이 절구를 칭하여 '기도의 자살(自殺)'이라고 하였다. 바른 말이었다. 기도는 자의를 달성하려 하는 것인데 도리어 하나님의 뜻이 이루어지옵기를 기도하고 있으니, 모순이라면 생물이 자살하는 것 이하의 모순일 수는 없다. … 나의 의지를 하나님께 관철시키자는 것이 아니다. 나의 소원이 하나님 뜻에 합치하옵거든…이다. 이 일을 가장 명료하게 가르치신 것은 주 예수의 겟세마네 기도이다. "할 만하시거든 이때를 면하게 하여 달라 하여 이르되 '아바 아버지여, 능치 못하신 것이 없으시니 내게서 이 잔을 떠나게 하옵소서. 그러나 내가 하고자 하는 대로 마옵시고 오직 아

버지의 뜻대로 하옵소서"(마가 14장 35절~36절)라고 하여 삼각산 같은 우뚝한 소원을 진개(陳開)하는 동시에 양초가 여름날 염열(炎熱)에 무르녹아진 것 같은 유순(柔順)이 거기 있다(4권 155-156쪽).

창조주 하나님께서 만물에게 생명을 내어 놓으셨을 때에 그 만물이 누리도록 허락하셨던 하나님의 숨을 지켜내는 것, 힘세고 부유하고 영악한 이들이 '하나님의 것'을 독점하려 할 때에 이를 몸으로 삶으로 막아내는 것, '산제사'와도 같은 그 '기도'를 통해 하나님의 이름은 거룩히 여김을 받으신다는 말이다. 때문에 우리는 그 구절을 쉽게 읊조릴 수 없다. "하나님의 이름이 거룩히 여김을 받으시는 것"은 오롯이 내 몫이기 때문이다. 우리가 하는 것이기 때문이다.

주일이다. 오늘도 예배순서 어디쯤에서 주께서 가르쳐주신 저 기도는 방방곡곡 울려 퍼질 거다. 그 기도가 우리에게는 결단과 각오의 선언이기를… 이기적이고 나약한 내 힘으로는 도저히 못하니 "여름의 뜨거운 날에 양초가 녹듯" 그렇게 그리스도에 힘입어 하나님의 뜻에 내 뜻과 의지가 녹아들어 가기를 간절히 기도한다.

김교신의 '냉수' 신앙

김교신은 정릉으로 이사를 간 뒤에 집 마당에 우물을 팠다. 1936년 5월의 일이다. 도심 외곽으로 벗어난 집터라 작은 밭이 생겨 고구마도 심고 감자도 심고, 비록 경험 많은 농사꾼은 아니었지만 흙과 친한 삶을 시작했다. 집 가까이 흐르는 개천물이 맑고 시원해서 한 동안은 개천물을 떠다 먹었다는 데, 날이 점점 더워지자 그도 어렵게 되었단다. 목욕꾼들이 늘어 물이 식수로 적합하지 않았기 때문이다. 그래서 할 수 없이 식수로 사용할 양으로 판 펌프 우물이었다. 그러고 보니 내 기억 속에도 어린 시절 웬만한 집 마당에는 펌프로 길어 올리는 우물이 있었던 것 같다. 땅 깊은 우물물을 끌어올리려 펌프 손잡이에 까치발을 하고 매달렸던 기억이 생생하다. 요즘처럼 수도꼭지만 틀면 콸콸 물이 쏟아지는 걸 '당연'하게 여기는 도시 사람들이 보면 신기해 할 정경이다. 마중물을 조금 붓고 펌프질을 하다보면 마치 빨대로 물을 빨아올리듯 우물물이 올라온다. 이때 펌프질을 하는 손맛이 그만이다. 기술적으로 해야 물을 끌어올릴 수 있다. 리듬을 놓치면 땅 속 물이 올라오기는커녕 애꿎은 마중물만 낭비하기 십상이다.

김교신의 정릉 집 앞마당 펌프 우물물은 일가족의 일상을 위해 꼭 필요했을 뿐만 아니라 어느덧 집안의 자랑거리가 되었다.

> 귀택하여 펌프물을 시원히 뽑아내어 발 씻고 몸 씻고 세수하고 양치하여 시내에서 묻어 온 진애를 하나 없이 떼어버리고 냉수 한 사발을 들이마시니 살 것 같다. 시내에서 돌아와서 몸을 씻고 냉수 마시는 재미는 각별하다. 이스라엘 백성들은 우물 하나 파는 것이 자자손손에게 큰 유산이 된다고 하였거니와(야곱의 우물 등) 우리 집의 제일 큰 보물은 실상 이 펌프 우물이다(6권 118쪽).

날씨가 더워지면서 하루에도 대여섯 차례는 펌프 물로 세수를 하고 냉수 마시기도 몇 사발은 기본이었나 보다. 손님이라도 방문한 날에는 냉수 대접이 최상의 손님맞이 행사가 되었다.

> 이삿짐 정돈도 거의 일단락되려는 오늘, 의외의 귀객을 영접하여 땀으로 배양한 감자를 삶아 놓고, 우리 집의 자랑거리인 냉수를 마시면서 담소 수각(6권 63쪽).

버리지 마라, 생명이다

얼마나 우물물을 애용했으면, 반 년이 지난 12월의 일기엔 물 부족을 경험하고 깨달음을 얻기도 했다.

> 펌프물이 부족하여 일대 문제가 생길 듯하다. 무대가(無代價)라고 남용할 것이 아니라. 수도 아닌 우물의 물이라도 역시 절용(節用)할 것을 배우다 (6권 141쪽).

그러나 냉수를 애용한 그의 우물 사랑에서 김교신이 배운 건 '절용' 하나만이 아니었다. 무엇보다 그의 신앙은 냉철하고 이성적이며 성서 본문을 깊이 연구하여 그 안에 담긴 핵심 메시지를 끌어올리려는 '냉수' 신앙으로 알려져 있다. 물론 그의 이성적이고 학문적인 성서 연구야 정릉에서 우물을 파기 이전부터 있던 것이다. 성서 텍스트를 정독하며 메시지의 정수를 읽어내던 유학자적 기독인의 실천이 남달랐던 그였다. 정릉으로 이사 가던 같은 해 2월에 쓴 글 '금후의 조선 기독교'에서도 이미 조선 기독교의 신앙 행태를 걱정하며 "식염주사 같은 부흥회로써 열을 구하지 말고 냉수를 끼쳐서 열을 식히면서 학도적 양심을 배양하며, 학문적 근거 위에 신앙을 재건할 시대"임을 밝힌 바 있다.

> 지나간 50년간의 조선 기독교가 대체로 '성신 타입'이었다면 금후의 그것은 '학구 타입'이 되기를 우리는 기대한다. 그러나 전자가 은혜로 되었

던 것처럼 후자도 은혜로 되어야 할 것은 물론이다. 학문과 신앙이 완전히 합금을 이룬 것이라야 금후에 닥쳐오는 순교의 세대에 능히 견디어 설 것이다(2권 98쪽).

그러나 어쩌랴. 아직까지도 한국교회의 주류 신앙은 '냉수'는커녕 펄펄 끓는 온수인 듯하다. 그 뜨거움의 진원지가 '그리스도'라면야 굳이 딴지를 걸 일도 걱정할 일도 아니다. 성령의 활동이야 뜨겁든 차갑든 어차피 한 방향, '살리는 영성'으로 나타날 터이니 말이다. 그러나 가까이서 지켜보건대, 오늘날 한국교회 주류의 '뜨거움'은 지열에 의한 온천수라기보다는 교회강단의 설교, 치유집회 등의 특별한 테크닉과 분위기에 의한 일시적인 온도 상승이기에 더욱 문제다. 빠르면 그열이 교회 주차장에서부터 식는다. 수천 명이 한데 모인 예배당 안에서는 언제 보았다고 옆의 신도들에게 형제님, 자매님 웃는 얼굴로 축복송을 부르며 뜨겁다가, 예배가 끝나고 같은 시간 한 번에 빠져나가느라 엉킨 지하 주차장에서는 차문을 내리고 삿대질을 하고 언성을 높이는 모습을 종종 본다. 그때 '성도' 간에 부는 찬 바람은 김교신 집 앞마당 냉수보다도 차갑지 싶다.

'이성'을 엉뚱한 데 사용한 결과다. 예배시간 동안 잠시 접어 두거나 어딘가에 '맡겨' 둔 채 감성 충만하게 뜨거운 은혜를 받은 성도들은 이제 세상으로 나아가면서 다시 '이성'을 장착한다. 그때 작동하는 이성은 오로지 세상적인 탐욕과 이를 얻기 위한 계산적 사고에만 몰두한다. 그러나 김교신이 차가운 이성으로 수행하는 '냉수' 신앙을 가지라 했던 것은 가슴에 그리스도 없이 지내라는 의미가 아니었다. '이성을 놓은 신앙'은 아주 자주, 인간이 인위적으로 만들어놓은 불과 성령의 불을 구별하기 어렵게 만든다. 가스불 위에서는 팔팔 끓다가 내려놓는 순간 식어버리는 냄비처럼, 교회 예배시간에만 뜨거운 신앙이 어찌 제대로 된 불의 진원지를 제 가슴에 담은 신앙일까. 그런 점에서 '계시는 이성으로 받는다'는 함석헌의 말은 김교신의 '냉수 신앙'과 같은 맥락이었다고 본다.

말씀이야 영원히 변함없는 한 가지 참인 말씀이지만, 역사는 변하는 것이요, 그 역사를 살리기 위하여는 자꾸자꾸 새로운 표시로 고쳐 받아지는 시대시대의 말씀이 있다. … 맘이 곧 말씀은 아니다. 이성이 곧 하나님의 영일 수는 물론 없다. 그러나 이성의 높은 봉에 오르지 않고 하늘에서 내리는 영을 받을 수 없다. 그것은 이성만이 시간을 초월하고, 공간을 초월하고, 자아를 초월하여, 절대계에서 오는 영에 접할 수 있는 디딜 곳이 되기 때문이다. 감정 같은 것은 그 봉우리의 중턱에 피는 꽃밭에 지나지 않는다. 하늘 영은 소위 성신이요 환상이요 영롱이요 하는 것 같은 감정적으로 고조된 이상심리의 그릇에 받기는 너무도 큰 것이다. … 오시는 말씀은 무한히 넓게 열린 맘이 아니고서는 받을 수 없다. 그리고 사람의 맘에 무한을 이해할 수 있는 것은 이성뿐이다(함석헌《전집》, 9권 369-370쪽).

그렇다. 은혜는 '차갑게' 받을 수도 있다. 냉수 같은 차가움은 결코 '인정 없음'을 의미하지 않는다. 치열하게 생각함이다. 깊게 학문함이다. 쉬지 않고 묵상함이다. 땅 속 저 깊은 물의 근원지에 맞닿고자 하는 인간의 노력이 물의 근원과 맞닿을 때 신자의 영성은 한 치 더 깊어지고 높아지고 넓어진다. 함석헌의 표현으로는 기도의 행위인 "하는 생각"을 놓지 않고 씨름하는 동안 불현듯 계시처럼 내게 오는 "나는 생각"이 있다고 했다(《전집》 3권 169쪽). 물론 내 안에서 나는 생각이 모두 계시일리는 없다. 때론 하나님의 뜻을 '망령되이 일컬으며' 나의 탐욕에서 떠오른 사심을 정당화, 나아가 신성화할 가능성도 있다. 그러나 이 마저도 "냉수를 쳐서 열을 식히며" 생각하고 반성하고 되돌아보아야 한다. 이 생각은 성서적인가? 성서의 핵심적 메시지와 그 방향성이 같은가? 하나님의 보편 계시에 어긋나지 않는가? 펌프가 물의 근원지에 제대로만 박혀 있다면 걱정할 일 없다. 신자로서 우리의 할 일은 열심히 '기도와 생각의 펌프질'을 하면 되는 거다. 성령께서 마중물 되어 우리와 함께 하시고 우리의 깊은 깨달음을 길어 올리는 '기도와 생각의 펌프질'을 도우실 터이니.

버리지 마라, 생명이다

부활의 믿음으로

"도대체 우리는 이 시간에 여기서 왜 이러고 있어야 하는 걸까요?" 출근시간이라 그 어느 때보다도 지나가는 이들의 발걸음이 바쁜 광화문 한복판에 앉아 열심히 노란 리본에 고리를 달다가 한 지인이 내게 말을 건넸다. 그러게 말이다. 수업시간에 맞춰 10시에는 자리에서 일어나야 한다는 생각에 유난히 손을 빨리 놀리며 노란 리본 고리를 달던 내게서도 한숨이 따라 나왔다. 신학자 두 사람이 서로 마주 앉아 하고 있는 일로는 분명히 '낯선' 장소 '낯선' 일이었기 때문이다. 우리 바로 앞에는 지난 1년 간(이 글은 2015년 4월에 썼다.) 고행하는 수도자처럼 자리를 지키고 있는 유민이 아빠 김영오 씨가 허리를 반듯하게 하고 앉아 계시다.

세월호 노숙자, 스스로를 이렇게 부르고 있는 유가족들이 이렇게 차디 찬 광화문 바닥에서 하늘을 이불삼아 몸을 눕힌 지 벌써 한 해가 지나 버렸다. "수학여행 왔구나! 오늘 추운데 옷 좀 든든히 입고 나오지~." 세종대왕 동상 앞에서 단체사진을 찍는 아이들을 향해 유민 아빠가 환하게 웃으며 던진 말이다. 그제야 얼굴을 알아본 아이들이 누가 시키지도 않았는데 허리를 깊이 숙여 배꼽인사를 한다. 애도의 몸짓이리라. 여학생 몇은 다가와 우리가 열심히 만든 노란 리본을 한 움큼 가져다 친구들에게 나누어 주었다. 교복만 보아도 철렁하고 아이들 웃음소리만 들려도 눈물이 뚝뚝 날만큼 아플 텐데, 진심이 담긴 저 환한 웃음은 어찌 가능할까? 아, 이미 유민 아빠는 유민이 한 아이를 위해 싸우고 있는 게 아니구나! 눈에 넣어도 안 아플 딸 유민이 한 아이를 잃고서 저이는 모든 아이들을 다 자신의 아이로 품어버렸구나! 유민이에게 부끄럽지 않은 아빠가 되겠다고 결심하셨다더니, 모든 아이들이 행복하게 안전하게 수학여행을 다닐 수 있는 세상을 위해, 그 세상이 결국에 도래할 그날을 그리며 저이는 믿음으로 '미리' 웃고 있는 것이겠구나! 그저 열일곱 살짜리 '살아있는' 아이를 곁에 둔 엄마라는 사실 하나만으로도 한없이 미안했던 나는, 그 모습을 보며 최근까지 나를 짓눌렀던 절망감을 조금은 떨쳐버릴 수 있었다.

그래, 우리에게 필요한 것은 희망의 끈을 놓지 않는 것이겠지. 죽음을 이기시고 부활하신 예수 그리스도를 믿는다는 내가, 부활절은 절기처럼 그냥 지내버렸는지, 자꾸 이렇게 우울해하고 좌절하면 불신앙이겠지. 예수께서 이미 이기신 싸움임을 믿는다면, 죄책감이나 우울함

버리지 마라, 생명이다

대신 결국 미래에 도래할 정의와 평등의 질서를 '믿으며' 기뻐하고 담대해야겠지. 이 불가사의한 기쁨과 희망이 의지나 이해로 인함이 아니라, 부활하신 예수 그리스도를 인격적으로 내 안에서 만난 확신에서 비롯되는 것이라는 데, 예수가 몸으로 혼으로 살아낸 '하나님 나라의 통치 질서'를 알고 믿고 추구하고 가르친다는 사람이 자꾸 이렇게 절망감을 가지면 안 되겠지. 자꾸 이렇게 우울해지고 절망하려 드는 걸 보면, 그동안 나는 내가 '이해'하고 '설명'할 수 있었던 복음의 내용들만을 가르치고 있었을 뿐, 부활 예수의 동력으로 인생을 살아내고 있지는 못했던 것이 아닐까? 이런 자기반성이 가득한 가운데 읽었던 김교신의 '부활'(1932년 5월호)의 한 글귀는 그 어느 때보다도 더 절실하게 내 가슴에 콕 박혔다.

이해하라는 것이 아니요, '오직 믿으라' 하셨다. 연구하라, 사색하라, 증명하라, 변박하라는 것이 아니요, '오직 믿으라!' 하셨다. 담대하라, 호활(浩活)하라, 정복하라, 추격하라는 것이 아니요, '오직 믿으라!' 하셨다. 묵묵한 중에서 오직 믿고만 있으라 한다. 이것은 인간에게서 나온 말은 아니다. 사람의 권면이 아니요, 그리스도 자신의 음성인 '오직 믿으라'는 이 일성의 파동이 너의 심령에 어떻게 진동하는가에 의하여 세계는 이분되고야 만다. 오직 믿는 자에게는 다른 아무 유익함이 없을지라도 그리스도가 손을 펼쳐 잡으시고 "일어나라"(누가복음 8:54)고 외치실 때에 야이로의 딸과 같이 묵묵한 중에서 죽음을 정복하고 일어나 "내가 주의 이

름을 내 형제에게 전파하고 회중에게 찬송하겠나이다"(시편 22:22) 하면
서 개가를 부를 것이니 그 때엔 다시 조롱도 없고 눈물의 흔적도 못 볼
것이다. 할렐루야! 할렐루야!(2권 159-160쪽)

평소 냉철하고 이성적으로 성서 문장의 한 구절 한 구절을 분석하
고 연구하던 김교신의 입에서 "할렐루야!"라는 감정적 찬양과 "오직
믿으라!"는 선포가 나왔다는 사실은 조금 낯선 장면이기는 하다. 그러
나 과학도였던 김교신은 근대 지식인으로서도 신앙인으로서도 어느
부분에서 인간 이성을 끝까지 밀고나가 사용해야 하는지, 그리고 어느
부분은 하나님의 신비로운 능력에 대한 믿음의 차원으로 인정해야 하
는지를 구별하고 있었다. 부활의 영역은 과학적 언어로 설명할 수 없
음을 그는 분명히 인정했다. 그들이 '무식'하다고 조롱한다면 이조차
기꺼이 감수하겠노라고 말이다.

나에게 과학적 지식이 없거나 혹은 있더라도 그 지식과 성서가 조화되
지 못할 때에는 어찌할까. 무식이 또한 가하다. 내가 능히 일행서를 읽지
못하고 한마디의 변론으로써 신앙을 변호하는 술(術)이 없어 친척고우와
그 밖에 나를 보는 자마다 나를 비웃으며 입술을 비쭉거리고 머리를 흔
들며 이르되 "여호와를 의탁하라, 건지시리라. 여호와가 저를 즐거워하
시니 구원하시리라"(시편 22:7-8) 하면서 조롱하여도 가하다. 진실로 주
그리스도가 십자가 위에서 받은 조소가 또한 이것이었다(마가복음 15:31-

버리지 마라, 생명이다

32). 야이로의 집에 갔었을 때에도 '비웃음'을 당하고 아무 답변도 없었다. 예수 이래로 기독교도에게 조롱은 부대물이요, 위대한 신자일수록 더 큰 조롱을 받았다. 왜 그런가. 불가능을 믿은 까닭이었다. 하물며 죽어가는 사실을 보면서 부활을 믿을 때에 신자에 대한 조롱은 그 극에 달한다(2권 159쪽).

그러게 말이다. 부활이 어찌 이해할 만해서, 납득할 만한 일이라서 우리가 '믿는다'고 하겠는가? 부활이 어찌 가능성이 있어 보여서, 하면 될 것 같아서 '믿게' 되는 일일까? 김교신이 시인의 입을 빌어 인용하듯이, "나의 모든 뼈가 어그러지고 내 마음이 황밀과 같아 뱃속에서 녹으며 내 혀가 이 틀에 붙었으며 내가 내 모든 뼈를 넉넉히 세겠는가"(시편 22:14-15 참조). 그런 절망적이고 고통스런 상황에서조차 '믿어야' 하는 것이 부활 소망이다. 김교신은 성서가 전하는 부활 메시지의 핵심을 이렇게 정리했다.

죽었던 자가 다시 살아나는 일을 어떻게 합리적으로 신앙할 수 있을까. 부활은 어째서 가능한가. 가로되 "어리석은 자여, 네가 뿌리는 종자가 먼저 죽지 아니하면 살아나지 못하겠고"(고린도전서 15:36), "내가 진실로 너희에게 이르노니 밀알 하나가 땅에 떨어져 죽지 아니하면 그냥 한 알대로 있고 죽으면 열매가 많이 맺힐 터이라"(요한복음 12:24)고 성서의 대답은 명백하다(2권 158쪽).

예수가 부활하셨다. 죽음을 이기시고 부활하셨다. 그러나 이를 위하여 먼저 죽으셨다. 한 알의 밀알이 되셨다. 하나님 나라의 통치 질서가 이 땅에 도래하도록 가르치고 돌보고 치유하는 삶을 살다가, 이를 그치지 않은 대가로 부정의한 사람들에 의해 죽임을 당하셨다. 그러나 부활에의 믿음이 있으셨기에 그 죽음을 피하지 않으셨다. 엘리 엘리 라마사박다니!(나의 하나님, 나의 하나님, 어찌하여 나를 버리시나이까!) 비록 '인간' 예수로서는 가장 고통스러운 경험이었으나, 부활을 믿고 죽은, 그리고 다시 사신 예수 '그리스도'는 십자가와 부활을 통해 우리에게 신앙인이 살아야 할 본을 보이셨다.

지난 주 부활주일 대학부 성경공부 시간에 나는 일종의 '커밍아웃'을 했다. 구약에서 신약까지 성서의 주된 메시지들을 나름대로 이해하고 설명하고 해석할 수 있지만, '부활'만큼은 이해도 못하겠고 설명도 못하겠고 해석도 못하겠노라고. 다만 이 지점에서 내 이성은 멈추고 그리스도인으로서 '믿을' 뿐이라고! 그러나 온전히 믿지 못했었나 보다. 비상식적인 연유로 자식을 잃고 진상규명을 원하는 유가족 앞에, 서민들은 만져보지도 못할 거액의 배·보상금을 제시하여 이들을 시험한 비열함을 접하며, 나는 울컥 이 세상에 대한 희망을 버릴 뻔 했으니 말이다. '생명에 대한 차등 없는 사랑과 존중, 이웃에 대한 공의와 평등한 사귐'이 하나님의 뜻이라고, 주께서 매일매일 이 땅에 도래하기를 위하여 기도하고 이를 위해 살라 하셨던 하나님 나라의 가치라고 믿으면서도, 나는 너무 쉽게 절망하고 있었으니 말이다. 다시 희망

버리지 마라, 생명이다

이다. 하루하루, 매일매일, 부활의 원동력으로 그 어떤 절망적인 상황에서도 환히 웃으며 살아야겠다. 결국은 도래할 그 나라의 통치 질서를 믿으면서… 오늘 나에게 '달리다쿰' 하고 말을 건네시는 부활 예수의 내민 손을 꼭 잡고서.

안식일의 혁명성

우리가 사는 후기근대late-modern 사회의 구조적 속성이 그런 줄은 이미
알고 있었다. 쉴 수 없는 구조 말이다. 성과 위주로 등급지어 평가되고
일자리마저 '유연'하게 대체되는 마당인데, 내가 여전히 쓸모 있다고,
더 잘 기능할 수 있고, 더 싸게 기능할 수 있으며, 더 순종적으로 기능
할 수 있음을 매일 입증하며 살려고 하니, 쉴 틈이 어디 있겠나! 생계
를 위한 일상의 수고가 '젊어서 사서 하는' 한시적 고생이 아니라는 것
쯤은, 대한민국 서민이라면 다 아는 일이다. 쉼이 있다면 그것은 고용
상태를 벗어났을 때에나 가능하겠지만, 그 상태는 대부분의 서민에게
'조만간 아사餓死'를 의미한다. 사회학을 배운바 없어도 가장 일선에서
매일 이 구조를 몸으로 살아내는 서민들은 이미 '생활형 사회학자'이
다. 그래서 자조적으로 그렇게 말하지 않던가. "과로사냐 아사냐 그것

버리지 마라, 생명이다

이 문제로다!" 이 시스템이 필요로 하는 노동인력이 되자 하니 곧 과로사할 지경이고, 숨을 쉬면서 제대로 살자 하니 직장을 잃고 곧 아사할 상황이라는 탄식이다.

그런데 이 구조적 피로감에 더하여 우리는 세월호 1주기(2015년 4월)를 지내면서 정서적 피로감으로 더 가중된 고통에 힘겨워했다. 바야흐로 중간고사 기간인데, 학생들도 선생도 희생자와 유가족들에 대한 '미안한 마음'으로 저마다의 숙제들을 앞으로 당기고 뒤로 미루며 광화문으로 발걸음을 옮겼다. 4월 16일, 현장에 못 가고 도서관으로 향하는 아이들의 어깨는 '죄책감'의 무게로 땅에 닿을 만큼 내려 앉아 있었다. "괜찮아, 열심히 공부하렴! 다만 꼭 기억해라. 긴 싸움이다. 너희들이 힘을 발휘할 기회가 왔을 때 너희가 쌓은 실력과 전문성으로 꼭 '살리는' 선택을 하렴. 그걸 위해 지금 도서관으로 향하는 발걸음도 책임 있는 행동인 거야. 그러니 개인의 학점만을 위해 공부하지는 말았으면 좋겠구나."

끄덕이는 고개와 울먹이는 눈동자를 뒤로하고 광화문으로 향했지만, 나 역시 '죽을 맛'이었다. 이 하루를 빼내기 위해 내가 앞으로 뒤로 당기고 미룬 일들을 떠올리니 육체적 피로감이 더했다. 오후 무렵 마치 아이들의 눈물처럼 내리는 빗방울을 맞으며 학교 정문부터 하염없이 걸어 도착한 광화문. 16일에서 17일로 넘어가는 밤은 그야말로 이미 오랜 피로로 몸이 지친 시민들끼리 서로 나누는 '미안함'의 퍼레이드였다. 물론 애통과 분노의 연대가 뜨거웠다. 그러나 시간이 지나면서 더 오래 그 자리를 지키지 못하고 자리를 떠나야 하는 사람들은 '죄책감'으로 발걸음과 마음이 무거워짐을 느꼈다. 저녁 늦게 다른 곳으로 이동해야 하는 사정으로 서너 시간 일찍 광화문에 가 있었던 나는, 한창 문화제가 끝나고 행진을 시작할 무렵에 빠져 나왔어야 했는데, 마음 한가득 마치 '배신자'라도 된 심정이었다. 대학부 단체 카톡방에서 서로 '어디냐'고 찾고 있는 메시지들을 보니 아이들을 두고 가는 것에 불안함과 미안함이 더욱 컸다. 아마 10시에 나온 사람은 11시까지 그곳에 있었던 시민들에게, 11시에 떠나온 사람은 자정 무렵까지 유가족 곁을 지킨 사람들에게, 그리고 새벽녘에 일터로 돌아온 사람들은 차가운 4월의 밤을 광화문 한복판에서 지새운 사람들을 향해 '죄책감'을 느끼고 있었을 거다. 학생들의 카톡 내용도, 페이스북 지인들의 상태 메시지도 모두 더 있지 못해 남은 자들에게 미안해 하는 마음들로 가득했다.

이것 참! 문득 세월호 참사에 직접적인 원인을 제공한 적이 없는 보통의 시민들을 일상의 육체적 피로감에 더해 죄책감이라는 '정서적 피로감'을 가지고 살도록 내몰고 있는 이 현실이 어이없었다. 도대체 우리 사회는 사회구성원들로 하여금 언제야 진정한 영·육의 안식을 누리게 할는지. 도대체 안식을 하여야 비로소 나의 전인격적 존재 안에 우주적 생명이신 하나님을 '들이마시고'(들숨) 다시 살아낼 힘을 가질 수 있을 텐데 말이다. 순식간에 당한 생명의 상실도 버거운데 쉼 없이 거리에서 '진상규명'을 외치는 유가족들을 비롯하여 그들과 함께 애통

버리지 마라, 생명이다

하고 분노하는 우리는 도대체 언제야 쉼다운 쉼을 얻을 수 있을까? 실로 이 '안식'은 유대-기독교적 신앙고백에서는 가장 핵심적인 신앙고백인데 말이다. 인간은 안식을 누려야 다시 살고 제대로 살고 하나님의 뜻대로 살 수 있는데 말이다. 김교신도 이를 제대로 꿰뚫어 보고 이렇게 말한 적이 있었다.

> 놀라운 사실인 것은 기독교의 이상은 활동과 사업에 있지 않고 안식에 있다는 일이다. 하나님이 태초에 우주 만물을 6일간에 창조하시고 제7일에는 안식하셨다 하였고, 고래의 많은 성도들이 이 생을 마치는 날 저 생의 안식을 약속받고 고향으로 돌아가는 심정으로써 등정(登程)한 것도 이 예수쟁이의 이상이 그 안식에 있는 까닭이다. 실로 인간이 하나님에게서 배운 것 중에 가장 큰 교훈이 이 안식의 희망이요, 받은 것 중에 가장 큰 축복은 이 안식의 약속이었다. … 옛날 이스라엘 사람들은 인간 만반사에-가축 노비와 전토의 경작에까지도 안식을 주었고 … 일렀으되 "너희가 돌이켜 안연히 처하여야 구원을 얻고 잠잠하고 신뢰하여야 힘을 얻으리라"고(2권 187-188쪽).

"안연히 처하여야 구원을 얻고 잠잠하고 신뢰하여야 힘을 얻으리라"는 성서의 말씀은 결코 아무 것도 하지 말고 "가만히 있으라"는 메시지가 아니다. 숨 막히게 돌아가는 인간사로는 구원의 살림살이를 이룰 수 없다는 말씀이요, 그러하니 인간적 도모를 하는 중간 중간에(적어도 7일에 하루는) 모든 인간 시도를 멈추고 오로지 우주에 충만한 하나님의 생명 원리에 집중하라는 신적 명령이다. 쉼 없이 달리는 인간의 도모가 어떤 살림살이를 만들지, 하나님은 익히 알고 계셨기 때문에 이런 계명을 주셨을 거다.

그런데 보라, 근래의 세태는 어떠한가. 스피드 스피드 하여 육해공의 교통기관은 극도로 발달하였고 집무와 사교의 기구는 일찍이 상상도 못했던 만큼 완비되었건마는 현대 사람처럼 분망한 인간들이 일찍 있었던가. 안식을 무시한 인간들은 무엇이나 강조할수록 부동(浮動)이요 스피드가 가해질수록 망쇄(忙殺)이다. 생산할수록 물자 결핍고는 날로 더해지며 활동할수록 공허의 감은 날로 절실하지 않은가. 대체로 깊은 안식을 모르는 인간이 강조한대야 그는 참 강력(强力)을 발하지 못하며 영원한 대안식의 소망을 못 가진 자가 활동한대야 그는 실된 결과를 볼 수 없는 까닭이다. 세상과 같이 동(動)하는 자는 세파에 부서질 것이며 스피드를 따르는 사람은 스피드에 침몰되리라(2권 188쪽).

"침몰"이라는 단어는 이제 맨 정신으로는 읽을 수도 들을 수도 없는 단어가 되어버렸지만, 김교신이 말미에 적은 "침몰"의 예언은 적중했다. 김교신은 이미 알고 있었다. 그가 영험하여서가 아니라 안식하지 않는 인간성이 만들어 낼 악을 성서로부터 배웠기 때문이다. 생명이 풍성하게 살고, 시들어가는 생명은 다시 살려내라는 지상명령을 인

버리지 마라, 생명이다

간에게 부여하신 하나님의 현존을 내 안에 온전히 받기 위하여, 인간은 적어도 일주일에 하루는 온전히 쉬어야 한다. 이 온전한 쉼이 없다면, 인간은 제 속도에 취하여 자기 욕망을 성취하기 위한 탐욕적 질주를 그치지 않을 것이기 때문이다. 죽임이 일상인 제도를 만들어 놓고도 잘못인줄 모르고 살아갈 것이기 때문이다. 그래서 '제발 쉬라'는 안식일에의 명령은 혁명적 명령이다. 이 흐름에 동조하여 성실하고 능력 있는 인간의 훈장처럼 지니는 '피곤함'으로는 결코 하나님 나라를 이 땅에 도래케 할 수 없다는 가르침이다. 봐라! 갈대아 사람들의 땅 우르Ur가 그랬기에 아브라함에게 "떠나라" 명령하시지 않았던가, 이집트가 그랬기에 모세와 이스라엘 백성들에게 "나와라" 명령하시지 않았던가! '떠남'과 '나옴'을 반드시 공간적 이주로 받아들일 필요는 없다고 본다. 김교신의 글에서도 명시되어 있듯이, 지금 이 시간과 이 공간 안에서 치열하게 살아내는 동안에도, 온전한 하루를 '안식함'으로, 우리는 지금 인간이 만들어낸 이 반反생명적 시스템에 의문을 제기하고 걸림돌이 되며 아직 도래하지 않은 생명의 나라를 하루씩 앞당기는 힘을 얻을 수 있기 때문이다.

모름지기 부동하는 위대한 안식에 이상을 두고 안식을 맛보는 생활자가 되어서 완완하게 한걸음 한걸음을 진보하는 자라야만 이 부동(浮動) 망쇄의 세상에서 구원함을 받을진저. 안식을 이상으로 품는 기독교에 참 구원이 있는 까닭을 알진저(2권 188쪽).

지금 이 땅에서 "하나님 나라"를 살아내는 길이 길고 멀고 또한 험하다. 그러니 여섯 날 동안 치열하게 살아내고 우리, 하루는 쉬자. 궁극적으로 이 땅의 모든 생명이 하나님 안에서 안식의 기쁨을 누리는 살림살이를 만들어내기 위하여, 하루는 떳떳하게, 죄책감 없이 쉬자. 그래야 오래, 지치지 않고, 타협함도 없이, 하나님의 나라, 그 '살림의 질서'를 이 땅에 도래케 하는 싸움을 지속할 수 있을 터이니….

버리지 마라, 생명이다

🖼 모남과 눈물, 신앙의 회오리

성서 어느 인물인들 소중히 여기고 경외하지 아니한 사람이 있을까 마는, 김교신은 특히나 예레미야를 좋아하고 아꼈다. 그의 소박한 서재에는 예언자 예레미야의 초상이 걸려 있었고, 김교신은 성서 묵상과 주석 연구를 하는 와중에 예레미야의 얼굴을 쳐다보곤 했다. 저이만큼의 치열함과 진지함과 신실함을 가지고 있는지, 이런 생각에 미치면 글을 쓰다가도 성서본문을 다시 한 번 더 읽고 공부하게 된다고 했다. 김교신은 특히 예레미야가 가진 '모순적 성격'(?)에 매료되었다. 날카롭게 각진 모서리처럼 살았으면서도 한편으로는 한없이 여리고 감성 풍부한 "눈물의 선지자"가 예레미야라고 평가한다. 무엇보다 예레미야는 "모나게" 산 인물이었다.

세상 지자의 말대로 하면 태평시대에 방(方)으로 처함은 가하나 난세에
는 원(圓)으로 처신하여야만 한다고 하였다. 언행을 모나게 하지 않음은
호신술로써 자기의 지위 안전을 보전함에는 가장 현명한 책략이다. 더욱
이나 예레미야의 시대와 같이 국민생활의 파탄기에 처하여는 그러하다.
… 주의도 없고 신조도 없고 기골도 없이 바람 부는 대로 나부끼면서 살
아가야 할 것인데, 예레미야는 모나게 살았다(3권 175쪽).

웬만큼 모가 난 것이 아니어서 마치 "태백산맥의 주령에 솟은 암괴
처럼 울룩불룩" 두드러진 개성을 지닌 인물이었다고 표현하는데, 김
교신은 알았을까? 시대도 인물의 성격도 김교신은 예레미야와 너무나
닮아 있었다는 것을… 예레미야는 남왕국 유대의 멸망을 지켜본 예언
자이다. 생각 없이 살다가 엉겁결에 나라가 바벨론에 망하는 꼴을 본
것이 아니었다. 지금처럼 살다가는 어떤 종말을 맞을 지가 너무나 뻔
히 보여, "안전 무난한 맷돌 노릇 하기를" 원치 않고 매 맞는 줄 알면
서 두드러진 돌처럼 목 놓아 외쳤던 예레미야였다. 옥에 갇혀서도 조
국의 패망과 왕가가 맞을 참상을 예언하기를 그치지 않았다. 어쩔 수
없었다. 하늘로부터 오는 말씀을 "창을 열고 태양 광선을 받아들이듯
이 예민한 감수성으로써 받아들였는데" 어찌 둥글게 "이런들 어떠하
리 저런들 어떠하리" 어울리며 살까!

여호와의 신은 모색하여 잡을 수 있는 신이 아니요, 계시로써 자기를 현

버리지 마라, 생명이다

현(顯現)하는 신이다. 기독교는 지(知)의 종교가 아니요 '의(義)의 종교'다. 그러므로 의에 대하여 가솔린이 인화하는 것처럼 폭발로써 불붙듯이 하나님의 의(義)의 화기에 소연(燒然)되는 일이 기독교이다(3권 172-173쪽).

다른 이들의 눈에는 아직 멀쩡한 조국을 "망했다" "다 죽었다" "포로로 끌려갈 거다" 이리 '맡은 말씀(예언)'을 전하다 보니 고향 사람들에게서, 제사장과 다른 선지자들에게서, 그리고 왕과 귀족들에게서 받는 멸시와 분노가 너무 무거웠다. 하여 입 다물고 더 이상은 여호와께서 주시는 말씀을 전하지 않겠다는 결심도 해보았다. 그러나 어쩌랴. 수도꼭지가 잠기지 않았는데 호스 입구만 틀어막는다고 터져 나오는 물길을 어찌 막을 수 있겠는가! "마음속에 마치 화연火燃하는 것과 같은 것이 있어 골수에 깊이 들어 있으니"(20:9) 참으려 해도 참아지지가 않았다.

때문에 예레미야의 신앙은 '청년의 것'이었다. 하나님의 의義를 계시로 받아 폭발하듯 타오르는 활동성의 신앙이었다. '늙은' 제도와 타협하고 이익을 취하는 세상·종교 권력가들을 향해 '너희들의 질서가 이제 임계점에 다다랐다'는 것을 선포하는 혁명이었다. 이는 「성서조선」 모임을 시작한 조선 젊은이들의 무교회 정신과도 일맥상통했다. 하여 이들은 나라를 잃고 식민 상황의 난세이니 둥글둥글 무난하게 어울려 목숨을 보존하자, 그리 타협할 수 없었다. 어찌 하는 소리마다 비판적이냐는 핀잔을 들어도 할 수 없었다. 도대체 너희는 '부수는 것이 본령이냐' 오해를 받아도 그칠 수 없었다. 지금 이 꼴로는 교회도 나라도 소망이 없었기 때문이다. 그러니 모날 수밖에 없었다.

　그러나 한편, 김교신은 예레미야처럼 눈물이 많은 사람이었다. 소록도에서 온 나환자의 편지를 읽고 쓴 답신에서도, 제자들과 교류한 학교생활의 일상에서도 그는 뚝뚝 떨어지는 눈물을 애써 감추지 않았다. 김교신은 체격이 크고 선이 굵은 사람이었는데, 그의 눈물을 당면한 사람들은 꽤나 당황했을 일이다. 하지만 김교신의 눈물이 예레미야의 눈물처럼 사적 감정의 발로가 아니었음을 안다면, 그의 눈물이 실은 '모난' 선포와 함께 휘몰아치는 신앙의 회오리였음을 안다면 비로소 끄덕였을 거다.

저[예레미야]의 일평생이 한숨으로써 호흡하고 눈물로써 마시었기 때문에 '눈물의 예언자'라는 별호까지 가지게 되었다. … 군자는 희노애락의 정을 함부로 나타내지 않는다 할진대 저는 과연 유교적 군자가 아니었고, 영웅은 눈물겨워 하지 않는 것이 특색이라 한다면 저는 과연 동양적 영웅형은 아니었고, 남자의 눈물이란 쉽사리 떨어지는 것이 아니라고 할진대 저는 과연 남자가 아니라고 하여도 가하다. … 그러나 저의 눈물은 … 동포를 위하여, 여호와의 거룩한 경륜을 위하여, 우주적 비애에 못 이겨서 우는 눈물이니 이를 칭하여 고귀한 비애(noble sorrow)라고 한다. 이 비애는 모세에게도 있었고 사도 바울에게도 있었고 모든 크리스천에게도 유전하여 오는 비애이다. '눈물의 예언자' 예레미야는 가히 친근할 만

　　　　　　　　　　　　　　　버리지 마라, 생명이다

한 형제로다(3권 173-174쪽).

"동포를 위하여, 여호와의 거룩한 경륜을 위하여, 우주적 비애에 못 이겨서 우는 눈물", 모순 같지만 예레미야와 김교신의 '모남'과 '눈물' 은 결국 하나다. 그 기원이 하나이기 때문이다. 예레미야가 자신을 낳 은 어머니를 원망하고(15:10), 태어난 날을 저주할 만큼(20:14) 애통한 까닭은 아무리 '모난 돌'처럼 외쳐도 정치인들의 눈은 어두워져 날로 포악해지고 백성의 귀는 막혀 있음이었다.

그러고 보면 예수께서도 애끓는 울음으로 모난 선포를 했던 신앙의 회오리를 가슴 안에 품고 사신 분이다. "예루살렘아, 예루살렘아, 선지 자들을 죽이고 네게 파송된 자들을 돌로 치는 자여"(마태복음 23:37)하고 외치실 때에, "보라 너희 집이 황폐하여 버려진바 되리라"(38절) 그리 모서리 날카로운 선포를 하실 때에, 그의 창자 안에 어찌 애끓는 연민 이 없었겠는가! '스플랑크니조마이splanchnizomai', 측은히 여기고 불쌍히 여기는 그 마음은 하나님이 흘리시는 "우주적 비애"였을 거다. 하나같 이 귀하게 낳아놓은 생명인데, 서로 나누고 서로 세우며 주어진 생명 을 모두 함께 평등하게 누리고 살면 좋으련만, 죽이고 돌로 치고 빼앗 고 군림하는 세계를 만들어놓았으니 창조주 하나님의 마음에 어찌 애 끓는 슬픔이 없으실까. 눈물이 없으실까.

우리의 세계도 예레미야나 김교신의 세계와 다르지 않다. 김교신의 표현대로 "국민생활의 파탄기"이다. 중동발 메르스가 한국 땅에서 창궐하여 숱한 생명을 앗아가더니, 한창 꿈을 꾸어야 할 어느 꽃다운 청춘은 어른들이 원하는 모습으로 살려 애쓰다 문서위조(2015년 재미교포 여학생이 부모와 사회를 속이며 두 명문대에 동시 수학하는 과정에 합격했다고 거짓문서를 조작하고 이것이 신문을 통해 보도되었던 사건)를 먼저 배워버렸다. 어디 그뿐이랴. 1년을 넘게 학교를 나오지 않는 아이들을 전수조사해 보니, 그야말로 가슴 칠 일이다. 한 소년은 친아버지에게 맞아 죽고 몸은 이리저리 나뉘어 버려지고 일부는 3년 넘게 집안 냉동고에 있다가 발견되었다.

부천의 한 소녀는 아버지에게 다섯 시간 폭행을 당한 뒤 외상성 쇼크로 생을 다한 뒤에도 침대 위에서 11개월이나 버려진 채로 있었다. 겨우 일곱 살인 남자 아이는 계모가 몸에 부은 맹독성 화학약품을 뒤집어쓰고 제 집 화장실에서 "엄마"를 부르며 얼어 죽었다. 남의 집에서 더부살이하던 한 엄마는 아이를 '때려죽인' 마당에도 아이 시신을 묻어 주었다는 이유 하나로 '그나마 낫다'는 말이 회자될 정도로 세상이 참담하다. 이러한 때에 '평안하다, 평안하다' 하는 종교가 과연 가슴 안에 회오리치는 신앙을 품은 종교일까? 눈물을 흘리며 모난 외침을 외쳐야 할 때이다. 기도하며 바라기는 아직 이 사회에 기회가 있기를… 애통하며 모나게 외치는 자들이 있고, 그 외침을 들을 귀가 있으며, 지금의 행악을 그치고 하나님의 통치 질서로 돌아오는 역사가 일어나기를….

버리지 마라, 생명이다

여호와를 아는 사람

어디나 높은 사람을 '알고' 있다는 것은 사회생활의 무기가 된다. 사소한 일상의 일부터 죽고 사는 크고 긴급한 일까지, '내가 높은 사람을 안다'는 것은 더 쉽게, 더 빠르게, 나아가 나에게 더 유리하게 일을 처리하는 힘이 된다. 2015년 어이없게 방역망이 뚫려 안타까운 생명들을 잃고 전 국민을 떨게 했던 '메르스 사태'만 보아도 그렇다. 1번 환자(그나저나 사람에게 1번이 뭐냐? 인격체를 호칭하는 방식으로는 참 별로다.) 스스로 '메르스 같다'고 자진신고했다는데, 안이한 탁상행정에 콧방귀로도 안 듣던 보건당국 사람들은 '높은 사람을 안다'는 환자의 '협박'(?)에 움직였고, 덕분에 더 끔찍하게 확산될 수 있었던 상황을 막았다고 한다. 평소 '알고' 지내는 높은 사람이 없는 나로서는 듣는 것만으로도 참 신기한 일이다. 내가 높은 사람인 것도 아니고, 높은 사람을 '아는 것'만으로도 세상살이가 편하고 쉽다니.

그건 이스라엘의 사사 시절도 마찬가지였다. 이스라엘 공동체의 독특한 살림 방식이었던 사사제도! 이집트 파라오 체제의 악몽이 싫어서, 아니 더 거슬러 가면 조상 아브라함이 우르Ur를 떠나던 시절부터 소위 '높은 사람들'이 하는 일(이라 쓰고 '짓'이라 읽는다)들을 너무나 뻔히 알던 터라, 이스라엘은 '달리' 살고자 했었다. '높으신 이'는 여호와 한 분이시면 족하다. 야훼께서 우리 왕이다. 그러니 인간끼리는 '높고 천한' 수직적 위계 관계를 그치고 살자. 그래도 하나의 공동체가 유지되기 위해서는 제의를 집전하는 리더, 방어전에서 구심점이 되어줄 전쟁 지도자 정도는 필요한 법이니 '사사'를 세우자. 그렇게 살던 사람들이 초기 이스라엘이었다. 왕국이 건설되기 이전 이스라엘의 리더였던 '사사'는 한마디로 임시직이었다. 왕과 같이 대대로 계승하여 '높은 가문'을 만들 여지를 아예 초장부터 차단했다. '사사'가 되는 것 역시 스펙과는 아무 상관이 없었다. 야훼의 영이 내리면 목동이든 농부든 미미한 가문의 막내아들이든 첩의 자식이든 문제가 되지 않았다. 오직 '야훼의 영이 그와 함께 한다'는 사실 하나만으로 이스라엘 공동체의 지도자가 되었다. 물론 높은 이는 야훼 한 분이시므로 사사의 '갑질'은 용납되지 않았다.

그런데 그렇게 살아온 지 어언 200여 년, 이집트에서 강제 노역을 하던 선조들의 악몽과 그 근원이 되는 시스템이 무엇이었는지 알 길 없는 이스라엘의 후손들은 주변 나라들의 아주 '안정적으로 보이는'

버리지 마라, 생명이다

군주제 시스템을 열망하게 된다. 이미 기드온 시절에 한 번 "우리의 왕이 되어주소서" 러브콜을 했던 전적이 있었던 그들이었다. 그러나 '여호와를 아는' 아버지 기드온은 이를 거절했다. 쉽지 않은 일이다. 하지만 슬프게도 기드온의 아들들은 그렇지 못했다. 세상에서 가장 달콤한 것이 '권력의 맛'이라는데, 여호와를 알지 못하는 아들들 입장에서는 아버지의 권력이 아버지 것인 줄 알았을 일이고, 아버지를 '아는' 아들인 자신들의 입지 또한 높은 줄 착각했다. 하여 일찍이 기드온의 아들 아비멜렉(이름 뜻도 가관이다. '내 아버지가 왕이다'라니)이 스스로를 높여 왕이 될 시도를 하지 않았던가! 제사를 집전하고 공동체 내의 판결을 수행하던 엘리의 아들들도 이런 유혹에서 자유롭지 못했다. 김교신이 정리한 '사무엘 상'의 요약을 보자.

엘리는 40년간 이스라엘 민족의 사사 되어 그 백성을 다스려 왔으니 … 엘리 일가의 행장을 성서 기자의 쓴 대로 보면, "엘리의 아들들은 괴악하여 '여호와를 알지 못하'는지라. 제사장이 백성에게 세운 규례가 사람이 제사를 드리고 고기를 삶을 때에 제사장의 하인이 세 살 가진 갈고리를 손에 갖고 와서 냄비에나 솥에나 시루에나 가마에나 있는 고기를 찔러 갈고리에 걸려 나오는 대로 제사장이 다 차지하는지라"(2:12-17). 하여 가장 하나님을 잘 알아야 할 제사장의 일가가 '여호와를 알지 못하고', 다만 아는 것은 제물을 횡령하는 일뿐이었다. 실로 공황할 일이었으나 이런 일은 종교계에 드물지 않은 일이다(3권 66쪽).

일찍이 나 역시 성서묵상 중에 기염을 토했던 성서구절이다. 세 살 갈고리라니! 무엇보다 엘리의 아들들은 '여호와의 영을 받은 사람들'이 아니었다. 성서도 증언하고 있지 않은가. '여호와를 알지 못하는 사람들'이라고 말이다. 그럼에도 제사장의 직분을 수행할 수 있었던 것은 '사사'였던 아버지의 '빽'이었을 게다. 엘리의 아들들이 남용하는 권위를 이스라엘 사람들이 받아들인 까닭 역시 그들이 '여호와를 알지 못했기' 때문이었다. 여호와를 제대로 알고 있었다면, 여호와의 뜻과 통치원리를 아는 사람들이라면, 저런 유치한 초단마술 같은 퍼포먼스로 제 몫(실은 그 이상)을 챙기는 제사장들을 어찌 가만히 두겠는가.

자고로 '제사장의 몫'이란 생산노동을 하지 않는 까닭으로 생계가 막연한 그들을 먹여 살리실 작정으로 야훼께서 당신의 이름으로 '거룩한 몫'을 확보해주신 정도의 분량이었다. 제사장들이 거룩해서 떼어주는 것도 아니요, 그들이 무슨 영험한 능력이나 높은 권세가 있어서 바치는 것도 아니었다. 그렇다고 "너희들, 우리가 안 떼어주면 먹을 게 없지?" 백성들이 그들을 무시하며 건네주면 안 되겠기에, 배려 많으신 야훼께서 '내 몫'이다 그리 말씀하시고 '먹을 만큼만' 챙겨 먹이신 사랑의 분량이었다. 그런데 '거룩'의 이름을 남용하여 마치 자신들이 거룩한 양, 그 거룩의 양도 마음대로 조정하여 세 살 갈고리로 가득 움켜잡다니! 김교신의 요약 내용에는 나오지 않지만, 엘리의 아들들은 익힌 고기만 갈취하지 않았다. 먹고 배부르고 나니 아예 제사 드리기 전의 날고기까지 갈취하기에 이른다. 팔려는 속셈이었을 거다. 성전 제사를 돕기 위해 성별되었던 여성들에게 몹쓸 짓을 일삼기도 했다.

어째 적다보니 그 시절 일만이 아니다. 언젠가 강남의 한 대형교회 목사님이 혼자 드시는 주일 점심 한 끼 식사비용이 수십 만 원에 달한다는 기사를 읽었다. 하필 같은 교회 부목사님께서 대낮에 서울역에서 젊은 여자들 치마 속을 찍다가 공개망신을 당했다는 뉴스 보도도 함께 흘러 나왔다. 그 교회만의 일도 아니다. '거룩'을 제 것으로 잘못 해석한 오늘날의 제사장들이 하는 행위들은 여러모로 엘리의 아들들과 꼭 닮아 있다. 이렇게 막강한 '가문'을 형성한 엘리를 향해 야훼께서는 서슬 퍼런 말씀을 전하셨다. 아마도 살아생전에 여호와의 영이 자기와 직접 소통하기를 그치신 까닭에 다른 이에게 말씀을 전해들은 사사는 엘리가 처음이지 싶다. 심히 자존심 상했을 일이다. 나이 어린 사무엘에게 '여호와의 말씀이 무엇이더냐' 묻는 심경이 어땠을까? 사무엘을 통해 여호와는 이렇게 말씀하셨다. "누구든지 나를 높이는 자는 내가 높일 것이요, 나를 멸시하는 자는 내가 장차 네 팔과 네 조상의 팔을 끊어버려 네 집에 늙은 사람이 하나도 없게 하리라"(2:30-31).

이 이야기는 '단명하는 것은 야훼의 벌'이라는 말씀이 아니다. 그렇게 받자면 나이 45세에, 그것도 그렇게나 보고 싶어 했던 조국의 해방을 넉 달 앞두고 세상을 떠났던 김교신의 죽음은 어찌 설명할 건가? 메르스 사태 이후 마스크로 꽁꽁 감싸고 옆에서 '콜록'만 해도 인상 찌푸리던 사람들을 보다 보니, 김교신이 얼마나 대단한 사람이었는지를 새삼 느낀다. 그가 일하던 공장에 발진티푸스가 돌았었다. 전염력이 강한 질병이다. 그럼에도 내 가족 같이 환자들을 돌보다 감염되어 돌아가셨다. 그러니 행여 "네 집에 늙은 사람이 하나도 없게 하리라"는 야훼의 말씀을 맥락 없이 물리적 수명에만 국한하여 해석하는 우는 범하지 말자. 노인의 지혜로움마저 폄훼하는 이야기 또한 아닐 것이다. 익숙함, 당연함, 관행, 이런 걸 잘 '알고 있는' 이들의 이름이 성서가 전하는 "늙은 사람"이 아닐까? 그리 본다면 홉니와 비느하스는 '영이 늙은' 사람들이었다. 그런 점에서 김교신의 '사무엘 상' 개요 설명이 '어린(젊은) 다윗' 이야기로 끝나는 것은 의미심장하다.

> 주의할 것은 저편의 무기 완비함에 대하여 다윗은 입혀준 갑옷과 검까지 벗어 놓고, 양칠 때의 모양으로 하고 오직 만유의 여호와의 이름으로 나온 태도이다. 다윗의 일생 운명은 벌써 이 싸움에서 결정되었다. 오늘날 골리앗은 금력, 권력, 연회와 총회의 결의 형식으로써 오는 수도 있다. 마는 겁낼 것이 없다. 오직 여호와를 믿는 자답게 천연스럽게 싸우면 족하다(3권 69쪽).

그러고 보니 신자야말로 '가장 높은 이를 아는 사람'이로구나! 가장 높으신 이, 아니 유일하게 높으신 이 '야훼'를 알고 믿고 그만을 의지하여 "천연스럽게 싸우면 족할" 일이다. 이것이 참 힘든 시절이지만, 괜찮다. 우리는 '야훼를 아는' 사람이니까. 야훼의 영을 늘 새로이 받는 '젊은이들'이니까.

버리지 마라, 생명이다

김교신의 그리스도 '론'

'이단異端'이란 '다르게 서 있다'는 말이다. 같은 이름으로, 겉보기에 매우 비슷한 주장을 하지만 결국 그 끝이 달라지므로 함께 따라오던 이들을 미혹케 한다는 뜻이다. '기독신앙이란 교리 논쟁이 아닌 삶으로 살아내는 산 신앙'이라고 주장했던 김교신과 「성서조선」 동인들에게는 물론 주된 관심사가 아니었던 단어다. 허나, 김교신과 「성서조선」 동인들이 끝내 바로잡으려 했던 기독 신앙과 정신은 그리스도를 따르는 이들로 하여금 '바로 서' 있도록 함이었으니, 결국 큰 범주에서 김교신은 '다르게 서 있는' 이단과의 한 판 겨루기를 피하지 않았다고 볼 수 있다.

그런 의미에서 김교신은 이단과 치열하게 겨루었던 '정통正統'이다. '바르게 통하는' 이다. 특히 그의 '예수 그리스도' 이해는 '정통'의 범위를 기독론 교리 논쟁을 통해 '합의'를 본 신조로 '좁혀' 보더라도 '바

르게 서' 있다. 골로새서 1장을 "간결하고도 충족하고 조직적인 기독
론"이라고 평가하는 김교신은 그리스도를 이렇게 고백했다.

> 그는 보이지 아니하시는 하나님의 형상이요, 모든 창조물보다 먼저 나신
> 자니(골로새서 1:15) ··· 그러므로 예수 스스로 말씀하시기를 "나를 본 자
> 는 아버지를 보았다"(요한복음 14:9)고 하셨고, 히브리서 기자도 "이는 하
> 나님의 영광의 광채시오, 그 본체의 형상이시라"(1:3)고 증거하였다. 그
> 리스도 없이 하나님을 보았다는 것은 환영이요(요한복음 1:18) 그리스도를
> 보고도 하나님을 못 본 자는 영적 맹인이다(요한복음 14:9). '먼저 나신 자'
> 란 것이 원문에는 prototokos인데 관사가 없다. 관사가 없는 것은 장자
> (長子)와 하나님과의 관계를 일층 밀접한 것으로 표현한 것인데, 우리 역
> 문에는 나타낼 수 없다. ··· 먼저 나신 자 즉 장자는 하나님이 '낳으신' 것
> 이요, 만물은 '만드신' 것이므로 그 본질적 차이가 있음을 알 수 있다(4권
> 248-249쪽).

이렇듯 김교신은 예수 그리스도가 그 '본체'에 있어서 다른 피조물
들과 같지 않다는 신앙고백을 분명히 했다. 이러한 까닭에 인간 '예수'
와 하나님의 육화된 영(얼)으로서의 '그리스도'를 따로 보았던 류영모
는 "우치무라와 김교신은 정통이고 톨스토이와 나는 이단이다"라고
평가했던 것이다. 성부와 성자, 그리고 성령이 한 본체라고 고백한 '칼
케돈 신조'(451년)에 의거하면 류영모의 평이 맞다. '정통' 기독신자라

버리지 마라, 생명이다

면 예수 그리스도는 "신성에서 성부와 동일본질이시며 인성에서는 죄 없으신 것 외에는 우리와 동일본질"이심을, "신성에서는 만세전에 성부에게서 나셨으나 인성에서는 우리의 구원을 위하여 동정녀 마리아에게서 나셨음"을 믿고 입으로 시인하여야 하니 말이다.

분명 김교신은 '장자'로서의 예수 그리스도는 창조에 참여한 존재로서 모든 피조물을 '그의 손으로 지은' 존재라고 고백한다. 따라서 설득력 있는("공교한") 언어로서 순진한 자들의 마음을 미혹케 하는 이들, 즉 이단을 배격해야 함을 역설하는 바울의 논조에 적극 동조하면서, 김교신은 '골로새서' 묵상에서 그 어조를 재차 강하게 했다.

> "내가 이것을 말함은 아무도 공교한 말로 너희를 속이지 못하게 하려 함이니"(2:4) …이 절의 '공교한 말'은 성서 중에 여기 한 번만 쓰인 자이다. … 남을 '설복시키는 언사'이다. 납득시키는 힘을 가진 언사를 말함이다. 그러므로 이지적이요, 변증적이요, 철학적 또는 신학적으로 되는 것이 그 특색이다. 예컨대 그리스도나 석가나 공자나 마찬가지로 성현으로 치고 그 교훈을 배우면 가(可)하고, 그 진리를 내 생활에 섭취(攝取)하면 족한 것이지, 하필 나사렛 목수의 아들 예수를 구주로 숭배하며, 특히 그 십자가상의 피의 속죄라느니, 부활이니, 재림이니 하는 기괴한 일을 말할 것은 무엇이냐고 하는 것이다. 즉 인간 고유의 오만심을 이용하여 그리스도에게 종속하는 일 없이 이성의 무한 발전과 인격의 수양, 완성을 시사하려는 것이니 이것도 '공교한 말'의 하나이다(4권 263-264쪽).

그런데 참 이상하다. 한국에도 '구약'이 있고, 동양의 성현들도 하나님의 계시를 받았노라고 인정했던 김교신이, 아니 무엇보다도 '장자'인 예수 그리스도를 뒤따르며 우리도 '차자次子'의 삶을 살아가는 것이 그리스도인 된 삶이라고 고백했던 그가, 하여 우리는 그리스도 '안'에서 그와 '연합'함으로써 모든 인간 실존의 불안과 고통에도 불구하고 그 불안과 고통의 현장에 담대하게 당당하게 그리스도와 함께 설 수 있다고 천명했던 그가, 예수와 그리스도가 온전히 하나가 되어 '장자'의 삶과 죽음과 부활을 이루어냄을 어찌 '이만큼'만 설명하고 말았을까? 이 질문은 같은 「성서조선」 동인이면서 김교신의 막역한 친구였던 함석헌도 가졌었나 보다. 하여 오랜 기도와 묵상과 신학적 고민 끝에 함석헌은 예수와 그리스도를 '따로' 보기로 결론지었다. 하여 그는 소위 '정통' 교회들로부터 '이단'으로 지목받게 되었다. 류영모의 영향이 제일로 컸다. 류영모는 '삼위일체'라는 논리가 서양 교리사의 특수 정황에서 나온 인간적 궤변이라고 비판한 바 있다. 하나님의 영이 인간 안으로 온전히 육화되어 인간과 연합한 신성을 류영모와 함석헌은 '그리스도' '얼' '하나님의 속사람'이라고 보았다. 루아흐와 다르지 않고 실은 성령과도 동일하다는 말이다.

어머나, 이러면 큰일이다. 삼위三位가 이위二位로 줄어드니 말이다. 무엇보다 예수의 신성이 위협 내지는 치명적인 손상을 받으니 그야말로 끝이 달라 보인다. 김교신이 바울과 더불어 그렇게나 경고했던 "공교한 말"이 아니고 무엇이랴. 태초부터 존재했고, 하여 하나님의 우주 창

버리지 마라, 생명이다

조에 함께 참여했던 존재가 '예수 그리스도'가 아니라 '그리스도'일 뿐이라면, 예수의 선재성이나 유일성이 심각하게 도전을 받으니 그야말로 '이단' 사상이 아니고 무엇이랴. 그런 점에서 예수와 그리스도를 한번도 '떼어서' 생각해본 바 없는 김교신은 '정통'이라 평가하는 것이 옳다. 그럼에도 김교신이 같은 본문에서 남긴 다음의 구절들은 내게 여전히 의문을 남긴다.

> 20세기의 오늘날에도 오히려 '하나님의 말씀은 교회 안에만 임한다'느니 '교회 외에 구원이 없다'느니 하면서 잠꼬대를 부리는 편견자가 한 둘뿐이 아닌 것을 생각할 때에 지금으로부터 2천 년 전에 벌써 황차 아브라함의 자손이요, 베냐민의 지파이며 유대인 중의 유대인인 것을 자랑하던 바울이 이 진리─비의(秘意)의 영광이 이방인 가운데 풍성하다는 진리─를 깨달은 것은 첫째로 바울의 신경 계통이 지극히 건전하였다는 것과 둘째로 과연 하나님의 계시로 말미암은 깨달음이었다는 것을 부인할 수 없다. … 하나님은 유대인이 생각하는 것처럼 유대인과 이방인 사이에 간격을 두시지 않고, 구교도가 생각하는 것처럼[최근에는 바꿔야하는 표현이겠다. '근본주의적 개신교도'가 생각하는 것처럼] 구교와 신교 사이에 장벽을 세우지 않으시며, 교회인이 생각하듯이 교회와 무교회 사이에 구제와 멸망의 거구(巨溝)를 세우지 않는다(4권 259쪽).

교회 '밖'에서도 구원상태를 누릴 수 있는 길은 무엇일까? 예수와

그리스도를 따로 떼어 생각할 수 없다는 신앙고백은 내 신앙과 신학적 프레임에서는 '여전히' 옳다. 예수 그리스도가 '장자'였음 역시 그렇다. 구약의 시대에, 아니 언어가 생기고 문자로 기록되기 이전에 하나님의 영을 제 안에 받아 '연합'하여 온전히 '그리스도 안에서' 살아간 인간들이 전무하지 않았다 할지라도, 예수는 '임마누엘'의 삶을 온전히 그리고 완전히 살아낸 '장자'다. 하여 '상징'이 되고 '의미'가 되고 '중심'이 된 유일의 존재다. 마치 광야의 구리뱀이 높이 들리듯이 십자가의 예수가 높이 들렸다는 것은 그의 피가 마술적 힘이 있어 우리 죄를 씻어낸다는 의미로서가 아니다.

무한이요 절대인 하나님을, 유한한 인간이 어찌 다 드러낼까. 오직 제 안에 하나님의 영을 받고 연합한 삶과 죽음(그리고 다시 삶)을 통해서만 그분을 보일 수 있을 뿐이니, 우리가 아는 '그리스도' 즉 하나님의 속사람은 오직 그와 연합하여 살아간 인간을 통해서만 드러나지 않겠는가. 그래서 '세 번째 위位'는 그리스도와 온전히 연합한 인간의 자리이다. '차자次子'는 오고 또 올 것이다. 그러나 '임마누엘' 된 삶의 의미를 전하고 힘을 부여하는 상징은 첫 아들, 장자 하나면 족하다. 그래서 여전히 '예수는 그리스도'다. 그래서 결국 다시 '삼위'는 '일체'다. 그래서 그리스도를 받는 일은 '예수 그리스도'라는 그 이름의 비밀을 깨달은 이에겐 누구나 가능하다. 반드시 제도교회 안, 특정 교단 안이 아니어도 말이다. 이렇게 고백한다면, 이 말들은 김교신이 못다 한 신앙고백의 끝을 잡고 이은 설명일까 아니면 그가 그리도 경계했던 '공교한 말'일까?

버리지 마라, 생명이다

🖼 도道는 '평범하고 밝다'

오시지 말라고 그렇게 부탁을 드렸는데, 강단에 올라가 보니 '계시다.' 어느 며느리가 시어머니가 청중 가운데 앉아 계신 특강을 편히 여길까. 늘 사적 공간에서 시어머니와 며느리 사이로만 지내왔는데, 하필 시댁 작은어머님께서 다니시는 교회에 초대된 까닭에 일정이 '노출'되어 버렸다. 어쩌랴. 애정표현이신 것을… 심호흡을 하고 그냥 준비한 대로 강의를 진행했다. "여러분은 사람을 둘로 나누라고 한다면 어떻게 나누시겠어요?" 서로 첫 대면, 청중들과의 거리를 좁히려 내가 던진 질문에 재미있는 이분법이 여기저기서 등장했다. 남자와 여자, 기독교인과 비기독교인, 선한 사람과 악한 사람, 갑과 을, 예능 형과 다큐 형, 너와 나… 다양한 의견들이 나오면서 한바탕 까르르, 한층 편안해진 분위기에서 강의를 이어갔다. 다 마치고 나오는 길에 시어머님과 동행했다. 잠시의 침묵을 깨고 어머님께서 말씀하셨다. "나는 어떻게 둘로 나누는지 아니?" 학창시절부터 지금까지 줄곧 모범생 스타일이 신지라 며느리(?) 말인데도 그걸 또 숙제처럼 성실하게 생각하셨나 보다. "기도하는 사람과 기도하지 않는 사람!" "어머님하고 저는 기도하는 사람이라서 다행이에요." 뭐, 이렇게 비교적 훈훈하게 고부 간의 다소 '어색한' 특강체험기가 지나갔다.

물론 사람을 둘로 갈라 생각하는 것은 지나친 단순화요 아주 종종 갈등을 유발하는 호전적인 사고방식일 수 있다. 그 위험성을 깨달아 '포스트모던post-modern'한 사람들은 이런 이항대립적 경계긋기를 지양하라고 주장한다. 그러나 여전히 동서고금 돌아보면 보통의 사람들은 이렇게 양분하여 사고하는 것을 즐겨한다. 구약성서 역시 "여호와를 경외하는 자"와 "여호와를 경외하지 않는 자"로 사람들을 이분하고 있다. 이스라엘의 군주제 시절을 다룬 역사서인 '열왕기' 개요를 설명하며 김교신도 이렇게 말했다.

열왕기 하를 읽는 자마다 지루하게 생각되는 것은 선한 왕 즉 우상을 퇴치하고 여호와 유일신을 신앙하는 왕은 흥하고, 악한 왕 즉 이방의 잡신을 숭배하는 왕은 망하였다는 간단한 원칙을 많은 인물과 장면을 교대하여 가며 누설(累設) 역설하였다는 것이다. … 의로운 자가 성하고, 불의한 자가 쇠한다 함은 이스라엘 국민생활에서 경험한 사실이었다(3권 92쪽).

버리지 마라, 생명이다

'여호와 유일신'과 '이방의 잡신'이라는 대립적 표현은 오해의 소지가 있을 수 있겠다. 그러나 밝히지만, 김교신에게 '여호와 유일신'이란 신자와의 인격적 만남을 통해 공의公義와 정직한 삶을 가능케 하는 유일의 원천이요 모든 생명 존재의 기반을 의미했다. 때문에 김교신이 표현한 구약의 이분법은 '여호와'와 '이방 잡신'의 대조보다는 '의로움'과 '불의'의 대비에 방점을 찍어야 올바른 독해讀解라 할 수 있겠다. 물론 열왕기의 배경이 되는 시절에 '여호와'는 단일신적인 의미가 강했다. 역사적으로 바벨론 포로기 이후에야 '유일신monotheism'이라는 신학적 이해가 확고해졌으니 말이다. 그러나 적어도 김교신이 요약·대비하면서 사용한 '여호와'는 형상을 가지고 특수한 효험(예를 들어 다산이라든가 전쟁에서의 승리라든가 하는)을 자랑하는 구체적인 단일신의 의미로 사용한 것이 아니다. 여러 신들 사이의 경쟁적인 존재로 여호와를 인식하지 않았다는 말이다.

김교신과 깊은 친교가 있었고 「성서조선」에 수차례 글을 기고하기도 했던 다석 류영모의 표현에 따르면 '여호와'는 이 땅의 모든 생명을 존재케 하는 바탕이다. '여호와'는 인간의 언어로 '크다' '있다'라는 상대적 표현이 불가능하다. 때문에 유일신 야훼를 인간이 경험하고 드러내는 길은 오직 그의 뜻을 내 안에 '들숨'처럼 받아들이고 '영성'으로 길러내어 하루의 삶 속에서 '날숨'으로 체현하는 길뿐이라는 것이 류영모의 신神 이해였다.(《다석 일지》의 핵심 내용이다.) 물론 류영모 스스로도 밝히듯이 자신은 '비非전통'이요 김교신은 '정통 신앙'을 가진 이다. 그럼에도 김교신의 신앙고백에는 현재의 신자들 주류가 가진 '여호와/이방신'의 경쟁 구도보다는 류영모가 표현한 근본적인 '하나'에 대한 믿음이 깔려 있다. 김교신의 글에는 언제나 신자들의 체험신앙을 의애義愛의 길로 이끄는 힘이신 여호와와의 인격적 만남이 핵심에 놓여 있었다. 김교신에게 윤리적·책임적 삶으로 구현되지 않는 신神 체험은 용납될 수 없었다.

이야기가 길어졌지만 요는, 김교신이 보기에 '열왕기'를 쓴 사가의 신앙고백은 명료하다는 말이다. 여호와의 선한 뜻을 따르는 자는 흥하고, 여호와를 외면하고 자기 영달을 위한 마술적 종교행위를 하는 자는 망한다는 아주 간단한 메시지다. 그럼에도 '열왕기'를 보면 이 자명하고 간단한 원리를 온전히 지킨 이스라엘 왕과 백성이 매우 드물었다. 이 쉽고도 간단한 원리가 지켜지지 않는 것이, 대쪽 같은 성품의 김교신에게는 도무지 이해가 되지 않는 일이었다. 어쩌면 그와 무교회 기독교인들은 '열왕기하'에 등장하는 엘리야와 엘리사처럼 아주 간단한 원리를 단순하게 주장하고 살아낸 사람들이 아닌가 싶다.

위대한 선지자는 밤낮 비범한 언행만 있어서 위대한 것이 아니다. 도리어 평범한 진리를 확언 궁행(躬行)하는 데에 참 위대함이 있다. 모름지기 이스라엘 백성일진대 여호와 신의 능력에 대하여 다시 논의할 여지없이 알고 있을 것이며, 참 신의 권능을 알진대 위급존망지추(危急存亡之秋)에 목석으로 만들어 세운 우상에게 문점할 필요도 없는 것은 이스라엘의 삼

버리지 마라, 생명이다

척동자도 분변할 것이다. 그런데 아하시야 왕은 이 일을 불변(不變)하였고, 엘리야는 이 평명(平明)한 진리를 파악하였다. 그러므로 이것만 하여도 전자는 범용(凡庸)이라 하고 후자는 만고의 위인(偉人)이라 칭할 이유가 된다. 과연 도는 가깝다(3권 90쪽).

이 '가까운' 도道를 멀리하고 따르지 않는 까닭에 대해 김교신은 "공포와 초려焦慮" 때문이라고 진단한다. 생명의 근원이요 바탕이요 돌아갈 종착지인 여호와를 알고 믿는다면 무에 그리 두렵고 무에 그리 근심일까? 세상 살아감에 생노병사는 피할 길 없는 것이요, 오직 하루하루 여호와께서 선하다 하신 행동을 선택하며 하루씩 살면 될 것을… 기근과 병란, 암살과 탈위의 난세 중에서도 어린 왕 여호아스를 선정으로 이끈 제사장 여호야다처럼, 앗수르의 위협 가운데 유대의 존폐가 풍전등화와 같던 시절에 모략하기보다 기도하였던 왕 히스기야처럼, 살 길은 오직 여호와 앞에 무릎 꿇고 기도하는 것이라는 단순명료한 '도道'를 이스라엘의 다른 왕들과 백성이라고 모를 리 없었을 터이다. 다만 알면서도 불안함에, 공포에, 근심에, 어찌 될까 일월성신에게 물어보고, 지켜 달라 주변 제국들에게 빌붙고, 잘 봐 달라 강자의 불의를 눈감아주고 나아가 협력하는 것 아니겠냐는 말이다.

이처럼 선왕과 악왕이 교대하여 정권 무대에 출현하는 동안에, 하나님은 무시로 대변자를 보내어 선민들이 우상을 버리고 선에 취(就)하여 하나님 품으로 돌아오기를 경고하였으나 선을 행하는 왕은 적으며 짧고, 악을 행하는 왕은 많고 길어서 애굽에서부터 무한한 노력으로 이끌어 내시던 여호와의 선민은 악을 행하고 불신에 떨어진 결과로, 하나님의 약속은 휴지로 돌려보내고 다윗의 나라는 멸망하고야 말았다. … 선을 알면서도 행할 능력이 없는 개인처럼, 선민 이스라엘도 구름같이 에워싼 선지자들의 경종(警鐘) 가운데서 불신으로 멸망을 자취(自取)하여 인류의 절망을 여실히 고백한 것뿐이다(3권 93쪽).

어제의 일만도, 이스라엘만의 일도 아니다. 김교신의 말처럼 몰라서 안 하는 것이 아니다. "알면서도" 행하지 아니하려 함이다. 어느 드라마 대사처럼 "법원이 호떡장사도 아니고" 판결을 어찌 호떡 뒤집듯 뒤집나? 1, 2심에서 승소한 것을 보면, 아니 그냥 법을 모르는 평범한 사람이 보아도 명백히 잘못인 것을, 근 10년을 버티며 권리주장을 해온 KTX 여승무원들의 삶의 터전과 살아갈 희망을 어찌 저렇게 짓밟나? 엘리야와 엘리사는커녕 김교신의 발그림자에도 따라가지 못할 사람이지만, 평범한 나도 '분명히' 안다. 도(道)는 평범하고 밝기 때문이다. 악한 행실을 그치지 않는다면, 돌이켜 여호와를 아는 법도대로 살지 않는다면, "혹독하게 의로우시고 철저하게 [모든 생명을] 사랑하신 하나님"께서 손을 펼치시는 날에 행악자들이 어찌 될지는 너무나 뻔하다. 그러니 제발 더 늦기 전에, 아는 만큼만 살아내자. 평범하고 밝은 도를 일상 가운데 실천하면서.

버리지 마라, 생명이다

단순, 용감한 신앙의 선택

오랜만에 만나 나의 근황을 묻는 지인의 말에 가감 없이 솔직하게 답했다. 전업주부 7년 차에 기적 같이 선 강단에서 비록 '강사'로라도 학생들을 만나게 되니 그 기쁨이 컸다고. 처음엔 욕심내지 않고 아이도 어리니 한 과목만, 그러다 두 과목이 되고, 그러더니 고정적으로 월급이 나오는 '연구교수'도 되고… 그렇게 순조롭게 진행되다 보니 나도 모르게 이게 자연스런 수순이라고 생각했다고 말이다. 아, 이렇게 '승진'해가는 거구나! 열심히 살면, 그리고 내가 하는 일을 사랑하고 전문성을 채워나가면, 아이의 눈을 맞추고 존재의 요구에 반응하느라 잠시 멈추었던 걸음이라도 결국엔 차근차근 다시 내 꿈을 이루어갈 수 있구나. 직업 안정성도 더불어 성취할 수 있는 거구나. 하여 행복했었노라고 말이다. 그런데 옻에만 '백 도'가 있는 게 아니고 자동차에만 '후진 기어'가 있는 게 아니었다고. 딱히 내가 잘못한 것이 없는데도 인생에는 '백 도'나 '후진 기어'가 있더라고. 그것도 어느 날 느닷없이 불쑥 찾아오니 참 당황스럽고 아프더라고 말이다. 모처럼 유학시절 선후배들이 모인 편한 자리였기에 굳이 포장할 필요를 느끼지 못하고 몇 해 전에 경험했던 '급작스런 계약종료'(라고 쓰고 '실질적 해고'라 읽는) 사건을 담담히 나누었다.

"그래도 좋은 건 하나 있어요. 타성에 젖을 수도 있을 나이에 갑자기 미래가 불확실해지니 마음이 참 가난해져요. 사회학자로서 머리로 분석하고 강단에서 가르쳤던 내용들을 직접 체험하는 것도 남다르고요. 무엇보다 구조적으로 '답이 없는' 세상을 살아가는 요즘 젊은이들과 진심으로 공감하며 함께 고민하고 '다른' 제도적 가능성을 꿈꿀 수 있는 것이 좋아요. 그래서인지 강단에서도 성경공부에서도 내 경험에서 우러나와 하는 말들에 아이들이 많이 위로받고 용기를 얻는 것 같아요."

"루저들의 멘토로 등극했군요." 제도권에 안착한 어떤 이의 무심한 반응에 아주 짧게 내 속사람이 흔들렸다. '아니, 저 대목에서 어떻게 저런 반응이 나올 수 있지?' 딴에는 지인들의 모임이라고 편하고 솔직하게 나눈 이야기였는데 저렇게 받아치다니! 그런데 금세 내 마음이 중심을 잡아주었다. 모처럼 화기애애한 자리의 분위기를 망칠 생각이 없기도 했거니와, 덕분에 깨달음이 커서 오히려 고마웠다. '까짓 거, 하지 뭐~ 루저들의 멘토!' 속으로 그런 생각을 하며 그냥 사람 좋게 웃

버리지 마라, 생명이다

어 넘겼다. '하자' 한다고 해서 되는 것이 멘토가 아니요, 누군가가 나의 발걸음을 귀하다 여기며 지켜보고 용기를 얻고 따라오기도 한다면 그야말로 감사한 일 아니겠나! 그런데 정작 자리에 함께 있었던 선배 한 분은 많이 속상하셨나 보다. 소위 한국의 '조직사회'에서 살아남기 위해 어떤 '덕목'을 가져야 하는지를 애정을 담아 '개인코치'해주셨다. 재주 있는 사람이라고 보아주신 것은 고마웠으나, 선배가 말하는 '덕목'은 내 마음이나 신앙이 받아들이기 힘든 부분이었다.

그 뒤에 이 글을 읽어서인가? 오늘따라 김교신의 '다니엘서' 묵상이 머리보다 가슴에 먼저 와 닿는다. 열 서너 살에 나라를 잃고 대제국 바빌론의 포로로 끌려간 이스라엘 소년들이 '왕의 식사'를 거절하는 대목을 풀며 김교신은 이렇게 말했다.

환관장에게 출원할 때에 "10일간 시험하여 채소를 먹게 하고 물을 마시게 한 후에 당신 앞에서 우리의 얼굴과 왕의 반찬을 먹은 소년들의 얼굴과 비교하여 보고 종들에게 처분하옵소서" 하여 극히 온순하게 청하였다. 속에 부동하는 확신을 품은 자의 언행은 항상 표면이 이렇게 부드럽다(3권 201쪽).

"속에 부동하는 확신을 품은 자의 언행은 항상 표면이 이렇게 부드럽다." 마지막 문장을 읽고 또 읽는다. 다니엘, 하나냐, 미사엘, 아사랴는 포로생활 중이었음에도 다른 이스라엘 젊은이들에 비해 남다른 기회를 얻은 이들이었다. "흠 없고 아름답고 제재才에 통달하며 학문에 우수하며 지식을 구비하여 가히 왕궁에 시중할 만한 소년들로 뽑혀간" 인재들이었다. 힘으로 약소민족들의 땅과 재물을 취하고 몸뚱이를 불린 '제국' 바빌론의 심장부에서, 왕이 베푸는 풍성한 식탁에 앉는다는 것, 그것의 의미를 어린 소년인들 어찌 몰랐을까? 그러나 음식에 대한 규례에 있어 훈련이 엄격했던 그들로서는 양자택일의 기로에 놓인 셈이었다. 물론 말이 양자택일이지 그들의 선택이 어떤 결과를 가져올 지는 충분히 예상 가능했다.

나는 이 소년들이 일찌감치 '옳은 답'에 있어서는 고민이 없었을 거라 생각한다. 김교신도 그리 생각했던 것 같다. 오히려 내가 탄복했던 지점은 김교신이 표현했던 것처럼, 소년들이 자신들의 의사결정을 전달하는 방법이었다. 그들은 부드럽고 공손하게 청했다. "열흘 간 시험하여 보소서." 왕 앞에 서는 소년들에게 베풀어지는 기름지고 풍성한 '왕의 식사'는 무엇을 목적으로 했겠는가? 윤기 나고 건강한 모습으로 왕을 보필하게 함일진대, 이스라엘의 식사 예법대로 먹고도 만족할 만한 얼굴과 총기어린 상태이면 그 목적을 이루는 것이 아니겠냐는 제안이었다.

이 소년들이 기적을 믿었거나 바랐던 것은 아니었으리라. 다만 늘 그랬듯이 여호와 하나님께서 명하신 '규례대로' 일상을 살아내려고 했을 뿐이라 믿는다. 그리 살아도 건강하고 그리 살아도 빛났으며 그리 살아도 그 삶이 충만했었기에 갖게 된 확신이었을 거다. 임마누엘 동행하시는 하나님에 대한 자신감이었을 거다. 그리고 이 '자신감'은 생명이 촌각에 놓인 상황에서도 결코 흔들리지 않았다.

> 금(金)우상을 예배하지 않았다는 이유로써 고발을 당하고 처형을 받을 때의 사드락, 메삭, 아벳느고[하나냐, 미사엘, 아사랴의 바빌론식 이름] 등의 시련받는 태도에 참 신자의 규범을 볼 것이다. 저들은 여호와 유일신을 믿는 믿음을 고백하기에 침착스럽고도 용감하였다. "느부갓네살이여, 우리가 이 일에 대하여 왕에게 대답할 것이 없나이다. 만일 그렇게 하시면 우리가 섬기는 하나님이 맹렬히 타는 야중(冶中)에서 능히 구출하시고 우리를 또 왕의 손에서 구출하시리이다. 그렇게 아니하여도 왕은 우리가 또한 왕의 신들을 섬기지 아니하고 세운 금우상에 절하지 아니할 줄을 아옵소서." 이것이 노기(怒氣)와 연야(燃冶)의 형틀로써 위의(威儀)를 돋우고 발악하는 정복자 앞에 섰는 피정복자의 답변이었다(3권 203쪽).

김교신은 이 소년들이 "구출의 기적"을 장담하였기에 이런 선택을 한 것이 아니라고 보았다. 이 소년들은 그저 "용감하고 단순"했다. 상황이 어찌 변해도, 그저 나는 옳다고 믿고 하나님께서 기뻐하시는 일이라고 믿는 것을 선택하는 일에 용감하고 단순하려 하니, 복잡하게 생각하고 따지고 도모하고 교섭하고 모략할 필요가 없다는 말이다. 다니엘과 친구들의 경우는 물론 이들의 '단순, 용감'한 선택에 하나님께서 놀라운 기적으로 응답하셨지만, '그리 아니하실지라도' 선택이 달라질 까닭은 없다. "구출의 기적"은 우리의 영역이 아니니 심기 불편하고 마음 복잡할 이유가 없을 일이다. 우리나라로 치면 영의정이나 국무총리와도 같은 자리에 오른 다니엘이 직위는 물론 목숨까지도 위험한 일임에도, 인간-왕의 형상에는 굽히지 않으면서 하나님께는 하루 세 번 몸을 굽혀 기도를 올리는 신앙의 행위를 계속했던 것도, 그저 "신앙의 자연노출"이었다.

쓸모가 없으면 버려지고, 고분고분하지 않아도 버려지며, 때론 그냥 이유 없이도 버려지는 반反생명적인 세상 한 가운데서, 그 의기양양한 '정복자들'의 위세 앞에서, 우리는 어떻게 신앙인으로서, 아니 한 인간으로서 '정복당하지 않고' 흔들림 없이 하나님의 형상을 지키며 사람다울 수 있을까? 다니엘과 세 친구들이 보여준 단순, 용감한 신앙의 선택, 그것이 답이지 싶다.

버리지 마라, 생명이다

4장

스스로, 함께 사는 생명

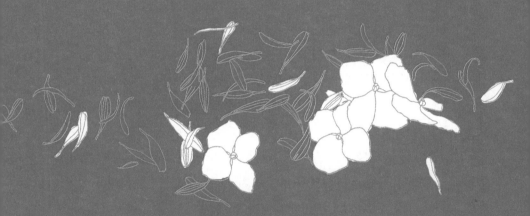

생명의 법칙

무슨 대단한 일을 한다고 하루하루 바삐 뛰며 지내다보니 먹거리로 받은 고구마 한 무더기를 오랫동안 방치해 두었다. '구석에서 존재감 없이 있다가 버려지기 위해' 땅의 기운으로 열심히 자라 열매로 영근 생명이 아닐 텐데, 어느 날 문득 대청소 중에 발견하고 살펴보니 꼴이 말이 아니다. 건조한 날씨에 빼빼 물기 마른 모습으로, 도려내어 먹기에는 고구마 싹들이 군데군데 너무나 많이 나와 있었다. 빠르게 내 머리를 스치고 간 생각, 그냥 버려? 자칫 음식물 쓰레기통으로 향할 뻔 한 고구마 열 덩이를 바라보고 있자니 미안한 생각이 들어, 얼른 베란다 한 귀퉁이 큰 바구니에 담고 물을 부어 놓았다. 정성스레 한 일도 아니고, 의식처럼 경건하게 치른 일은 더더욱 아니었다. 그냥 '던져 놓고 물을 부었다'는 표현이 솔직하다.

버리지 마라, 생명이다

그러고는 또 하루씩 살아내느라 그 일조차 잊고 지내기를 열흘 쯤 되었나 보다. 어허~ 저게 무엔가? 바구니 가득히 푸릇푸릇 올라와 있는 잎사귀들이 풍성하다. 하도 신통하여 바구니 속을 들여다보니 어느덧 물이 말라 있다. 그래서 또 한 바가지 물을 부어주고 다시 일주일, 공부책상 앞 베란다에 놓아둔지라 눈길이 자주 간다. 날씨가 더워진 요 며칠 사이는 아침 다르고 저녁이 또 다르다. 비록 한 끼 식사로 배부른 먹거리의 역할을 다하지는 못했지만, 그리고 땅에 심기지 못한 까닭에 저 푸른 잎들의 결실이 넉넉한 구황작물로 귀결되지는 않겠지만, 자칫 음식물 찌꺼기들과 함께 섞여 있다 분쇄기로 향했을지도 모를 저 생명들이 하루 다르게 생명을 무럭무럭 피워내는 모습을 보니 마음 한가득 기쁨이 샘솟았다. 이래서 자연의 법칙은 '스스로 그러함'이구나. 하나님께서 빚어놓으신 생명의 법칙은 이렇게 후하고 경이롭구나!

기껏 고구마 열 덩이에게 물 한바가지 부어주고 감탄을 하고 있다 보니, 문득 김교신이 썼던 글 '농사잡기'(1934년)의 한 구절이 떠오른다.

4월 상순에 감자 10여 평과 호박 수평을 심었더니, 너무 밀파하였다 하여 콩나물이니 무엇이니 하면서 보는 사람은 조롱하였다. 마는 불과 4삭(朔)여일에 감자 두어 포대와 호박 24-25개를 수확하였다. 감자가 우리의 식탁에 오를 때와 항아리 같은 호박을 어깨에 메었을 때에 우리의 찬송은 컸었다. 지을 줄 모르는 농사도 풍성하게 결실하게 하여 주시는 기적을 찬송함이었다(2권 347쪽).

나만큼 무심한 손길은 아니었으나, 김교신도 농사경험 없이 그저 작은 밭에 손길 가는대로 감자와 호박을 심었었나 보다. 그걸 보고 농사경험이 있는 지인들이 이런 저런 참견을 한 듯하다. 간격이 너무 촘촘하여 작물이 제대로 자랄 여유 공간이 없지 않느냐, 심지어 '콩나물 키우느냐'는 조롱까지 받았다. 그런데 이게 웬걸? 그저 땅에 묻기만 해놓은 생명들이 기가 막힌 결실로 감동을 주었다. 두 포대나 거둔 햇감자는 김이 모락모락 가족의 식탁에 올랐고, 항아리같이 매끄럽게 자란 호박을 거두면서는 찬송이 다 흘러나왔다. 참 신기하기도 하지. 참깨역시 비슷한 시기에 파종하였는데, 한 달여는 지난 뒤에 심었어야 했다고 이 역시 경험 많은 농사꾼들로부터 한 소리 들었던 터였다. 그러나 서툰 솜씨에도 풍성하게 깨를 얻었다. 우연의 일치였겠지만 산출하여 묶어낸 깨 단이 구신약 성서의 권수와도 같은 66뭇이라 그 기쁨이더했다고 한다. 자연이 생명을 통해 주는 넉넉한 사랑에 취하여 김교신은 절로 찬송을 불렀다.

천연(天然)의 법칙은 인후(仁厚)하다. 기술의 저열함도, 시기의 대차(大差)함도 과대한 문제는 아닌 듯하다. 사소한 과실로써 유위(有爲)한 청년이라도 일거에 매장하여버리려는 인간사회보다, 일분의 지각이라도 유예를 불허하는 문명인들의 교통기관보다도 자연은 관대하고 인후함이 절대한 모양이다. 천연계에 친근하며, 농사에 참여하고자 하는 소원(小願)이라도 그것을 멸시하지 않고, 저에게 실망과 부끄러움을 돌리지 않기

버리지 마라, 생명이다

위하여 일부러 자연계의 법칙의 일부분을 완화하면서, 서투른 농부에게 은총을 베풂으로써 희망에는 희망으로 전진시키려는 듯하다. 이같이 하여 우리의 농사는 소규모이나 찬송은 대규모의 것이다(2권 348쪽).

자연이 모든 생명을 향해 베푸는 넉넉하고 품는 사랑이야말로 하나님의 창조질서구나! 그리 감격하며 기뻐 찬송하다 보니, 실로 귀하게 쓰일만한 젊은 생명조차 작은 실수 하나에 매장해버리는 인간 사회와 비교가 되었나 보다. 조금 늦었다고 버리고 용도 폐기하는 인간 문명의 야박함도 더욱 불편해졌다. 어디 사소한 실수뿐이랴. 어린 생명들을 양육하는 일을 천직으로 삼았던 김교신이 오늘의 21세기 '고용유연성'의 신자유주의적 문명사회를 보았다면 필시 굵은 눈물을 뚝뚝 흘렸을 일이다. 실수는커녕 불성실함조차 찾아볼 길 없는 젊은 생명들이 미처 사회에 '심겨질' 기회도 없이 버려지는 세상이니 말이다.

지그문트 바우만은 이를 "쓰레기가 되는 삶들"이라고 명명했다(지그문트 바우만, 《쓰레기가 되는 삶들》, 정일준 옮김. 새물결, 2008, 32쪽). 마치 일회용 종이컵이나 플라스틱 병처럼 한 번 쓰고 버려지는 삶, 아니 아예 쓰일 기회조차 없이 '잉여'로 남아 있다가 영영 외면당하는 일이 오늘날 이 땅을 살아가는 다수의 젊은 생명들에게는 일상이다. 친구들과의 낭만적인 교제는커녕 혼자 먹는 점심시간조차 반납하고 시리얼 봉다리나 컵밥을 손에 들고 뛰어다니는 저 근면 성실한 생명들이 제대로 심겨질 삶의 자리가 없다. 땅에 심어주고 물 한 번 부어주고 기다리기만 해도 무럭무럭 자랄 튼튼하고 신통한 생명들인데 말이다. 고작 3개월 '쓰이고 버려질' 인턴사원이 되기 위해 제출해야 하는 서류가 어마어마하고 거쳐야 하는 인터뷰와 여타 관문들이 줄을 잇는다. 그러나 정작 들어가서 하는 일은 자신이 배우고 싶은 전문 분야에 대한 경험 많은 선배들의 노하우가 아니란다. 복사하고 서류준비하고 뒷정리하고, 전문분야의 스펙을 입증한 뒤 엄청난 경쟁을 뚫고 들어와 아무나 해도 될 일을 쉼 없이 반복하다가 3개월 만에 떠나야 한단다.

그럼 시작부터 멋들어지고 우아한 전문직 수행을 원했냐고? 소림사에 가서 무술을 배우더라도 시작은 '마당쓸기'부터인 법인데, 그런 허드렛일부터 하면서 천천히 배우는 거지! 이렇게 일침을 놓는 이라면 그야말로 시절을 모르고 하는 소리다. 소림사 시절이야 '마당쓸기'부터 시작해서 무림고수가 되기까지 스승은 자신의 전문 경험을 차근차근 하나씩 전수해주기 마련이다. 마침내는 제자가 자신을 뛰어넘는 것을 보며 만족스런 미소를 지을 때까지, 제자의 성장을 바라봐주고 기다려주고 어른이 마땅히 해야 할 필요한 역할을 '끝까지' 해주는 법이다. 그러나 오늘날 인턴 사원은 3개월로 끝이다. 쓰고 버릴 소모품이다. 결코 〈미생〉의 오 차장이 장그래를 바라보며 따뜻하게 응시하고 살갑게 불러주는 "우리 애"가 아니다. 물론 그만큼의 '소모품'도 못 되어보고 곧바로 쓰레기처럼 버려지는 생명도 부지기수다.

눈만 맞춰주고 물만 부어주어도 파릇파릇 새싹을 내고 초록잎을 무성하게 드리우는 것이 생명인데… 믿어주고 기회만 주어도 스스로 피

버리지 마라, 생명이다

어나는 것이 생명의 법칙인데, 우리 어른들이 만든 이 세상은 어쩌려고 저 생명들에게 피어날 기회조차 허락하지 않는가! 김교신은 뜻밖의 수확 앞에서 찬송을 불렀다지만, 나는 저 무성한 고구마 잎을 바라보다 울컥 비탄의 탄식을 쏟아놓게 되는 봄이다.

스스로 그러한 삶

시절이 수상해도 봄은 여지없이 오는가 보다. 코끝으로 전해오는 공기부터 다르고 발밑의 흙이 전해주는 기운이 간지럽다. 시샘하듯 꽃샘추위가 몰려와도 유리창 너머로 들어오는 햇살이 따사롭고 정겹다. 요즘엔 대기오염이니 지구온난화니 하는 환경문제로 뚜렷한 사계절의 구분이 점차 흐려진다지만, 그럼에도 여전히 만물은 꿋꿋하게 난 대로의 생기를 내뿜으며 제 숨을 쉰다. 어쩌면 자연스런 이 순환에서 가장 멀리 와 있는 존재가 인간인지도 모르겠다. 함께 어울려 살라고 지어놓으신 뭇 생명일 텐데, 함께하며 미약한 생명은 보듬고 살리라고 준 '창조적 지혜'와 '자유혼'을 가지고, 인간은 자연으로부터 더 멀어지는 인공물들을 만드는 데 사용해왔다. 인공 불빛, 인공 온열, 인공 냉방, 인공 먹거리, 심지어 최근에는 인공지능까지. 이런 시절을 살다 보니 '있

버리지 마라, 생명이다

는 그대로의' '스스로 그러한' 자연의 순환과 함께 호흡을 같이 맞추어 보는 실천이 더욱 귀해 보인다.

마음만 먹으면 사계절 밤낮없이 24시간 환한 공간에서 공부하고 일할 수 있고, 아니 실은 그렇게 공부하고 일해야 하는 '문명'을 버텨내다 보니 내 몸을 있는 그대로 사랑하고, 내 몸의 변화를 살갑게 관찰하고, 쉬어야 할 때 일해야 할 때, 움직여야 할 때 뉘여야 할 때를 살피는 일조차 어렵다. 오죽했으면 한창 생기 왕성해야 하는 30-40대의 젊은 생명들이 과로사를 할까. 유기적으로 연결되어 있는 자연의 순리를 거스르고 기계처럼 몸을 혹사한 까닭이지 싶다. 먼 이야기가 아니다. 지인들 중에서도 벌써 여럿이요 내 몸의 신호도 예사롭지 않다.

몸의 '부자연스러움'은 심지어 성적性的 응시의 존재로 타자화된 몸에만 가치를 부여하는 시절을 맞아 기괴한 모습으로 '인공화'되기도 한다. 천지만물을 만든 분은 '하나님'이시건만, HD 화면 가득히 클로즈업되는 미인·미남들은 '사람 생김'의 기준을 결정해주고, 이에 맞춰 얼굴과 몸을 재창조해주는 성형외과 의사들은 어느덧 '의느님'으로 찬양받는다. 덕분에 하나님께서 귀하게 빚어주시고 부모님이 수고로이 낳으신 우리는 순식간에 '오징어'가 된다. 어디 자연에만 봄·여름·가을·겨울이 있으랴. 인간 몸도 그러할진대 그것을 거슬러 호르몬 주사를 맞고 칼을 대고 당기고 흡입하고, 모두가 얼굴은 20대, 몸은 44사이즈, 몸매는 34-24-36으로 수렴하려는 몸부림으로 치열하다. 참으로 부자연스럽다.

소비자본주의가 정점을 이루어 이제는 '몸'마저 소비의 주요한 자산이 된 '후기-근대late-modern' 사회를 살아가다 보니 생겨난 부자연스런 몸이다. 이에 대한 묵상을 하다 보니 시절을 좇아 몸을 수련했던 김교신의 일화가 생각난다. 김교신은 이른 새벽 '냉수마찰'을 거르지 않았던 것으로 유명하다. 아주 추운 한 겨울만 빼고는 늘 새벽기도와 냉수마찰을 지속했다. 물론 건강한 몸에 건강한 정신이 깃드는 법인지라 몸의 단련을 위한 일이었겠지만, 그의 일기를 보면 이런 일상이 자연의 순환과 맞닿아 있었음을 알게 된다.

입춘 이후로 냉수에 세수하면서 조상 전래의 가훈을 명심하다. 전신 냉수욕하는 데 비하면 문제도 될 것이 없지마는 우선은 입춘 날부터 냉수 세수하는 일만이라도 궁행(躬行)하여 농민 선조의 유풍을 수직(守直)하고자 할 뿐(6권 21쪽).

입춘 날이라고 새벽에 생무를 쪼개 먹고 조석(朝夕)에 쑥국을 끓여 마시며 이날을 축복. 오후에 쑥 캐러 나가니 작금(昨今)의 적설 밑에도 벌써 촌여(寸餘) 혹은 수촌(數寸)씩 장성하여 있는 잡초를 보고 시심(詩心)이 동치 않을 수 없으며, 신앙에 관한 영감이 오르내리지 않을 수 없다. 오늘 춘풍이 온화하여 가로(街路)상의 빙설이 녹아 진흙탕을 이룰뿐더러 동결하였던 나의 궤상(机上)의 잉크도 스스로 해빙되었다(6권 175쪽).

버리지 마라, 생명이다

농사가 주된 노동이었던 우리 선조들은 굳이 의지적으로 애쓰지 않아도 자연의 변화에 맞춰 일상을 살아야 했다. 땅이 녹아야 밭을 갈 수 있을 터이고, 밭을 갈아야 씨를 뿌리고 곡식을 기를 수 있을 것이니 말이다. 자연과 깊게 연결된 삶에서 '입춘'은 그야말로 얼마나 기쁜 날이었을까? 겨우내 부족한 곡식으로 버티며 봄을 기다렸을 우리 선조들은 코끝으로 느껴지는 봄기운에 새로운 소망을 다시 품었을 일이다.

김교신의 가문도 그러했나 보다. 입춘에는 으레 겨우내 움 속에 저장해 두었던 무를 꺼내서 생무쪽을 씹어 먹었다. 아직 살포시 흔적이 남아 있는 눈을 헤치고 숨어 있는 쑥을 캐어 애탕을 만들었다. 그리고 입춘 이후에는 냉수로 세수했다. '가훈'이라 하니 그야말로 매우 중요하게 지켜온 집안의 풍속이었던 것 같다. 냉수로 세수하는 것이 무에 그리 중요한 일이라고 가훈으로까지 남길까? 수도꼭지만 틀면 찬물·더운물 마음대로 사용할 수 있고 밤낮도 없이 인공조명이 우리의 삶을 '편리'하게 하는 시절이고 보니, 요즘 사람들의 귀에는 이상하다 못해 우습기까지 한 가훈일지도 모르겠다.

하지만 이 구절에 '꽂힌' 이번 봄에, 나도 한 번 해볼까 하는 마음에 손과 얼굴을 찬물에 담그니 묵상이 절로 나왔다. 앗, 차가워~ 물론 처음의 느낌은 그랬다. 그런데 마음의 자세가 달라지는 거다. 언 땅을 뚫고 힘차게 새싹이 솟아오르는 일이 어찌 쉬울까? 새싹인들 좀 더 있다가 땅 다 풀리고 몰랑몰랑 시절이 좋을 때 뒤늦게 올라오는 것이 더 편하지 않겠는가 말이다. 가끔 짓궂게 내리는 봄눈이 제때 올라온 새싹과 봄꽃들을 덮은 모습을 보며 안타까워 발을 동동 굴러보지만, 그래도 마음 한 구석에는 신통함이 있었다. 하나님께서 만드신 이 자연스런 우주의 기운에 응답하며 제 몫을 하느라 제 때 맞춰 힘써 솟구치고 피어올랐을 새싹이요 봄꽃 아닌가. 하여 이제 봄이니 봄을 맞자, 봄을 준비하자, 봄처럼 살자, 그런 새 소망을 마음에 품고 찬물에 다시 손을 담그고 얼굴을 씻으니 자세가 새롭다. 오히려 물의 찬기가 우습다. 봐라, 따듯한 봄날은 기어이 올 거고 그러면 아무리 찬 물이라도 점점 더 봄날의 따스함을 닮아 갈 터이니. 그런 마음이 들어 비로소 "입춘부터는 냉수로 세수하라"는 김교신 가문의 가훈이 담은 소망과 기대가 내게도 전해왔다.

그렇게 자연이 주는 생기를 온 몸으로 맞이하고 자연이 전하는 소망스런 메시지에 귀기울이는 삶을 산 김교신이었기 때문인지, 1936년 복잡한 도심을 떠나 정릉으로 이사한 뒤의 일기에는 유난히 자연과 벗삼은 그의 감회가 자주 눈에 뜨인다.

포플러 끝에 걸린 명월(明月)과 버드나무 밑에 흐르는 시냇물 소리를 그대로 두고 잠들기 아까워 자정 가까울 때까지 정내(庭內)를 소요하다가 달빛에 막히지 않도록 창을 열어 놓은 대로 취상(6권 82쪽).

산간의 청정한 대기가 아니면 두통을 느끼며, 계곡의 맑은 물이 아니면 몸 씻기에 오예를 느끼니 우리도 어지간히 시골뜨기 된 셈. 된 것이 아니

버리지 마라, 생명이다

라 본연(本然)의 초부(樵夫)이니까(6권 89쪽.)

그러게 말이다. 우리가 언제부터 도시인이었을까. 우리의 '본연'은
자연과 어우러진 생명이었는데. 어찌 보면 '천륜'을 버리고 제 자식을
때려 죽이는 부모의 기사가 하루가 멀다 하고 올라오는 우리네 현대
'문명'은 우리의 일상이 '스스로 그러한 삶'으로부터 너무나 멀어진 탓
이 아닐까 싶다. 30-40대의 삶이 고단한 것은 나도 겪는 중이니 안다.
위로 아래로 자식 된 도리 부모 된 도리를 해가면서 녹녹치 않은 내 삶
도 버텨내려니 그 얼마나 힘겨운 일인가. 그래도 그렇지. 어찌 제 아이
가 외상성 쇼크로 죽을 만큼 때리고 저체온증으로 얼어 죽을 만큼 방
치한단 말인가. 필시 '도시의 기준'에 맞춰 살려하다 마음대로 되지 않
고 성에 차지 않는 일상의 화가 가장 작고 여린 생명들에게로 몽땅 퍼
부어진 것, 아니겠나. 김교신을 따라 시골 외곽으로 나가 살 수는 없을
지언정 '도시의 시간'을 잠시 멈추고 자연의 소리를 들을 짬은 의지적
으로 노력해서라도 가져야겠다.

시가(市街)로부터 돌아온 때에 펌프물에다 손을 씻고, 머리와 이목구비를
낱낱이 씻고 깊이 양치한 후에 '굴정이음(掘井而飮)'의 한 모금을 삼키니
거듭난 감이 없지 않다. 대경성의 진애(塵埃)와 연회(煙灰)를 소진(掃盡)하
고 북한 산록의 맑은 공기를 크게 마시는 작업은 비단 생리적 위생의 일
뿐이 아니다. 우리의 영혼의 도시에 대한 반항, 인간적 요소에 대한 저항

의 넋으로서 춤추는 현상이다. 도시를 지은 악마에 대적하며 촌락을 지은 하나님을 사모하는 우리의 기도 행위의 한 현상이다(6권 134쪽).

"대경성의 진애"는 비단 자동차 매연이나 도시의 먼지만이 아니다. 남보다 더 가지려는 소유욕, 남 위에 높이 오르려는 권력욕, 나의 성벽을 높고 크고 견고하게 세우려는 '도시적 열망'이 뿜어내는 더러움이 바로 "대경성의 진애"가 아닐까.

김교신이 한 모임에 참석하기 위해 정릉부터 열심히 페달을 밟아 타고간 자전거를 조선호텔 앞에 턱 하니 '주차'하고서 인간으로서의 존엄함과 품위를 지닌 채 정문으로 당당히 들어갈 수 있었던 비법이 거기에 있지 싶다.

도시의 먼지들을 깨끗하게 씻어내고 깊은 우물에서 길러 올린 천연의 물과 북한산자락의 맑은 공기를 마시며 그가 느끼고 체험한 것은 하나님의 '생기'였을 것이다. 잘 살아간다는 것을 재화나 권력의 기준으로 평가하는 도시적 삶을 씻어내고, 뭇 생명이 정겹게 옹기종기 서로의 숨소리를 들으며 하나님의 생기를 나누는 자연스런 삶 속에서, 우리는 비로소 하나님을 만난다.

응시의 윤리

내가 김교신을 유난히 좋아하는 이유 중 하나는 그가 거의 '완벽주의'에 가까울 정도로 윤리와 도덕에 엄격하다는 점이다. 나 역시 '율법주의자'는 아니지만(글쎄 내 생각이기만 할지도), 옳다고 믿는 대로 행동하지 않는 '꼴'은 나나 남이나 잘 못 견디는 편이다. 그게 고스란히 드러나는지, 미국에서 목사 안수 과정을 밟는 중에 받았던 인성 테스트에서 단점으로 지적되기도 했다. 평가인즉, 내가 목회를 한다면 교인들에게 너무 엄중한 윤리적 잣대를 부과할 수 있다는 것이었다. 그런 의미에서 다행인지도 모르겠다. 우여곡절 가정사로 인해 결국 안수를 받지 못했으니 말이다. 사족이 길었지만, 내 성향이 그러하다 보니 김교신의 '극단의 도(道)'가 나는 참 좋았다.

김교신의 엄격한 윤리적 수행성을 이해하려면 적어도 세 가지 배경을 말해야 할 것 같다. 첫째, 김교신은 아주 어려서 아버지를 여의었다. 홀로 되신 어머니는 행여 아버지가 없어 버릇없이 자랐다는 이야기를 듣게 되면 어쩌나 노심초사하셨을 것이다. 하여 더욱 엄격하게 도덕적 훈련을 시키셨던 것 같다. 둘째, 어머님이 유교적 지식에 해박하신 분이셨기에 훈련의 준칙은 유교적 도덕률이 주를 이루었다. 유교적 이상이 무언가? 도덕군자를 양성함이다. 가뜩이나 엄격한 분위기에서 성장한 김교신이 만난 텍스트가 유교 경전이었으니 그의 도덕적 엄격성은 불을 보듯 뻔하다. 셋째, 여기 더하여 스무 살 무렵 스스로 기독교인이 된 김교신에게 '하나님 안에서 정의롭게 살라'는 기독교적 가르침은 '전적全的 기준'이 되어버렸다. 가정과 일터, 성경공부 모임과 「성서조선」 간행에 이르는 벅찬 일정 가운데서도 성실하고 규칙적인 일상을 살아낼 수 있었던 것은 이와 같은 삼중겹의 도덕 훈련 덕분이었을 거다. 오죽했으면 동료교사와 바둑을 두다 보내버린 세 시간의 여가를 놓고도 산상수훈을 적용했을까. 그만한 일로 "손을 잘라버리고 싶은 만큼"의 죄책감을 느낀다면 일상을 어찌 살겠나, 정도가 지나치다고 생각하는 사람들이 많을 일이다.

그런 김교신이었으니, 만약 그가 요사이 매일 들려오는 사건·사고들을 듣는다면 어찌 반응했을지 궁금해진다. 얼마 전 여름 휴가철 놀이시설 여자 탈의실과 샤워장을 몰래카메라로 찍어 동영상을 팔다 잡힌 이야기가 보도되었다. 그런 행위로 생활비를 마련하겠다는 발상도 어이없지만, 그걸 또 돈을 주고 사겠다는 사람은 뭔가 싶다. 하긴 '하

버리지 마라, 생명이다

의 실종'이니 '시스루 룩'이니 '입다 만 것 같은' 패션도(음, 나도 어쩔 수 없이 기성세대인가보다.) 결국엔 입는 이나 보는 이나 '몸'의 응시를 염두에 둔 것임에는 틀림없다. 물론 이런 옷차림이 성폭력이나 성추행을 유발한다는 뜻은 아니다. 그건 이 글의 논지 밖에 있다.

그러나 오늘날의 문화가 유난히 인간의 '몸' 그것도 '성적인 몸'에 강조점을 두는 문화인 것만은 분명하다. 이를 "육체문화"라고 부르는 사회학자들(T. S. Turner가 대표적이다.)도 있다. 사람이 언제 육체를 가지지 않은 적이 있었나? 왜 오늘날을 유난히 "육체문화"라고 이름붙이는 걸까? 인간 육체는 여러 가지 기능을 한다. 전통사회에서 육체의 가장 중요한 기능은 생식과 노동이었다. 때문에 튼튼한 몸이 기대되었고 그 몸은 감상용이 아니라 매일 바쁘게 움직이는 몸이었다. 그러나 소위 '현대modern' 사회로 진입하면서 생산 수단으로서의 몸의 기능은 상당부분 축소되었다. 여전히 다수의 서민들은 노동을 하지만 그것이 꼭 '육체적 힘'과 직결되는 노동만은 아니다. 오히려 정신노동이나 신체의 부분노동 측면이 더 많다. 또한 '생산'하는 자녀들의 숫자도 현격히 줄어들었다. 그러고 나니 이제 남은 몸의 활용도는 '즐기는(성적 쾌락을 포함하여)' 영역으로 넘어가게 된 거다. 상업적 소비를 조장하는 자본주의의 후기 상태에 와 있다 보니 그 정도가 더욱 심각하다. 몸은 이제 소비의 도구를 넘어 사람을 '등급매기는' 가장 중요한 지표가 되어버렸다. 심지어 뒤태를 섹시하게 관리해준 어머님마저 찬양받는(최근 유행하는 노래 제목이 무려 〈어머님이 누구니?〉인) 세상이다. 누군가가 나의 몸을 경이롭게 쳐다봐 준다면 그것이 '경쟁력'이라고 여긴다. 타인의 시선을 훔쳐라! 나를 보게 만들어라! 이러한 응시의 명령이 마치 도덕률이라도 되듯 우리의 문화 한가운데 떡 하니 자리 잡고 있다 보니 너도 나도 '탐나는 몸만들기'에 혈안이 되어 있다. 그러니 맞다. "육체문화"의 도래다. 이제는 몸에 도덕 판단을 부여하는('몸매가 착하다'지 않나!) 세상이 도래했다.

그런데 이런 마당에 "여인을 보고 음욕을 품은 사람마다 마음에 이미 간음하였느니라"(마태복음 5:28)라니! 예수의 윤리는 과연 이 "육체문화"의 한가운데서 적절한 윤리적 선언일까? 아니 세상을 살며 이 원칙을 적용할 수는 있는 걸까? 이에 대해 김교신의 생각은 단호했다.

간음(moicheia)이란 유부녀와 그 본 남편 이외의 딴 남성과의 불륜의 관계를 칭함이니, 이것이 모세의 율법에는 사형에 해당하는 중죄였다. 즉 타인의 처는 범할 것이 아니며, 인처(人妻) 된 자는 다른 남성과 관계할 수 없다는 것이 모세 계명의 주안점이었다. … 그런데 그리스도는 이에 대하여 '오직 나는 너희에게 이르노니'라고 하여, 예와 같이 전대미문(前代未聞)의 진개(陳開)가 시작된다. 즉 여인을 보고 음욕을 품은 자는 벌써 간음을 범한 것이라고. 행위의 말엽(末葉)을 논함이 아니요, 그 동기의 대두(擡頭)하는 곳을 다스리신다(4권 83쪽).

그러게 말이다. 모세의 법 지키기도 힘든 시절에 예수는 더 근본적

버리지 마라, 생명이다

인 것을 요구하신 게 아닌가? 일부다처제가 용인되던 당시 문화권에서는 실제로 율법이 허용하는 범위 안에서 처첩을 거느리는 욕망을 실현하면서도 여전히 자신들은 '경건한 유대인'입네 자부심으로 살아갔던 사람들이 많았다. '임자 없는 여인'이라면 '보고' 마음에 품는 음욕쯤이야 무엇이 문제이겠나? 더한 일도 가능할 터인데… 정 욕심이 나면 지참금을 내고 데려오면 되었던 시절이다.

그러나 예수께서는 '응시의 윤리성'이 더 근본적이라는 말씀을 하셨다. 간통이 형사법 상의 효력이 있던 당시에도 법적인 관건은 현장을 포착하는 것이었다. "그래서, 했어?" 부부 관계의 신뢰성이 깨진 마당에 대부분의 남편과 아내 역시 이게 제일 중요한 집이 여전히 많다. 그러나 김교신이 읽어낸 예수의 윤리는 이런 법적 실체성을 넘어선다. 문제는 오히려 '동기'요 '시선'이다. 사람을 바라보는 방식이다.

"무릇 여인(혹은 남자)을 보고 음욕을 품는 사람마다 마음에 이미 간음하였느니라." 이는 유부녀에 한한 것이 아니라, 일반적으로 남성이 여성을, 여성이 남성을 볼 때에 사념을 품음은 이미 간음을 행한 것이다. 예가 아닌 언사와 몸짓이 간음인 것은 물론이다. 누가 능히 평계할 자인가. "만일 네 오른 눈이 너로 범죄케 하거든 빼어 버려라. 네 백체 중에 하나를 잃는 것이 온몸이 지옥에 빠지는 것보다 유익하고, 또한 만일 네 오른손이 너로 범죄케 하거든 베어 버려라. 네 백체 중에 하나를 잃는 것이 온몸이 지옥에 빠지는 것보다 유익하니라." … 눈과 손을 운운한 것은 육체

중에서도 가장 근이(近易)하게 사념(思念)의 중개를 하는 기관인 까닭이다 (4권 84-85쪽).

또 나왔다. 죄로 말미암아 지옥에 빠지느니 눈과 손을 우리 몸에서 떼어 내어 버리는 것이 낫다는 김교신의 "극단의 도" 말이다. 더구나 김교신은 남녀 쌍방에게 이 '극단의 윤리'를 제안했다. 이를 '율법주의적'으로 적용한다면 성한 눈과 손을 가진 사람이 얼마나 될까? 나아가 '이혼 금지'라는 더 엄격한 도덕규범을 제시한 김교신이고 보면, 오늘날 그의 윤리가 많은 기독 신앙인에게 은혜롭게 받아들여지기는 힘들어 보인다.

그러나 김교신이 예수의 윤리에서 발견한 것은 '무조건 따라야 하는 형식주의적 금지조항'이 아니었다. 김교신이 페미니즘을 모르던 인물임을 고려한다면 그 시절 기독교적 결혼의 근본 원리에 대한 그의 해석은 여성신학자의 입장에서도 솔깃한(물론 부분적으로) 부분이 있다.

기독교의 결혼관은 금전, 권세 등을 위한 책략 결혼이 아님은 물론이요, 단지 생식(生殖)을 위한 것도 아니므로 생남(生男)하지 못한 것으로써 칠거지악의 하나로 셀 수 없으며, 쾌락을 중심으로 한 것도 아니니 연애지상주의도 아니요, 우애결혼도 아니다. … 인간의 제반 관계 중에 부부의 관계처럼 오묘하고 심원한 것이 없으며, 이는 하나님의 창조 경륜에 직접 관계한 원시적 제도였다. "사람이 홀로 처하는 것이 좋지 못하니, 그

버리지 마라, 생명이다

를 위하여 도와주는 짝을 만들리라"(창세기 2:18), (4권 87쪽).

'에제르 케네그도ezer kenegdo', "돕는 배필"(창세기 2:20)로 번역된 이 단어는 '사랑의 관계 안에서 곁에 서서 동등하게 마주보고 응시하며 도움을 주는 짝'을 뜻한다. 남편과 아내 사이에서 오고가는 관계의 신비는 '상호 도움ezer'이다. 생육하고 번성하는 것이야 다른 동물들도 받은 축복이니 새삼스러울 일이 아니다. 허나, 하나님의 형상으로 지음 받은 인간은 '독처'하다보면 하나님께서 부여해주신 자유와 창조성을 자꾸 자기 확장과 타인(그리고 남의 것)을 소유함에 사용하려는 유혹을 가지게 된다. 그걸 서로 견제해주면서 과한 욕망은 눌러주고 포기하려는 마음은 격려해주며 전인격적 관계 안에서 서로를 건설해가라고 만든 최초의 공동체가 바로 '나-너'라는 짝-공동체(마틴 부버식 표현)이다.

이 창조원리를 아는 신앙인이 아무런 사이도 아닌 몸을 뭐하러 훔쳐보겠나? 뭐하러 탐하겠나? '소비할 대상으로서의 몸'이 아니기는 내 짝도 마찬가지다. 어쩌면 예수의 윤리를 '극단적'으로 읽어낸 김교신의 원칙은 이 시절에도, 아니 오히려 이 시절이기에 더욱 더 강조되어야하는 것이 아닐까? 응시에도 윤리적 시선이 필요하다. 전인격체로 바라보고 '너'로 마주할 윤리적 의무 말이다. 응시의 윤리! 프랑스 철학자 메를로-뽕띠도 말했던 이 윤리적 시선은 율법주의가 아니라 그리스도가 우리 안에 꽉 차 있을 때에야 자연스럽고 성실하게 일상 가운데서 수행될 수 있을 것이다.

스스로, 함께 사는 생명

대가가 지불되지 않은 쌀알

해가 바뀌는 즈음(2014년 12월에 쓴 글이다.)이라 그런지 이런 저런 생각들이 마음에 가득했다. 주일 예배를 마치고 마음이 이끌리는 대로 가다보니 어느 덧 안산 하늘공원이다. 가늘게 내리는 하얀 눈송이를 맞으며 홀로 서서 세월호 참사로 희생된 아이들 앞에 마주했다. 한 이름, 한 얼굴씩 눈에 새기고 마음에 담으면서 기도하며 한 걸음씩 움직이다보니 시간이 훌쩍 지났다. 생각할수록 안타깝고, 안타까움이 클수록 또 분했다. 어이없는 죽음이라서, 너무 어린 죽음이라서, 무엇보다 어른들의 탐욕과 부정직함과 무책임이 빚은 참사라서, 기성세대로서의 부끄러움과 미안함이 납덩이처럼 마음을 짓눌렀다.

　어느덧 저 아이들은 마치 "대가가 지불되지 않은 쌀알"처럼 그렇게 우리에게 부끄러움을 일깨우는 존재가 되어 버렸다. 김교신의 표현이다. 1940년, 일제 치하의 막바지에 김교신은 한 일본 무교회 잡지를 읽다가 큰 수치심에 몸을 떨었다. 한 일본인 쌀장수에 대한 이야기였다. 조선인 근로자들이 주요 고객이었는데 주로 일거리를 따라 1~2년씩 거주하다가 타지로 이동하는 사람들이 많았다 한다. 그런데 이상한 것은 너나 할 것 없이 이들은 모두 마지막 쌀값을 갚지 않고 떠나버린다는 것이다. 그래서 다른 쌀장수들은 조선인들에게 쌀을 팔 때에는 아예 그것을 계산에 넣고 저울추를 속여서, 그러니까 말을 정량보다 적게 되어서 쌀을 팔았단다. 그러나 그리스도인이었던 그 쌀장수는 "저울추를 속이지 말라"는 하나님의 말씀을 어길 수 없어서 그냥 정확하게 되어 쌀을 팔았고, 언제나 마지막 쌀값은 받지 못한 채 손해를 보았다는 것이다.

이게 사실인가 놀라 일본에 있는 지인에게 물은 뒤 김교신의 통탄어린 글이 이러하다.

혹시나 하여 쿠와나시 거주의 지우에게 물었더니 바로 그대로이고, 그중에는 상당한 자산을 만들어 고향에 토지를 살 정도의 여유가 있는 생활을 하면서도 역시 최후의 쌀값은 미불한 채 도망치는 동포가 상당히 많고, 그 때문에 정직한 사람끼리 누명을 쓰는 일이 많다는 것이다. 실로 기막힐 소식이다. 대가를 지불하지 않은 쌀알 하나하나가 지금 성스러운 하나님 앞에서 외친다. 쌀알 하나하나의 대가가 지불되어 이 소리가 멈출 때까지는 어떠한 일이 있더라도 우리의 구원은 이루어지지 않을 것이다(1권 27-28쪽).

이 글을 읽으면서 '어라? 김교신은 정통 구원관을 가지고 있지 않았네!'라며 비난하는 신자가 있다면, 그야말로 예수께서 말씀하신 '구원'의 현재적 차원을 모르고 하는 소리다. 김교신의 저 통탄에 찬 외침은 예수께서 성전 중심의 속죄제의 의식을 무력화하고 '한 사람 한 사람의 믿음과 우러름信仰이 구원의 삶을 얻게 할 것이라' 선언하신 참 의미와 맞닿아 있다. 예수 당시 평범한 유대인들은 참으로 궁핍하고 처절한 생활을 하고 있었다. 로마 제국에도, 유대 지방 정부에도, 그리고 유대교 성전에도 삼중으로 세금을 내야하는 까닭에 일상이 늘 빚쟁이이던 삶이었다. 변변치 않은 벌이에 강제로 걷어가는 세금을 채우자 하니 안식일이라고 쉴 형편이 아니었다. 안식법을 철저히 지키고 "나는 경건하다" 떳떳이 고개 들고 다닐 수 있는 사람들은 소위 '있는 자들' 뿐이었다.

누군들 쉬고 싶지 않겠나! 안식일의 정신이 무엇이었나! 하나님의 피조물들에게 '숨을 돌리게 하라'는 지상명령 아니었나. 숨이 무엇인가? 루아흐, 생기! 하나님께서 무릇 생명을 가진 피조물들에게 불어넣어주신 그 숨을 돌릴 틈을 주는 것, 그게 안식일의 정신이었는데… 예수 시절, 하나의 형식적 규례로 굳어진 안식법은 오히려 그 법으로 가여운 평민들을 죄인으로 낙인 찍고 숨통을 조이는 올무가 되었다. 죄를 지었으니 죄사함을 위한 제의를 드려야 할 터. 하여 속제제의를 위

　　　　　　　　　　　　　　　　　버리지 마라, 생명이다

한 제물이라도 준비하려면 그게 또 돈이다. 준비한 제물이나마 제사장들이 고이 받아주면 좋으련만, 이 양은 흠이 있다. 이 비둘기는 결격이다. 이리 퇴짜를 놓으며 미리 뒷돈을 받은 장사치에게로 이 가여운 사람들을 인도한다. 하여 죄사함을 받기 위해 울며 겨자먹기로 시세보다 더 많은 돈을 주고 제물을 사야하는 사람들. 그만큼의 돈이 없으면 그냥 죄인으로 고개 숙이고 살아가야 하는 사람들이 예수가 이웃으로 만났던 사람들이었다.

이렇게 귀한 하나님의 사람들을 죄인 만드는 성전 제사장들을 향하여 예수는 분노하셨다. '만인이 기도하는 집인 성전을 도둑들의 소굴로 만들었다'고 소리치시고, 장사판을 다 뒤엎으셨다. '죄'는 사랑으로 용서하기를 원하시는 하나님을 믿으면 사해질 것이요, 구원의 삶은 오직 하나님의 길로 돌이키겠다는 '회개' 그것 하나면 된다고 말씀하셨다. 삭개오에게 선포된 구원(소테리아)은 그가 "주여, 제가 남에게 부당하게 취한 것이 있으면 네 배로 갚겠나이다." 결단했을 때 도래했다.

> 대가가 지불되지 않은 쌀알 하나하나여, 여호와 앞에 호소하기를 잠시 유예(猶豫)하여 다오. 그대들에게 모조리 … 대가가 지불될 때까지 우리는 천국에의 입장권도 유예하여 노력하리라. 주 예수의 복음에 그 힘이 있음을 확신하면서(1권 28쪽).

오늘 우리가 저 하늘에, 꽃이 되고 별이 된 아이들에게 해야 할 약속인지도 모르겠다. 김교신의 절절한 고백은 식민사관의 연장선에서 '한국인들의 민족성이 무책임하다'는 비난이 아니었다. 자신의 구원까지도 유예하면서 노력하겠다는 그의 각오는 '회개(돌이킴)'의 삶을 사는 그리스도인들의 일상이 구원의 여정과 무관치 않음을 보여준다. 다시 볼 일 없다고 제 몫의 삶을 정직하게, 책임 있게 살아내지 못한다면 그것이 어찌 구원받은 이의 삶일까! 비단 그리스도인들만의 공동체를 의미하는 것이 아니다. 우리가 사는 이 세계에 무책임한 삶, 비도덕적인 행위, 탐욕스런 실천이 있다면, 그리고 그것이 초래하는 억울한 희생이 있다면, 그 하나하나를 갚아낼 때까지 그리스도인으로서의 책임적 삶을 그치지 않겠다는 각오이다.

　예수께서 '단 번에 모두를 위해서' 이미 대가를 지불하신 구원을, 무슨 이유로 천국 입장권마저 유예하며 노력을 하나? 모르는 소리다. 예수께서 단 번에 모두를 위해서 이미 지불하셨던 것은 유대교적 속제제의가 담보한다는 죄의 용서이다. 우리는 더 이상 죄의 용서를 위해 제의를 드릴 필요가 없다. 그러나 이는 '막 살아도 된다'는 말과 동의어가 아니다. 죄의 용서를 받은 이로써 합당한 삶, 자신이 그동안 이웃에게 행해온 부당함과 억울함을 갚아주고 다시는 그와 같은 삶을 살지 않도록 하나님의 방향으로 삶을 돌이키는 것! 그것이 구원의 삶일진대, 오늘 우리가 한 생명 한 생명 대가를 지불해야 하는 '쌀알'은 세월호 아이들이고 송파 세 모녀이며, 추운 겨울 배관통을 타고 제 집을 맨발로 탈출한 열 한 살 소녀와, 그 아이로 인해 장기결석자 전수조사 과정에서 가슴 아프게 시신으로 발견된 아이들이다. 부모에게 학대받고 버려지고 목숨을 잃은 아이들이다. 아니, 곧 그처럼 될 만큼 삶이 위태로운 벼랑 끝으로 내몰린 사회적 약자들이다. 그들의 '숨(삶)'을 도적질하거나 방관하는 한, 우리도 구원의 삶에서 멀리 있다. 예수의 복음이 진정으로 기쁜 소식이려면, '나만 구원' 받는 사적이고 이기적인 차원을 넘어서야 한다.

우리의 가정에 천국을 투사投射시키라

김교신은 아내를 아끼기로 유명했다. 부부금슬이 좋았을 뿐더러 안팎으로 바쁜 일정에도 불구하고 늘 들고 나는 사이 소위 '남정네'의 손이 필요한 곳이 없나 살뜰히 살피고 미리 손길을 뻗었던 근면 성실한 가장이었다. 교사의 빠듯한 수입으로 「성서조선」지 출간과 우송비를 감당하고 학생들의 어려운 사정 또한 외면하지 못하는 성정이었으니, 필시 넉넉한 생활비를 제공하지는 못했을 터이다. 그러나 자녀들의 회고를 들어보아도 김교신은 당시로는 드물게 집안을 챙기는 사랑 많은 가장이었다.

아버지를 일찍 여의고 홀어머니 밑에서 컸던 김교신이다. 그러니 좋은 아버지, 좋은 남편의 모습을 가까이서 보고 배운 까닭에 자연스레 터득한 모습은 아닐 것이다. 많이 노력했을 것이다. 하여, 공적公的으로

버리지 마라, 생명이다

드러나는 교사의 모습만큼이나 일상을 나누는 가정에서도 선한 가장
이 되기 위해 기도하고 또 기도했을 것이다.

수신제가치국평천하(修身齊家治國平天下)라고 하니, 평천하보다 치국보다
제가가 더 어려운 일인 듯하다. 단상에서 고명한 교사 노릇 하기는 차라
리 쉬우나 가정에서 선한 주인 되기는 실로 어려운 일이다. 그러므로 독
실한 신도중에도 가정 살림을 해체하여 버리고 홀로 산중에 은거하기를
원하는 이들이 적지 않음은 가정에서 성도(聖徒)의 생활하기가 얼마나 짐
이 무거운 것임을 말함이다(1권 239쪽).

'가정생활'(1939년 6월)이란 글의 일부이다. 다른 사람들의 마음인 듯
서술하고 있지만 앞뒤 문맥을 보면 김교신 자신도 종종 홀로 자유롭게
살고픈 마음이 일었던 것 같다. 그가 "완전히 종일을 서적과 함께 호흡
하며 사는 날"을 희망했던 것을 보면, 교사로서, 「성서조선」 모임 인도
자로서, 가장으로서 책무를 다하느라 개인으로서 하고픈 일들을 많이
접으며 참으며 살았던 것을 짐작할 수 있다.

그 책임감으로도 이미 훌륭하지만, 한 가정의 가장으로서 김교신의
가장 큰 매력은 그가 신앙 안에서 가족들의 관계성을 끊임없이 고민했
다는 점이다. 페미니즘은 알 턱이 없었고, 오히려 유교적 사상이 체화
된 김교신이었다. 그러나 흥미롭게도 김교신은 당시 유교 사회는 물론
기독교 공동체 안에서도 지배적이었던 '가부장제'의 껍질을 '어느 정

도는' 벗어버린 듯하다. 「성서조선」 모임에 나오는 한 독실한 여신도가 결혼 10년차 다섯 자녀를 기르며 가정에만 갇혀 지내다보니 "가정 밖에 며칠이라도 나가 보고 싶다" "항상 속에 차지 못한 것이 있다"고 외치는 고백을 들으며, 그리고 다 자란 딸이 출가하여 시집살이의 고됨을 겪는 모습을 가까이서 지켜보면서, 김교신은 자신이 '당연'이라고 생각했던 남편과 아내의 관계성을 다시 생각하게 된다.

> 힐티(Hilty) 선생의 가정훈에 '주인은 밖에 대하여 사자 같고 안에 대하여 양과 같으라' 했건마는 우리는 처자를 대할 때만 사자 같지 않은가. 부부된 이상 재산의 처분권에 있어서도 동권(同權)이라야 한다 했건마는 우리는 주부의 영적 수양의 여비에까지도 핑계를 대지 않았던가. … 권리 없어 보이는 자의 권리를 존중하며 약한 자의 항의에 몸서리쳐 순종하기까지 우리 신앙의 도정은 아직 전도요원하다 할 수밖에 없다. 가장 약한 자의 정당한 의지가 장해 없이 이루어지는 곳이 천국일까 한다. 우리의 가정에 천국을 투사(投射)시키라(1권 240-241쪽).

실로 많은 기독교 남성 지도자들이 자신들의 사회적·영적 성장을 위해서는 시간과 금전을 아끼지 않으면서도, 아내는 자신의 성장을 온전케 하는 '보조자'로 여겨온 것이 사실이다. 심지어 그것이 아내의 창조 목적이라고까지 신앙적 정당화를 일삼아 온 교계 지도자들이 아직도 많다.

버리지 마라, 생명이다

오늘날까지도 개신교의 가장 지배적인 '남편-아내' 모델은 사도 바울이 말했던 '그리스도와 교회'의 은유이다. 남편도 아내도 같은 인간이므로 존재론적으로는 평등하되, 가정 안에서 그 기능은 위계적이라는 논리다. 하여 아내는 남편의 권위에 순종하고 남편을 '그리스도'처럼 주^主로 받들고 따르라는 거다. 물론 이렇게 순종적인 아내의 덕목은 '교회를 위하여 죽기까지 사랑하신 그리스도의 성품'을 닮은 남편의 덕목과 짝을 이룬다. 그러니 너무 억울해하지 말라 한다.

물론 당시로서는 '혁명적'인 모델이었다. 사도바울의 시절은 '강한 가부장제도'가 작동하던 한 중간이었다. 한 가정의 가장은 아내와 아이들을 향해 생살여탈권까지 가진 절대 '주^主'였다. 그러나 교회의 '주'가 되시는 그리스도는 오히려 공동체 구성원들을 위하여 자신이 죽기를 서슴지 않는 '사랑의 주'가 되신다. 이를 고백했던 바울이기에, 그리스도를 닮아 각 가정의 가장들 또한 가정에서 절대자로 군림하는 가장의 모습을 버리고 죽기까지 사랑하는 그리스도를 닮으라고 권고했을 것이다. 그러나 이는 바울의 문화적 한계다. 십분 바울을 변호한다면 그도 어쩔 수 없는 '현실적' 타협이었을 수는 있다.

십자가 아래 남녀노소 빈부귀천이 모두 형제자매의 평등한 사랑으로 화목케 된다고 믿은 그였으니, 만약 당시 여성이 주체로서 존중받을 수 있는 문화적 여건이었다면 더 나아간 남편-아내 모델을 제시했을 수도 있다. 그러나 여성이 단독자로, 주체로 기능할 수 없었던 로마 문화권이니만큼, 남편과 아내 사이의 철저한 평등 관계를 설교하기는 어려웠을 거다. '사랑의 주'가 되는 남편, 순종의 미로 따르는 '아내' 관계의 선포가 '바울 당시'로서는 최선이었을지도 모른다.

그러나 바울의 '교회론'에 입각하여 남편-아내 관계를 풀어내면 시대적·공간적 제약을 뛰어넘어 오늘날까지 유효한 하나님의 계시가 온전히 전달될 수 있다. '부모'가 되신 하나님과, 인간의 갈 길과 살 길을 먼저 보이신 '맏아들' 예수 그리스도와, 하나님의 자녀로서 서로 평등하게 살아가는 '형제자매들'로 이루어진 우주적 공동체가 '하나님의 가문(오이코스)' 즉, 교회다. 이 교회론을 적용할 때 가정은 가장 작은 단위의 교회가 된다. 두 세 사람이 그리스도의 이름으로 모인 곳(마태복음 18: 20), 그곳이 예수가 선포한 '에클레시아^{ekklesia}'의 기원이기 때문이다. 이 선포에 기반한 사도 바울의 혁명적 교회론을 아는 사람이라면 결코 '그리스도와 몸'의 은유를 동등한 인간인 남편과 아내에게 적용할 수 없다. 따라서 "주인은 밖에 대하여 사자 같고 안에 대하여 양 같으라"는 김교신의 교훈은 반만 옳다. 남편도 아내도 온전히 양일 뿐, 목자는 따로 있다. 한 가정의 '주'는 그리스도이시다.

그래서였을까? 기독 신앙의 핵심과 기독 공동체의 원리 안에서 끊임없이 관계를 새로이 배우려했던 김교신은 그의 시대적 한계에도 불구하고 당시로서는 상당히 혁명적인 부부^{夫婦}론을 펼쳤다. 유교적 덕목을 체화해 살았던 김교신이었음에도 말이다. 기독교의 해방적 혁명성이 인성과 덕성을 존중하는 유교적 텍스트를 만나 '아내의 주체됨'을 선언하게 된 것이 아닐까 싶다.

버리지 마라, 생명이다

추측컨대 10년을 하루같이 부엌간만 지키는 주부에게 나가 보고 싶은 생각이 어찌 없으랴. 기소불욕물시어인(己所不欲勿施於人)[《논어》「위령공편」 "자기가 하고자 아니한 바를 남에게 강요하지 말라"]이라는 구가 내 가슴에 소생하였으므로 남의 가정은 할 수 없으나 먼저 우리 집 40넘은 주부에게 '가고 싶은 때에 가고 싶은 데로 가라'는 것을 선언한다. 친정으로도 좋고 사경회로도 가하고(1권 240쪽).

"아니, 뭐 굳이 남편이 이런 선언을 하지 않아도 나는 가고 싶은 때에 가고 싶은 데로 잘만 다닌다." 그렇게 생각할 오늘의 여신도들이 많을 줄 안다. "내 아내는 회사에 갇혀 사는 나보다 훨씬 자유롭고 잘만 다니더구만." 그렇게 억울해할 오늘의 남신도들도 많을 줄 안다. 그러나 김교신의 이 선언이 거의 한 세기 전 문화적 상황에서 선포되었음을 고려한다면, 우리가 배워야 할 것은 문자적 적용이 아니라 한 가정 안에서 작동하는 근본 원칙이어야 한다.

소위 '황금률'이라고도 부르는 이 원칙은 예수께서도 "남에게 대접을 받고자 하는 대로 너희도 남을 대접하라"(마태복음 7:12)는 말씀으로 강조하신 바 있다. 천국, 하나님 나라! 만일 우리 가정이 하나님 나라의 구체적 투사投射라고 고백할 수 있다면, 그것은 낭만적 사랑의 스윗~ 스윗~ 홈의 감정 때문이 아니다. 가장 작은 단위의 교회인 가정 안에서도 교회의 작동 원리가 그대로 적용되기 때문이다. 교회의 머리가 그리스도이시듯, 가정의 머리 또한 그리스도이시다. 그리고 남편과 아내는 머리되신 그리스도를 따르는 '순종적'이고 '평등한' 양들이 되어 서로가 함께 서로를 세우며 사랑으로 살아가는 평등 공동체다. 스스로 가장이라고 여기는 신자가 있다면 얼른 주변을 둘러보라. 지금 아내의 '정당한 의지'가 장애 없이 이루어지고 있는지… 지금 당신의 가정이 하나님 나라의 투사인지… 그래서 '교회'인지….

버리지 마라, 생명이다

🖼 하나님의 뜻, 사랑

"저 사람과 결혼하는 것이 하나님의 뜻인지, 저 사람이 하나님이 준비해주신 나의 짝이 맞는지 어떻게 확신할 수 있지요?" 지방에서 열린 한 청년 모임에서 받은 질문이다. '교회를 교회되게'라는 주제로 진행했던 특강 시간 말미에 받을 것이라고 예상한 질문은 아니었다. 그러나 나름 내 특강 논지를 열심히 들은 뒤의 질문인 것은 맞았다. 그리스도인 두 사람이 이룬 가정이라면 가정도 '교회의 최소단위'이기에 이미 교회의 작동 원리나 관계 방식이 그 안에서 적용되어야 한다고 말했기 때문이다. 나는 그 진지하고 순수한 청년에게 되물었다. 가장 이상적인 두 사람의 만남의 조건이 무엇이라고 생각하는지. 그녀는 "서로 사랑하는, 건강한 두 사람이 만나야 한다"고 대답했다. "반드시 둘다 건강해야 할까요?" 내 질문에 청년만이 아니라 그 자리에 모여 있던 참석자들도 모두 당황한 눈치였다.

물론 결혼은 '자선사업'이 아니다. 불쌍해서, 저 사람은 나 없으면 안 될 것 같아서 하는 것이 '이상적인 결혼'은 아닐 터이다. 그러나 결혼 하여 이룬 가정 공동체가 '교회'라면, 예수께서 가르치셨고 사도 바울 이 누누이 설교했던 '나눔과 섬김의 공동체'라면, 결혼이 '손해는 보지 않고 이익은 극대화하는 물물교환의 무역활동'이 아니어야 하는 것은 분명하다. 성서에서 가장 '불공정한' 결혼관계를 유지했던 사람을 꼽 으라고 한다면 단연코 호세아가 탑 랭킹에 들 것이다. 한두 번도 아니 고 아내 '고멜'의 외도는 호세아를 고통스런 결혼생활로 이끌었다. 김 교신이 호세아와 감정이입하여 풀이한 부분은 호세아의 애통함을 생 생하게 전한다.

일찍이 호세아는 디블라임의 딸 고멜이라는 여성과 결혼하였다. 열정적 인 호세아의 성격으로 보아서 저가 그 신부에 대한 사랑은 꿀송이보다 더 달콤하였을 것이며, 저의 경건한 생애로 보아서 저는 그 신처(新妻)의 영혼이 날로 더욱 성결하여지기를 아침저녁에 쉬지 않고 기원하였을 것 이다. 이러한 결혼생활 중에서 날이 가고 해가 바뀌어서 3남매까지 낳았 다. 그러나 호세아의 가정에는 명랑한 행복이 오기보다 침울한 의운(疑 雲)이 가리우기 시작하였다. 의심을 금하고자 힘쓰면 힘쓸수록 처의 행 동은 이상하였다. … 호세아에게는 날로 이 괴로움이 더하여 갈뿐더러 드디어 최후의 날이 왔다. 고멜은 … 남편을 버리고 가출하여 버렸다. 순

버리지 마라, 생명이다

정열애의 사람 호세아의 흉중이 어떠하였으랴. … 저는 광인처럼 분하였고 절망자처럼 사나워져 배반한 처가 나간 문을 바라보면서 마음의 잡을 바를 못 얻었고 몸의 둘 곳을 찾지 못하였을 것이다(3권 210-211쪽).

김교신이 이렇게 상상력이 풍부했던가? '호세아' 서두를 읽으면서 나 역시 어려서부터 늘 의문이 들었었다. "여호와께서 처음 호세아에게 말씀하실 때 … 이르시되 너는 가서 음란한 여자를 맞이하여 음란한 자식들을 낳으라. 이 나라가 여호와를 떠나 크게 음란함이니라"(1: 2)는 구절이 쉽게 지나쳐지지 않았다. 물론 예언자들이야 제 임의로 생각난 이야기가 아니라 하나님께서 '맡기신預言' 말씀을 전하는 이들이었으니, "가서 음란한 여자랑 결혼하라"는 계시를 내리신다면 황당하고 고통스런 일이나 '아멘'으로 받아야 할 것이다.

또한 하나님의 계시가 '자주' 인간의 상식을 넘어 있다는 것 또한 신앙의 사람이라면 받아들여야 할 일이다. 십분 이해심을 발휘하여 '공적公的 메시지를 전하기 위한 상징적 행위로서의 결혼'이라고 생각한다고 해도, 어린 시절의 내게 하나님의 이 계시는 너무나 '잔인하게' 느껴졌었다. 사랑하지도 않는 여자를, 전혀 인격적 끌림이 없는 여자를, 그것도 앞으로 음행할 것이 예언된 여자를 아내로 맞이하라고? 하지만 김교신의 저 놀라운 상상력은 내가 막연하게나마 '그랬을 거야'라고 생각해왔던 행간 사이의 간격들을 멋지게 채워주었다. 한 여자를 사랑하여 결혼하고, 신앙의 경건함을 함께 누리고자 했던 열망이 컸던 남편의 마음을, 그리고 그런 기대들이 '배반'당했을 때의 분노와 애통함을 절절한 언어로 담아내었다. 그래. 그랬을 거야. 호세아는 고멜을 사랑했을 거야. 그래서 결혼했고 그녀와 이상적인 가정을 꾸리고 싶었을 거야. 그런데 그의 이상이 어그러지지 시작했을 거야. 그녀를 사랑한 만큼 버림받은 분노가 컸을 거야. 필시 하나님 앞에 엎드려 울부짖었을 거야. 왜냐고, 왜 나에게 이런 고통을 주시느냐고. 그리고 '아마도' 하나님의 계시는 그때 받았을 거야. 여전히 몸은 분노하고 있는데도, 자복하고 엎드려 온전히 자신의 실존을 주 앞에 내어놓은 호세아에게로 '하나님의 뜻'이 스며들어 왔을 거야.

때에 노도와 같이 저의 가슴에 일조(一照)의 광명이 비추이며 가늘고 고요한 소리가 들리기를 "호세아야, 네가 배반한 아내로 인하여 분하냐. 발광할 듯하냐. 당연한 일이다. 진정 사랑하는 까닭에 노할 것이다, 분할 것이다. 그러나 사랑하라. 배반한 아내를 사랑하라, 사랑하라." 아직 호세아의 수족은 분노의 경련을 금치 못하였을 때이나 저의 양심에는 '아멘'의 응답이 생겼다(3권 211쪽).

'비로소' 호세아는 이 불행한 개인의 결혼사를 체험하면서 고통 가운데 받았던 계시를 통해 이스라엘을 향해 하나님께서 가지셨을 마음을 헤아릴 수 있었으리라. '사랑하는 아내' 이스라엘과의 황홀한 밀월에의 기억이 아직도 생생한데, 자꾸 곁을 떠나는 그들을 보며 '남편'되

버리지 마라, 생명이다

신 하나님께서는 얼마나 고통스러우실까? 얼마나 아프실까? 또 얼마나 분하실까? 그 고통만큼, 그 아픔만큼, 그 분노만큼 우리 이스라엘에게 갚으신다면, 우리가 어찌 이 땅에서 생명을 이어갈 수 있었을까? 호세아의 삶이 '불행한 남편'으로 끝나지 않고 '사랑의 선지자'로서 우리에게 계속 이야기될 수 있는 까닭은 자신의 개인적 아픔을 승화시켜 공동체를 향한 메시지로 읽어내었기 때문이리라.

이렇게 읽고 나니 비로소 마음 가운데 자유함과 기쁨이 넘쳐났다. '나의 하나님'이 그러실 리 없었을 거라는 어린 시절의 막연한 소망에 확신을 가져다 준 풀이었기 때문이다. 호세아 한 사람의 삶 역시 아끼시고 사랑하는 하나님이신데, 설마 '공동체적 교훈'을 주시려고 호세아의 자유의지와 선택과 사랑의 관계성을 몽땅 희생하셨을리가.

호세아가 고멜과 사랑에 빠지고 결혼한 것은 여느 남녀가 그러하듯 자연스런 일이었을 터이다. 그가 깨달은 '하나님의 뜻'은 오히려 그 이후에, 그리고 오직 호세아'만'이 받아 전할 수 있는 것이었다. 호세아가 여전히 고통 가운데 힘겨워 하고 있는데도, 만일 옆에서 누군가가 제 마음의 잣대로 판단하고 평가하고 훈계한다면(설사 그가 '그럼에도 불구하고 사랑하라는 것이 하나님의 뜻이야'라는 '정답'을 먼저 깨달은 자라 할지라도), 그건 '폭력'이다. 호세아 스스로, 호세아의 자유 영혼으로, 그의 산 신앙으로 하나님과 씨름하듯 기도하다 받은 계시의 말씀이기에, '그럼에도 불구하고 사랑하라'는 그 말씀은 비로소 그에게 '하나님의 뜻'이 될 수 있었다.

간통죄 폐지(2015년 2월)가 결정된 이후 신문사나 지인들로부터 질문을 많이 받았다. 기독교사회윤리학자의 입장에서 이 문제를 어떻게 보느냐고. 찬성이냐고, 반대냐고. 그들에게 되물었다. 만일, 그동안 간통이 위법행위였기 때문에 외도를 못했던 커플이라면, 꾹꾹 참았던 커플이라면 그 둘은 과연 바른 관계 안에 있는 커플이겠느냐고. 구약시절처럼 '돌로 칠 것인가' 모세의 법처럼 '이혼 증서를 써 줄 것인가' 아니면 현대사회의 개신교 윤리처럼 '합법적이고 신앙적인 결혼은 한 번에 한 사람만!'(세기적 미녀라는 엘리자베스 테일러의 방식으로)을 적용할 것인가는, 이 놀라운 사랑의 관계적 혁명을 체험했고 그 안에서 하나님의 뜻을 발견했던 호세아의 선포에 직면하여 모두 무력해진다.

그럼에도 불구하고 사랑하라! 감사하게도 특강에서 이런 해석을 나누는 동안 청년들의 눈빛은 나에게 말하고 있었다. 죽기까지 '타인을 위한 나'이셨던 그리스도를 '가장' 삼아, 평등한 두 사람은 존재와 삶을 사랑으로 나누며 서로를 건설해가고자(오이코도메인) 끊임없이 '너'를 부르고 기다리고 섬기는 '공동체'를 꾸려가고 싶다고. 그 눈빛이 나에게 전해져 한없이 소망스러운 하루였다.

권위 나눔, 소유 나눔

저 이의 입에서 어떤 말이 떨어질까? 그동안 수많은 사람들을 고치고 배고픈 이들에게 떡을 먹인 이라는데, 저이가 우리를 구원할 메시아가 아닐까? 예수를 따라 산 위에 오른(마태복음 저자의 보도), 혹은 한적한 평지에 다다른(누가복음 저자의 보도) '무리들'은 온 존재를 집중하여 예수의 입을 바라보았을 것이다. 필시 살리는 말을 할 것이니, 필시 숨통이 트이는 해결책을 제시해 줄 것이니, 그 첫 마디가 어찌 기대되지 않으랴! 그런데 이게 웬일인가? "복스럽도다, 가난한 이여!" 어이없을 일이다. 1세기 팔레스타인 땅에서 '가난한' 삶이 얼마나 비참한데, 어찌 가난한 이들이 복되다 하는가?

"천국이 저희 것인 까닭이다." 이건 또 무슨 역설인가? 더구나 3인칭 단수 현재형 동사estin를 사용하여 가난한 이가 "지금 천국을 소유한다"고 선포하고 있으니 이 말을 이해하기란 쉽지 않았을 터이다. 요즘 청(소)년들의 표현에 따르면 21세기 대한민국은 '헬조선'이라는데, 이 용어의 적절성이나 기원 분석에 대한 부분은 일단 접어두고라도, 청(소)년들이 느끼는 현재적 삶에 대한 응시를 고스란히 전해주는 단어임에는 틀림없다. 우리의 현재가 '지옥' 같다는 말이니, 예수의 저 복음은 오늘 이 땅에서 선포되어도 고스란히 당혹감을 자아냈을 일이다. 지금 여기서 '천국'을 소유할 수 있다고? 더구나 가난한 이가? 이렇게 모인 무리들을 당황시키며 시작된 예수의 산상수훈은 반전에 반전을 더하는 메시지들로 이어져 갔다.

김교신은 '산상수훈'이 예수 사역의 정점에서 선포되었다고 보았다. 예수가 공생애를 시작하자마자 전했다기보다는, 시간 순서로 따지자면 도회지에도 가보고, 소위 랍비와 바리새인, 제사장들도 만나보면서 소위 '가진 자'들의 오만과 편견과 아집을 온몸으로 경험한 뒤에 비교적 후반기에 이 메시지를 전하기 시작했을 것이라는 추론이었다. '이런 심오하고 핵심적인 말씀이 예수 사역의 초반기에 나왔을 리 없다. 서생의 이상론이나 천재의 직감이 아니라 땀과 피로써 실험한 [예수의] 인생 기록이다.' 이것이 김교신의 이해였다.

마태복음은 신약성서의 초두에 있고, 산상수훈은 기재된 설교 중 제일 처음에 있으므로 이것을 예수 전도 시초의 설교라 하여, 그 교훈의 고원(高遠) 완벽함을 도리어 신학교 교문을 갓 나온 전도자가 세고인정(世故人

情)과 교회 관습에 통함이 없이, 실행성이 결핍한 궤변의 공상으로써 공연히 고도의 도덕률만 제창한 것이라고 교훈의 진가를 얼마씩 할인하려 함은 불소(不少)한 오해라 할 것이다(4권 23쪽).

한마디로 "도회지 전도 실패의 경험"과 복음전도자로서 두루 다니는 동안 만났던 다양한 인간 군상들의 모습을 성찰하며 하나님 나라의 메시지가 어떤 이들에게 '주로' 전달되는지를 체험적으로 깨닫고, 자기 인격 안에 체화시킨 일종의 자서전적 고백이 산상수훈이라는 주장이다. 평소 자신을 전문가가 아닌 '공부하는 소인素人'이라 여겼던 김교신인 만큼, 여기서 산상수훈의 선포시기를 놓고 그의 추론이 성서학적으로 얼마나 타당한가를 논하는 것은 부적절한 시도이다. 다만 김교신의 이러한 추론을 읽다 보니, 온전히 그리스도이시나 또한 온전히 한 인간이셨던 예수가 이 깨달음을 얻기까지 얼마나 간절히 기도하고 치열하게 율법을 묵상하고 진지하게 사람들을 만나며 청년의 때를 지냈을 지가 떠올라, 산상수훈의 말씀이 더욱 팔딱팔딱 살아서 전달되는 것만은 분명하다.

예수 시절의 무리들처럼 가난한 조선 백성들의 입장에서 팔복의 첫 구절을 읽으며, 김교신도 당황하기는 마찬가지였다. 정말로 가난한 이가 천국을 소유할 복을 현재 누릴 수 있다면, 김교신의 표현마따나 "이것이야말로 운행하던 태양이 서게 되고 고정하였던 지구가 공전하게 된 것보다도 더 근본적으로 인류 사회를 전도시키는 혁신"이다. 이 반전과 역설 가득한 문구를 접하여 역시 기도하고 공부했을 김교신은 누가와 마태를 비교하며 '천국을 소유할 가난'을 묵상했다. 먼저 누가복음 저자가 강조한 '물질적 가난'이다.

> 빈자의 고통은 빈자라야 안다. 이 일구(一句)가 궁중에 기거하는 법왕의 훈유(訓諭)가 아니고, 구유에서 생장(生長)하여 목공의 집에서 장성(長成)한 나사렛 예수의 말씀인 데에 중량(重量)이 있는 것이다. 가난한 그것이 곧 천국을 획득하는 필연적 이유가 되는 것은 아니나 … 천국에 들어감에는 부자보다 빈자가 유리함이 많다. 예수께 와서 영생의 도를 묻던 청년은 그 소유 재산이 많음으로 인하여 "얼굴이 변하고 근심하며"(마가복음 10:17-22) 물러갔다. … 가난한 것이 … 오히려 천국을 향하는 자극을 주는 것이니, 빈(貧)은 소원할 만한 처지요, 가난한 자는 복스러운 것임을 알 것이다(4권 30-31쪽).

성서를 읽으며 나는 예수께서 가르치신 하나님 나라의 원칙을 '권위 나눔'과 '소유 나눔'이라고 요약해왔다. 그것이 권력이든 소유든 '내 것'을 확장하고 축적하는 삶은 '반反하나님적'이다. 그런 욕망은 이 땅에 수직적 구조를 공고히 하게 되고 소수의 권력자와 부자들만이 피라미드의 꼭대기를 차지하는 시스템을 만들어내기 때문이다. 이건 아브라함이 떠났던 갈대아 우르로부터 이집트, 바벨론, 군주제 시절의 이

버리지 마라, 생명이다

스라엘, 그리고 예수 시절 로마 제국에 이르기까지, 아니 신자유주의적 글로벌 자본주의의 시절인 오늘날에도 한결같다. 하나님 보시기엔 아름답고 고귀한 '레바논의 백향목'과도 같은 순수하고 착한 평민들을 절대적 가난으로 몰아넣고서 꼭대기에 오른 왕과 부자는 결코 쉽게 자발적으로 권위를 나누고 소유를 나누지 않는다. 하여 그들은 천국으로부터 멀다.

그러나 영화 〈카트〉에서도 보지 않았나? 내 아이 수학여행 갈 돈을 마련하느라 악착같이 일을 한 '가난한' 엄마는, 아이가 급작스레 아파서 병원 응급실에 가 동동거리는 동료 앞에서 몇 번을 망설이다 결국 그 '피 같은 돈'을 쥐어주고 돌아온다. 아니까, 아픈 아이를 둔 '가난한 엄마'의 심정을 아는데 어찌 내 소유를 나누지 않을 수 있겠나!

현실에서도 그렇다. 평생 모은 돈을 가난한 학생들의 장학금으로 선뜻 내어놓는 이들은 대개 가난한 이들이다. 이웃의 어려움에 작은 힘을 보태고, 그러고도 내가 했다 우쭐거리며 스스로 높이지 않는 이들은 '대개' 가난한 이들이다.

가난한 목수의 아들로, 그것도 아버지를 일찍 여윈 집안의 장남으로, 가난한 이들 가운데서 나고 자라며 그들이 기꺼이 권위와 소유를 나누는 모습을 보았을 예수라서, 또한 '하나님 나라의 통치 원리란 별 것 없다. 이웃과 평등하게 형제자매로 살아가면서(권위 나눔), 서로의 필요를 채워주며(소유 나눔) 현재를 살아내라'는 복음을 가난한 자가 가장 쉽게 그리고 가장 빨리 받아들이는 것을 체험하면서, 예수는 단언할 수 있었으리라. 복스럽도다! 가난한 이여! 천국이 지금 그의 것이다! 김교신도 이 지점을 보았지 싶다. 이웃을 짓밟아야만 부와 권력을 가질 수 있는 반反하나님적 시스템에서 가난하다면 차라리 그게 복이다. 우리는 지금, 여기에서 형제자매와 권위를 나누고 소유를 나누며 천국을 살아낼 수 있으니 말이다.

한편 김교신은 마태복음 저자가 강조한 "심령이 가난한 자"라는 표현에서도 천국을 '지금' 가진 사람의 품성을 묵상했다.

> 성 마태는 주의면밀하게 '심령이 가난한 자'라 하였다. … 학식으로나 제반 덕행으로나 내심에 자긍할 아무것도 인식한 것이 없는 자가 제일 심한 빈자(貧者)이다. 이렇게 보아서 최대 빈자의 하나는 사도 바울에서 볼 수 있다. 바울은 고백하여 말하기를 "대개 내 속 곧 육체 속에 선한 것이 하나도 거하지 아니하는 줄을 아오니, 선행하기를 원하는 마음은 내게 있으나, 그대로 이루는 것은 없는지라. 오호라, 나는 괴로운 사람이로다. 누가 이 사망의 몸에서 나를 구원하랴"(로마서 7:18-24)고(4권 31쪽).

하나님 안에서 자신만의 특별한 체험을 했노라고, 유명 학자나 유명 목회자 밑에서 성서공부를 했노라고, 교회와 사회에서 높은 자리에 있다고 교만에 빠진 이들은 보통 자기 권위를 내세우기 마련이다. 이웃 위에 우쭐대는 심성과 태도를 가지게 된다. 마태복음 기자와 함께 김교신은 이 역시 천국으로부터 멀다고 지적한다. 그러나 '심령이' 가

버리지 마라, 생명이다

난한 자, 도대체 '그리스도'가 아니라면 내 안에서 그 어떤 선한 것도 나올 수 없다고 가슴을 치며 회개하는 이는 하나님과 이웃 앞에서 겸손할 것이므로 그는 이미 천국을 소유한 자이다. 전적으로 동감이다. 하나님 나라는 '권위를 나누는 나라'이기 때문이다. 천국은 내가 이웃 '위에서' 주장할 나만의 권위라는 것이 전혀 없는 나라이다. 그러나 '그리스도'를 내 마음 가운데 받은 이라면 누구나 평등한 신적 권위를 부여받은 나라이다. 그러니 물질적으로 가난한 이여, 또한 심령이 가난한 이여! 모두 복되도다. 지금 천국이, 그 통치 질서가 그의 것임이기에.

친구됨

다음 달은 정상적인 발행이 가능할까, 이런 식으로 과연 조선 땅 전역과 오고 또 올 미래의 세대들에게 성서의 산 메시지를 전달할 수 있을까? 한치 앞을 모르면서 매달 성실함과 소망으로 이어간 「성서조선」지 발간이 어느덧 10년에 다다를 무렵(1930년대 중반), 김교신은 뜻밖의 친구들을 만났다. 한센병 환자들의 공간 소록도에서 보내온 문신활의 편지는 김교신 스스로도 고백하듯이 그의 인생에 큰 사건이었다.

문신활과 그의 동료들은 1932년 부산의 감만리나병원을 섬기던 손양원 전도사에게서 「성서조선」지를 소개받았다 했다. 전도사님이 들려주시는 말씀 해석을 재미나게, 희열에 넘쳐 들었다고 한다. 그러나 「성서조선」지의 불순함을 지적하고 '이단'이라 핍박하는 무리들에 의해 손 전도사님은 쫓겨나고 600여 명이나 되던 한센병 교우들도 이리

버리지 마라, 생명이다

저리 떨어져 나갔단다. 남은 5명. 돈 없고 반대에 부딪히는 고난 속에 「성서조선」지 한 권을 겨우 신청하여 읽던 심정을 문신활은 이렇게 적었다. 병원 뒷산 송목松木을 의지하여 은근히 모이어 읽을 때마다 썩어짐이 없는 진실한 부흥이 되었더이다(2권 105쪽). 이후로도 기구한 사연으로 이리저리 몰리다 소록도에 모여 있다며, 김교신을 만나고 싶은 마음이 간절하나 한센인이 찾아가는 것이 오히려 누가 될까 봐 편지로 대신한다는 사연이었다. 이른 봄 소록도에서 온 소식을 받고 김교신은 일기에 이렇게 썼다.

> 편집 조판까지 마친 후에 소록도 통신을 접하였다. 이것은 주필의 일생에 가장 큰 사변의 하나이다. 이 일을 지우들께 알리기를 지체할 수 없었다. 반도의 유위(有爲)한 청년들이 복음을 요구하지 않고, 유리한 전도지를 교권자 제 씨가 강하게 독점하고자 할진대 우리는 애석할 것이 없이 퇴각하여 소록도의 5천 명 친구에게 가리라. 병자라야 의약이 필요하다. 단 면수의 한정으로 인하여 조군의 요한복음이 2면만으로 단축된 것은 미안 천만(5권 279쪽).

이 한 장의 편지는 막 조판을 마친 「성서조선」지 뿐만이 아니라 김교신의 신앙과 향후 삶의 여정에도 큰 '사변'으로 작용했다. 복음을 전함에 있어 위아래가 있겠느냐만, 기왕이면 리더십 있는 청년, 장래 촉망한 인사에게 전해 산 신앙의 영향력을 더 빠르게 더 강력하게 한반

스스로, 함께 사는 생명

도에 뿌리내리게 하고픈 욕심이, 솔직히 있었다. 그런데 만날수록, 이야기를 나눌수록, 오해와 무관심에 지치고 실망하던 한 중간이었다. 그런데 이후 쏟아지는 소록도 통신들은 김교신 자신조차 미처 깨닫지 못했던 복음의 심오한 깊이를 가진 살아있는 복음서요 예언서들이었다. 아아, 김교신은 결심한다. "나환자의 신서를 가슴에 품고 천국 길을 돌진하리라"(2권 107쪽). 변화는 비단 김교신뿐만이 아니었다. 문신활의 사연을 읽은 「성서조선」지 한 독자의 결심은 이러했다.

> 선생님, … 진체 송금 3원 40전 하였습니다. 이는 생(生)의 지대 1년분과 소록도 문신활 형에게 보낼 지대 1년분이올시다. 75호 그의 논문을 보고 지대를 제가 담당함이 가함을 느꼈나이다. 이 일을 절대로 공개하지 마시고 또는 위 문형 본인에게도 저의 이름을 교시(敎示)하지 마소서. 특별 부탁합니다(5권 288쪽).

여기저기서 크고 작은 삶의 결단을 담은 편지들이 이어졌다. 자신의 신앙을 되돌아보고 반성하는 이야기들부터 연말까지 계속된 소록도행 선물꾸러미까지… 그들은 이미 문신활의 '친구'였다. 남도 나도 '천형'이라 여기던 병을 얻는다는 것, 몸이 아픈 것도 감당키 어려운 지경인데 가족과 이웃, 살아갈 의미를 주고 힘을 주는 이들과 격리되어 외로운 영혼의 싸움까지 오롯이 홀로 감당해야 했던 문신활과 그의 동료들. 그들은 외딴 섬을 찾은 「성서조선」지를 통해 '친구들'을 만났고, 무

버리지 마라, 생명이다

엇보다 이들을 친구로 엮으신 '진정한 친구' 예수 그리스도를 만났다. 연인들의 편지가 이만큼 절절할까. "나병으로 인하여 외롭고 고독한 소생에게 둘도 없는 가장 유일의 벗"이요, "밥 먹고 잠자는 시간 외에는 어떠한 경우든지 기거동작 간에 가슴에 품고 틈만 있으면 들고 본다"(5권 304쪽)는 성조지를 통해, 이들은 하나의 '에클레시아'(교회)가 되어갔다.

5월 21일자 문신활의 편지는 차라리 한편의 예언서이다. 자나 깨나 「성서조선」지를 품고 다닌 이의 깨달음이 참으로 깊다.

> 아, 오묘하도다, 하나님의 섭리의 방법이여, 찬송하리로다. 우주의 배후에, 조선의 역사 위에 역사하시는 하나님의 섭리가 소록도의 배후에 절망한 나맹인(癩盲人)의 생활 위에 운동하실 줄이야 누가 알았으며, 병중에도 병을 더하여 낙망과 연민의 입장에 처한 나맹인으로서 천국의 희망을 심구할 줄이야 그 누구가 알았을까요. … 오, 찬송하리로다, 우주에 충만한 그리스도의 생명, 학박사(學博士)야 알았느냐, 나맹인의 참담한 사변(事變) 위에서, 그 형자님들의 눈물을 통하여 역사하시는 그리스도의 영적 창조의 묘법을, 세인들아, 너희는 몰랐으리라. … 아, 현 교회의 신앙관은 심히 천박한지라, 우주에 충만한 복음, 삼라만상에서 생명적으로 뛰놀며 성장하는 진리, 즉 성서가 가르치는 예수 그리스도를 바로 보지 못하고, 예수의 흔적만 남은 신조만 붙들고 밤낮 울고 있음을 구경하였음이다(5권 324-325쪽).

전형적인 예언서의 서문을 갖춘 그의 편지는 '고통'에 관하여 욥기를 뛰어넘는 문학적, 신앙적 성찰을 전한다.

우는 자와 같이 울고 웃는 자와 같이 웃듯이, 그리스도의 가혹한 사랑인 동시에 자기와 사람을 밀접한 교제를 시켜 놓고 견딜 수 없는 불행과 비운을 내리시는 것이 그리스도의 사랑이었나이다. … 아, 그리스도의 사랑을 받은 자는 인간의 행복이 아니요 인간의 불행이다. 아, 그리스도의 사랑은 웃음이라기보다 눈물이었나이다. 그리스도에게 불리는 자, 그리스도에게 선택함을 입은 20세기의 복음의 종들은 자기의 소유는 빼앗기고 자기의 소망은 깨어지는 것이다. … 아, 현 교회 사랑하는 형자들은 아직도 자기를 빼앗길 용기가 없다. 즉 땅의 것을 팔아 하늘의 것을 살 용기가 없다. … 소록도 갱생원의 사랑하는 형자들이여, 나병에 시들고 남은 그 뼈, 그 살, 그 피까지를 주 예수께 바치사이다. 빼앗기사이다. 그럴 때라야 천국은 형자님들의 소유가 되리이다. … 이를 못한 신자는 천박한 자기 지식과 관념에만 잡히어 영원히 죽으리다(5권 326-328쪽).

"요즘 받는 편지마다 소록도 아니면 만주"라는 김교신은 문신활과 동료들의 편지를 읽고 서신으로 왕래하다 7월 26일자 일기에 그리 적고 있다. "그 중간 반도는 교권자와 신학자에게 맡기고"(5권 364쪽) 자신은 「성서조선」지를 통해 하나로 연결된 친구들을 향해, 즉 주변으로, 변방으로, 복음의 사자가 되어 달려가겠노라고.

버리지 마라, 생명이다

실은 인간 문명이 지어져 온 이래 중심에는 산 신앙이 오래 버텨본 적이 없다. 인기리에 방영되었던 드라마(제목은 '송곳'인데 웹툰이 원작이라 한다) 대사처럼 "서는 자리가 달라지면 보이는 풍경도 다른 법"이다. 행여 복음의 생령을 가슴 뜨겁게 체험했고 그 핵심 메시지를 지식으로 안다 할지라도 인간 시스템의 심장부에 서면, 예수가 친구했던 이들과는 멀어지기 쉽다. 그러나 주변에서는 저 가난한 마음의 신앙고백이 터져 나온다. 병마와 싸우는 동안 문드러진 살, 쇠약해진 뼈… 남아 있는 것이 얼마나 된다고 온전히 '기쁨'으로 주께 내어놓고 천국을 사겠다는 것인가! 저런 친구들을 두고서 어찌 중심을 향할까.

　참으로 예수의 선언은 옳다. 가진 자는, 중심에 선 자는, 그 가진 것으로 말미암아 천국에서 가장 멀다. 문신활의 사연이 담긴 「성서조선」지를 읽고서 "조선에서 한 사람을 사랑하시려거든 저이 한 사람이면 만족 만족 대만족"(5권 355쪽)이라고 고백했던 송두용처럼, 아마도 이때 김교신은 삶과 신앙의 방향성을 더욱 굳건히 했을 일이다. 주변에 서기로, 병자와 함께 하기로, 약하고 외로운 이들의 친구가 되기로… 그 결심대로 살다가 결국 그는 변방의 한 공장에서 병든 조선인 노동자들을 돌보다 그들의 친구로 죽었다.

율법의 완성, 은혜

"이 바리새인 같으니라고!" 만일 이런 말을 들었다면 대부분의 그리스도인은 매우 불쾌할 것이다. 바리새인에 대해 선입견이 좋지 않기 때문이다. 일단 바리새인은 예수께서 공생애 기간 내내 꾸짖으셨던 사람들이 아니던가! 무엇보다 복음서에 나타난 바리새인들은 사랑이라고는 눈꼽만큼도 없는 냉정한 율법주의자로 묘사되었기에, 기독 그리스도인은 일단 '심정적으로' 바리새인들을 싫어한다. 더 극단적인 경우는 반(反)하나님적이고 불신앙적이며 위선자, 안하무인에 거짓 신앙인과 동의어로까지 생각하면서 반감과 혐오를 표출하기도 한다.

　그러나 이는 '오해'다. 역사적으로 살펴보면 바리새파는 이스라엘 공동체가 가졌던 대안적(혹은 대조적) 삶의 기준이었던 '여호와의 규례'(율법)를 어느 누구보다도 성실하게, 경건하게 지켜내려던 종파였기 때

버리지 마라, 생명이다

문이다. 이스라엘이 마케도니아에서 로마 제국으로 이어지는 강대국의 지배를 연이어 받는 동안, 사실 이 바리새파보다 더 '경건'하게 '여호와의 규례'를 붙든 사람들도 드물었다. 기원전 2세기즈음 헬레니즘 문화와 그리스적 종교 행태가 예루살렘 성전을 '더럽히며' 이스라엘의 신앙을 위협하던 시절, '경건한 유대인'이었던 하시딤의 정신과 실천을 이어받으며 생겨난 신앙의 사람들이 바리새파이다. '헬라적'인 삶을 따라야 출세하던 시절에, 나아가 유대 율법을 지킨다는 것이 종교적 탄압과 고달픈 삶으로 이끌던 때에, 그야말로 여호와의 율법대로 세상을 살아내려 스스로를 시대적 조류로부터 '분리'('바리새'의 뜻)해 낸 이들이 바리새파였다.

이교적 신앙 제의에 사용되었던 고기나 음식들은 아무리 싸도, 아무리 맛나도, 아무리 쉽게 구입할 수 있어도 먹지 않겠다. 반드시 십일조를 떼어드리고 난 음식들, 유대율법에서 '정결하다'고 명시된 먹거리만 먹겠다. 아무리 큰 이익을 보는 일이라 해도 안식일에는 일하지 않겠다. 여호와께서 쉼의 거룩성을 선포하신 날이다. 말씀 묵상과 금식 기도를 쉬지 않겠다. 이런 경건한 신앙과 선한 의도, 엄격한 실천은 나무랄 일이 아니다. 오히려 칭찬과 존경을 받아야 마땅하다. 예수도, 김교신도 이 점은 인정했다.

근래에 '복음'이라는 말이 다종다양으로 혼용케 되었으나 본래의 의의는 바리새교인과 같이 엄격하게 율법을 준행함으로써 완전한 의(義)에 달하려는 율법주의에 대하여 그리스도를 믿음으로써 신앙의 의에 달하는 은혜주의를 칭하여 복음이라 하였다. 그러므로 바리새교인의 노력이 있는 후에라야 복음다운 아름답고 반가운 소식으로 들리며, 율법 밑에서라야 은혜가 고마운 줄 알게 된다. … 결코 바리새교인의 진지한 노력 그것을 배척한 것은 아니다. 그러므로 복음을 복음답게 알기 위해서는 우선 바리새주의에 배울 필요가 있다(4권 74쪽).

그러나 문제는 이들이 일상생활 가운데서 신앙을 지키려 '분리' '구별'의 기준들을 세부적으로 나누었던 율법조항들이, 그런 삶을 살 수 없는 상황에 놓인 사람들을 향한 경멸과 비난의 기준으로 작동하기 시작했다는 점이다. 아무리 선한 의도나 실천이라 해도 변화하는 상황에 대한 이해와 적용된 결과에 대한 예측 없이 언제나 지켜야 하는 '교리'나 '주의'로 굳어버리면 오히려 '악한' 도덕적·종교적 칼날이 되어 사람들을 옥죄고 죽이는 법이다. 토라만을 경전으로 여기던 사두개파와 같은 보수적 전통주의자들에 비해, 바리새파 사람들은 구전 율법과 랍비들의 해석도 광의의 율법으로 받아들인 부류다. 예수께서 '장로들의 유전'이라고 표현하신 내용들 말이다. 일상생활에서 철저하게 율법을 지키는 삶을 살고 싶어 그들이 범위를 넓히고 해석에 해석을 더하는 동안, 어느덧 613개의 범주로 늘어나버린 율법 조항들은 1세기 평범한 유대인들의 삶을 억압하는 또 하나의 굴레가 되어버렸다.

당시 평범한 유대인들은 삼중의 세금을 내야만 했다. 성전세, 유대

버리지 마라, 생명이다

지방정부에 내는 세금, 거기다 로마식민정부가 강탈해가는 세금까지 '빼앗기고' 나면 먹고 살 돈도 빠듯했던 시절이다. 아니 그 세금 낼만 큼을 벌기도 힘든 상황이었다. 체납되는 날수가 많아지면 불법자가 되고, 하여 산으로 도망을 간 사람들도 부지기수였다. 그런데 안식일이라고 어찌 쉼이 가능할까. 오히려 이들에게서 안식을 빼앗은 사람들을 향해 '율법 정신을 지키며 살아라' 큰소리쳐야 할 상황에, 세부 율법 조항에 매여 일하는 생계형 평민들을 죄인 취급하며 그들로부터 자신들을 '분리'하고 '의롭다' 자족했던 사람들이 예수 당시의 바리새인들이었다. 심지어 자신들은 '의롭게' 안식법을 지키느라 손 하나 꼼짝하지 않으려고 품삯 일꾼들에게 대신 일을 시킨 탓에 생계형 노동자들만 '죄인' 만들었던 바리새인들도 적지 않았다.

상황이 이러하다보니 예수께서 말씀하신 '온전함'이 결코 율법을 나노단위로 쪼개고 세부적인 항목들을 더 늘려서 일거수일투족을 '율법적'으로 수행하여 완전에 이르자는 의미가 아니었음은 분명하다. 예수께서도 그러셨지 않나? 성전 한 가운데 당당하게 버티고 서서 자신은 율법을 하나도 어긴 적 없는 의로운 사람이라고 자랑스럽게 기도하는 바리새인의 모습보다, 한 구석에 어정쩡 서서 감히 눈을 들어 하늘을 쳐다보지도 못하고 가슴을 치며 '자기가 죄인'이라고 통곡으로 마음을 찢으며 회개 기도하던 세리가 하나님 보시기에는 더 의로운 사람이라고 말이다(누가복음 18:9-14 참조).

하지만, 어찌 그것이 가능한가? 율법이 정한 금지조항대로 따르고 경건함을 위한 금식과 규례를 모두 다 지킨 바리새인을 뇌두고 어찌 '죄인'인 세리가 더 의롭다하심을 입을 수 있나? 그게 '복음'이라면 세상사는 일이 참 쉬워지겠다. 막 살고 성전에 와서 가슴을 치며 회개만 하면 '의롭다' 인정받겠네? 어이없지만 실제로 많은 개신교도들이 예수가 전한 복음을 이렇게 '오해'하고 있는 듯하다. 예수도 '안 지킨'(적어도 '값싼 은혜'에 고무된 개신교 신자들이 보기엔) 율법을 우리라고 지킬 이유가 무엔가? 더구나 이 은혜의 시대에? 할렐루야! 구원받기 참으로 쉽구나~.

사실 예수 역시 언뜻 보기에는 '율법의 파괴자'처럼 보였다. 안식일의 세부 율법사항들을 지키지 않았던 일들, 그러니까 안식일에 병자들을 고쳐주거나 밀 이삭을 까불러 먹는 '일'을 한 제자들을 변호해주었던 사건들만 해도 그렇다. 정결 의례에 어긋난 행동을 한 이들과 함께 식탁에 둘러 앉아 먹는 일도, 율법에 불경건하고 '더럽다'고 분류된 일들을 하는 계층의 사람들과 함께 말을 섞고 어울리는 것도, 예수는 여러 면에서 "구舊도덕의 파괴자요, 반역자"로 불릴 만했다.

그렇다면 모순 아닌가? 자신은 율법 조항과 규례를 지키지 않으면서 어찌 "율법을 폐하러 온 것이 아니라 완성하러 왔다"(마태복음 5:17)고 하셨을까? 누구든지 자신의 죄를 하나님 앞에 진심으로 아뢰기만 한다면 죄사함을 입는다는 이 '은혜'의 복음은 어떤 점에서 율법의 완성이라는 말인가? 다수의 그리스도인들이 마술 지우개와도 같은 값싼 은혜로 해석하고 무책임하고 뻔뻔하기까지 한 일상을 살아가는 동안, 김교신은 "율법을 완성하러 왔다"는 예수의 말씀을 제대로 읽어냈다.

도덕률은 표면의 문제가 아니요, 저류의 문제다. 제도의 문제가 아니요, 내심의 문제다. 현대라 할지라도 도덕률은 엄연한 하나님의 부여물이다. 일점일획이라도 폐하기를 용납지 않는다. 완성하고야 말 것이다. … "완전케하러 왔노라"는 원어 plero는 영어의 fulfil 즉 충실, 영일(盈溢)의 뜻이다. 파괴나 배척이 아니라 진화, 발전, 완성케 한다 함이다. … 이렇게 하는 것[세부조항들에 얽매인 율법주의를 파괴하는 것]이 그리스도로 말하면 그 율법을 완성하는 소이(所以)였다. 그 형식으로서는 파괴하고 내용으로서는 더욱 충족한 의의로써 성취하였다. 개개의 조목(條目)을 다기다지(多岐多枝)로 세분하여 서기관보다 더 많은 조목을, 바리새교인보다 더 세심하게 실행한다는 것이 아니라, 제반 율법의 행위에 근본 되는 '사랑'을 충실케 하는 것이 곧 도덕률 전체를 완전히 실행하는 바이었다. … 사랑이 충실할 때에 우리가 성결함을 얻고 자유함을 얻고 율법은 자연히 행하여지고, 도덕은 형해(形骸)를 벗고 생명이 약동하게 된다. … 그리스도는 능히 그 형해를 털어 버리고 그 핵심만을 끄집어내어 지극히 충실하게 완성하신다(4권 76-78쪽).

하나님께서 호흡을 불어넣어 살게 하신 생명이 이 땅에서 제대로 숨쉬며 살아갈 수 있도록 하는 것, 그것이 율법 정신의 핵심이요 "도덕률의 저류"요 "인간의 내심"이어야 할진대, 이를 한마디로 표현한다면 그것은 '사랑'이다. '헤세드(은총, 은혜)'이다. 정죄함이 아니고 용서함이요, 분리가 아니라 감싸 안음이다. 성실하고 착하고 순한 민초들의 일상이 '죄'가 되는 환경에서라면 세부율법항목쯤은 홀홀 털고 오히려 '은혜'로 인간의 내심을 가득 채우라. 그것이 율법의 핵심이요 완성인 까닭이다. 하나님의 본성인 '헤세드'를 내 안에 받아 이를 내 안에서 차고 흘러넘치게 할 때 '여호와의 규례'는 '주의'가 아니라 살아있는 말씀이 되어 살리는 힘으로 나의 일상 한 가운데서 작동할 것이다. 그러니 규례라서, '나'만 의롭기 위하여 행하지 말지라. 내가 '하나님의 은혜'로 풍성하게 생명의 삶을 누리므로 말미암아 그 헤세드로 '이웃'을 살리는 은혜를 베풀어라. 그게 '살아라!' 하는 창조명령과 '살려라!' 하는 구원명령을 태초부터 인간에게 부여하셨던 하나님의 율법 정신의 핵심이다.

버리지 마라, 생명이다

바톤터치, 그리고 하루씩

살다보면 엉겁결에 맡게 되는 일들이 있다. 물론 '하기 싫다'는 것은 아니지만, 개인적 상황이 되지 않는데, 공동체의 처한 정황상 '독박을 쓰는' 경우다. 더 우아한 말이 있겠으나 개인에게는 이만큼의 부담이다. 김교신에게는 「성서조선」 편집주간 된 일이 그러했다. 1930년 5월부터 김교신은 거의 단독으로 잡지의 편집 일을 도맡아 해야 했다. 그동안은 정상훈이 했던 일이다. 나라도 어수선했지만 한창 젊은 나이의 6인이었다. 직업면에서도 가정면에서도 이동이 잦은 시기였다. 양인성은 평북 선천에, 함석헌은 오산에, 류석동은 소격동에서 이렇게 저렇게 흩어져 각자의 자리에서 성서모임을 열어가며 '버티던' 한 중간의 일이다. 각자의 자리에서, 때로 함께 모여 진행했던 성서연구의 결과물들을 한데 모아 출판하며, 일종의 구심점 역할을 해주던 잡지가

「성서조선」이었다. 그런데 이 잡지가 주간의 몫을 담당했던 정상훈의 개인사정으로 인해 휴간(1930년 4월호)이 되었다. 그야말로 잡지 존폐의 문제에 봉착했다.

물론 인습이나 껍질뿐인 전통의 승계에 연연하지 않는 모임이니, 잡지를 그친들 그것 자체로 자괴감이나 죄책감을 가질 일은 아니었다. 그러나 남다른 열정과 목표를 가지고 조선의 젊은 신앙인 여섯이 마음과 뜻을 모아 시작한 일이었다. 조선 팔도를 다 다닐 수는 없는 일이나 제 자리에서 치열하고 진지하게 묵상한 살아있는 말씀을 활자화하여 방방곡곡에 전할 수는 있지 않은가! 그리하여 시작한 잡지 출간을 15호로 그칠 수는 없었다. 하여 이미 교사 일을 전업으로 하고 있던 김교신이 그야말로 '엉겁결에' 책임을 담당하게 되었다. 그때의 심정을 김교신은 이렇게 말한다.

제16호부터는 내가 그 임(任)을 위선(爲先) 담당하게 되었다. 집필자는 전과 다름이 없으나, 잡지에 관한 일체 책임을 일신(一身)에 지려 할 때 새로운 주저가 없지 아니치 못하였다. 금후(今後) 본지에 대한 책망이나 수욕(受辱)은 나 홀로 당할 작정인 까닭이다(5권 11쪽).

김교신으로서는 그야말로 '재능기부(?)'요 '자선사업'에 해당하는 노동이었다. 평신도 신앙인으로서도 주체적인 성서 묵상이 가능함을 알리며 시작한 제 소리이지만, 하여 그 결과물들을 모아 출간하기로 한

버리지 마라, 생명이다

것이지만, 편집 일이야말로 문외한인 영역이었다. 오탈자가 나도, 편집의 미美가 어설퍼도 다 김교신이 당할 몫일 터인데, 그야말로 득得은 없되 실失만 있을 일이었다. 그럼에도 김교신은 이 "자선사업"을 감행하기로 결심한다. "자선사업 중에 하나님의 말씀을 분배하는 일보다 더 큰 것이 없음"을 알기 때문이었다.

모임이나 주장을 영구히 하려는 욕심을 가질 때 형식화와 제도화가 일어난다는 것을 알고, 또 이를 경계했던 무교회 신앙인들이었던지라, 김교신은 편집주간을 맡으면서도 언제든 '그칠' 여지를 남겨두고 있었다.

이 잡지는 기백(幾百) 호의 기념호까지 발간하리라는 아무 성산(成算)도 없고, 기어코 성공하리라는 고집도 안 가졌다. 그저 여적이 있으면 수집될 것이고, 없으면 언제든지 폐지될 것이다(5권 12쪽).

그렇게 '한 회씩' 해보자며 이어간 잡지가 158호까지 출간되었다. 물론 수월한 일이 아니었다. 김교신의 '고집' 때문도 아니었다. 그저 세월이 너무 악하고 조선인들의 처한 상황이 너무 안타까워 생명을 나누듯 그렇게 산 신앙의 호흡을 함께 나누려 하다 보니 그리 되었다. 모아 놓은 금전력이 탄탄한 것도 아니었다. 박봉에 식구도 많은 김교신의 교사 월급이 수월찮게 그리로 들어갔다. 바쁜 일정에 원고를 모으고 5회 이상 통독을 하며 교정을 보는 노동은 또 어떠한가. 더구나 일제의 '검열'을 통과하여야만 비로소 인쇄소에 넘길 수 있던 시절이었다. 교열교정이 끝난 원고는 경무국 도서과에서 원고 검열을 마친 후 찾아가야 했다. 보통은 편집이 완료된 이후에도 2주쯤 걸리는 까닭은 이 검열 때문이었다. "어느 날에나 편집자의 손에서 신선한 원고를 직접 인쇄소에 회부하는 세상에 살아볼까"(5권 26쪽). 그리 한탄하는 김교신의 일기를 읽고 있자니, 그 "어느 날"을 살아가면서도 마감일을 툴툴거리는 우리네 일상이 부끄러웠다. 인쇄소의 상황도 지금 같지 않던 시절이다. 하여 새벽 한 두시까지 인쇄소 직원과 함께 앉아 최후 인쇄 상태를 점검하는 일도 오롯이 김교신의 몫이었다.

그렇게 '자식처럼' 귀하게 만들어낸 잡지를 구독자들에게 우편물로 보내고 서점에 가져갈 때면 마음 한 가운데 뿌듯함도 일렁였을 터인데, 서점에서 일하는 이들의 수근거림은 김교신에게 또 하나의 상처였다.

제27호 나오다. 부업으로 하는 일이라 학년말 신학년을 당하여 부득이 늦게 되었다. 잡지를 시내 서점에 배달할 때마다 '이것도 잡지라고' '팔리지 않는 잡지' 등등의 말이 귀에 거친다. 때로는 모욕에 가까운 광경도 당한다. 물론 조선 사람들이요, 예수 혹은 기독이란 것을 그 간판에 관계한 서점들이다. 저편에서는 사실을 말할 뿐이겠지만, 이편은 부흥회나 참석하는 셈으로 매삭(每朔) 이 경멸을 당하기를 향락하니 감사. 가장 유효한 신앙 부흥은 예수의 이름 연고로 모욕 받는 때에 온다(5권 46쪽).

버리지 마라, 생명이다

「성서조선」의 본 뜻과 무교회 신앙인들을 오해하여 받게 되는 수모들도 많았다. 권위나 자격을 의심하는 '무자격론'부터 교회를 파괴하려는 의도를 가졌다는 '음모론'까지, 그가 당한 모욕을 다 합치면 참으로 장수하였을 터인데, 그리보면 김교신의 짧은 생애가 안타깝기만 하다. 애정을 가진 지인들도 '말'로 거드는 일이 많았다. 금전적으로도 체력면에서도 너무 무리하지 말고 그만 그치라는 충고도 진심이었을 거다. 그 단단하던 이가 무리한 일정으로 종종 병도 앓았고, 병석에서도 책임감에 교정을 보고 인쇄소에 넘기는 모습을 보며 어찌 그런 조언이 나오지 않았겠나!

그러나 '지성이면 감천'이라 했나? 김교신의 이 신심信心 가득한 '자선사업'은 일 년을 넘기면서 소망스런 결실을 맺게 된다. 신학교에 다니는 한 학도는 도서실에서 접한 「성서조선」을 보고는 소급하여 보고 싶은 마음에 김교신에게 편지를 쓴다. 집에서 용돈이 다음달 20일에나 오는데 그럼에도 얼른 사서 보고픈 마음에 쓰노라고. 미리 보내주면 반드시 금액을 지불할 것이요, 만약 그리 안 한다면 자신이 다니는 신학교 교장 선생님께 편지를 보내 자신을 책망해도 된다는 양심어린 고백에, 한 호도 빠지면 안 된다는 '깨알' 당부까지 담긴 그 편지에 김교신은 유쾌한 웃음을 웃었다. 교회 개혁에 뜻을 가지고 있었던 이용도 목사에게도 연락이 왔다. 「성서조선」을 읽었다는 그의 초대로 제도교회에서 집회를 인도하는 기회도 있었다. 간도 용정촌의 한 감리교회 목회자로부터 감사편지를 전해 받기도 했다.

얼마 전에 이용도 목사의 손을 거쳐 나에게 도래(到來)한 「성서조선」은 나로 하여금 크신 은혜를 맛볼 수 있게 하였습니다. 좋은 편달과 좋은 등대가 되옴을 느끼어, 동지들에게 전하여 그들에게까지도 크신 은혜가 되었음을 내가 믿습니다. 이제 저에게 더욱 크신 은혜를 베푸시기 위하여 귀한 글을 주옵시니 선생님의 후의에 감사하오며 아울러 주님의 사랑 가운데서 되어지는 일임을 깨달아 더욱 감사합니다. 주님 은총이 내내 계시사 주님의 참뜻을 드러내시는 사명을 다하시이다(5권 65쪽).

한 목회자는 "매일 정오 포 소리가 날 때마다 이 잡지와 독자들을 위하여 기도하겠다"는 약속까지 전해왔다. 그야말로 일 년 여간 성실과 인내로 김교신이 뛰어온 노력에 위로와 힘이 되는 글들이었다. 물론 인간의 '알아줌'을 바라고 한 일은 아니었을 터이다. 그러나 사람은 '감응'하는 동물인데, 돌아오는 응답 없이 어찌 이 고단하고 벅찬 일을 감당하겠나! 이런 저런 우여곡절 가운데서도 하루씩, 한 호씩, 그렇게 일 년 여를 버텨낸 김교신은 지난 한 해를 돌이켜보며 자신의 각오를 다졌다. 그는 이렇게 적었다. "「성서조선」은 필경 종말까지 소수일지는 다수일지는 모르나, 이 방법으로써 벗을 구하리라"(1931년 7월 8일자 일기, 5권 53쪽).

그리고 그의 이 결심은 그의 동시대뿐만이 아니라 반세기 후 아니 오늘날에 이르기까지 벗들의 감응과 응답을 받고 있는 중이다. 1996년 어느 늦가을, 낯선 미국 땅 하버드 옌칭 도서관 한국관 지하의 어둡

버리지 마라, 생명이다

고 축축한 한 구석에 뭉텅이로 쌓여있던 먼지 가득한 모습으로 「성서조선」을 만나 '벗'이 된 나 역시 그에게 감사한다. 그의 성실과 인내가 만들어준 선물이 오늘 '숨을 다하고도 아직 저 죽을 줄 모르는 말기 환자 같은 한국교회'에게 살리는 숨구멍이 되어줄 것이라 믿는다. 또한 그의 벗 된 우리가 살려내야 할 것은 어쩌면 '김교신'이라는 이름 석 자보다는 그가 '독박'을 쓰면서도 고집스레 이어갔던 그 사명처럼, 우리 역시 제 자리에서 제 목소리로 토해내는 책임 있는 산 신앙을 스스로 그러나 함께 지어내는 그의 정신이 아닐까 싶다. 이제 우리 차례다. 바톤 터치다. 욕심내지 말고 그저 하루씩 해내 보자. 살아내는 삶, 그리고 살려내는 삶을.

버리지 마라, 생명이다
—

1판 1쇄 인쇄 2016년 4월 21일
1판 1쇄 펴냄 2016년 4월 29일

지은이 백소영
펴낸이 한종호
디자인 임현주
인　쇄 영림인쇄

펴낸곳 꽃자리
출판등록 2012년 12월 13일
주소 의왕시 전주남이 4길 17, 102동 804호(오전동 동문굿모닝힐아파트)
전자우편 amabi@daum.net
블로그 http://fzari.com

Copyright ⓒ 백소영 2016

—
ISBN 979-11-86910-05-4 93230
값 15,000원